Contribuições da Língua Portuguesa para a Redação Publicitária

Marina Negri

Dados Internacionais de Catalogação na Publicação (CIP)
(Câmara Brasileira do Livro, SP, Brasil)

Negri, Marina Aparecida Espinosa
Contribuições da língua portuguesa para a redação publicitária / Marina Aparecida Espinosa Negri. -- São Paulo : Cengage Learning, 2011.

Bibliografia
ISBN 978-85-221-0795-7

1. Anúncios 2. Criação (Literária, artística etc) 3. Língua portuguesa na produção de textos publicitários 4. Publicidade 5. Redação publicitária I. Título.

10-07121   CDD-808.066588

Índice para catálogo sistemático:

1. Redação publicitária 808.066588

Contribuições da Língua Portuguesa para a Redação Publicitária

Marina Negri

**CENGAGE
Learning**

Austrália • Brasil • Japão • Coreia • México • Cingapura • Espanha • Reino Unido • Estados Unidos

CENGAGE Learning

Contribuições da Língua Portuguesa para a Redação Publicitária
Marina Negri

Gerente Editorial: Patricia La Rosa

Editora de Desenvolvimento: Noelma Brocanelli

Supervisora de Produção Editorial:
   Fabiana Alencar Albuquerque

Copidesque: Maria Dolores D. Sierra Mata

Revisão: Viviane Akemi Uemura e
   Erika Sá da Silva

Diagramação: Cia. Editorial

Pesquisa iconográfica: Graciela Naliati e Etoile Shaw

Capa: Souto Crescimento de Marca

© 2011 Cengage Learning. Todos os direitos reservados.

Nenhuma parte deste livro poderá ser reproduzida, sejam quais forem os meios empregados, sem a permissão, por escrito, da Editora. Aos infratores aplicam-se as sanções previstas nos artigos 102, 104, 106 e 107 da Lei nº 9.610, de 19 de fevereiro de 1998.

Esta editora empenhou-se em contatar os responsáveis pelos direitos autorais de todas as imagens e de outros materiais utilizados neste livro. Se porventura for constatada a omissão involuntária na identificação de algum deles, dispomo-nos a efetuar, futuramente, os possíveis acertos.

As opiniões contidas nesta obra são inteiramente de responsabilidade do autor.

Para informações sobre nossos produtos, entre em contato pelo telefone **0800 11 19 39**

Para permissão de uso de material desta obra, envie seu pedido
para **direitosautorais@cengage.com**

© 2011 Cengage Learning. Todos os direitos reservados.

ISBN-13: 978-85-221-0795-7
ISBN-10: 85-221-0795-5

Cengage Learning
Condomínio E-Business Park
Rua Werner Siemens, 111 – Prédio 20 – Espaço 4
Lapa de Baixo – CEP 05069-900
São Paulo – SP
Tel.: (11) 3665-9900 – Fax: (11) 3665-9901
SAC: 0800 11 19 39

Para suas soluções de curso e aprendizado, visite
www.cengage.com.br

Impresso no Brasil.
Printed in Brazil.
1 2 3 4 5 6 7   13 12 11 10 09

Apresentação

O livro *Contribuições da Língua Portuguesa para a Redação Publicitária* é resultado de uma iniciativa que nasceu da observação, a princípio fortuita, e com o passar do tempo, sistematizada, do aspecto estético de anúncios publicitários veiculados na contemporaneidade.

A verificação, de aproximadamente dez anos, manteve-se concentrada em inserções feitas para mídia impressa e eletrônica, e progrediu, ganhou corpo, vindo a originar trabalhos acadêmicos de contornos mais definidos, a exemplo de uma Dissertação de Mestrado, intitulada 'O verbal e o visual: um estudo sobre a funcionalidade da palavra em anúncios de revista', apresentada em 2002; alguns artigos publicados em periódicos científicos do país, veiculados principalmente nos anos de 2009 e 2010; além de um estudo mais denso, que fundamenta um Projeto de Doutorado, ora em pleno andamento.

Esse olhar detido apontou para um padrão recorrente, o qual registra presença bastante intensa do aspecto visual dos anúncios, ao lado de franca redução e simplificação de seu aspecto verbal.

O modelo se cristaliza mais visivelmente no final da década de 1990, e coincide com o momento em que o computador sai da restrição da esfera corporativa, e passa a integrar o cotidiano da esfera social, em todos os seus desdobramentos, tornando-se, assim, uma ferramenta decisiva nos processos de produção, incluindo-se neles, o processo de Criação Publicitária.

Entender as causas desse formato cada vez mais aceito e solidificado no panorama da Publicidade atual tornou-se, então, a força motriz da elaboração deste breve estudo, ao qual se denominou contribuição.

Por meio da constatação da alta previsibilidade dos textos e da grandiloquência das imagens – mote criativo mais frequente nas emissões dos dias de hoje –, a obra levanta a hipótese de que os criadores publicitários não buscam na fonte primária Língua Portuguesa os recursos necessários para as produções verbais, mas dependem, antes, de coletas feitas no mundo digital, em websites e postagens diversas; bem como de modismos eventuais datados; de estratagemas desgastados, como o uso de gíria, oralidade espontânea, linguagem incorreta, 'internetês', que pontificam em quase todas as peças.

Trata-se de um procedimento que, a despeito de seu aspecto novidadeiro, 'antenado', em realidade, com o passar do tempo, mostrou-se capaz de baratear o conteúdo dos enunciados, e a trazer consequências danosas aos anunciantes, a exemplo da nítida equalização das marcas e da dificuldade do consumidor em identificá-las umas diante das outras, vista a semelhança flagrante dos apelos feitos nas campanhas publicitárias.

Em face desse aspecto quase sempre banalizado da Redação Publicitária, praticamente institucionalizado, torna-se pertinente um questionamento em relação ao *modus operandi* dos redatores da atualidade: eles atravessariam as agruras de processos criativos, próprios do cotidiano de criadores profissionais de qualquer âmbito? Ou simplesmente consultariam a tela de seus computadores para criar os anúncios?

A proposta principal aqui se refere a uma simples, mas talvez oportuna sugestão: a de que os conceitos normativos da Língua também deveriam figurar como fonte importante de buscas no decorrer do processo criativo do manifesto publicitário, não para desvirtuá-lo em forma e função, e deslocá-lo de seu eixo natural, que presume a descontração como fundamento criativo. Mas, sim, para sofisticar a resolução do aspecto verbal dos enunciados, uma vez que o plano visual evolui e se supera continuamente, concordando com a dinâmica própria do cenário publicitário.

É intenção fundamental deste livro, deixar demonstrada a tese de que a real familiaridade dos redatores com tais conceitos, e a consequente capitalização deles, poderia funcionar como alavanca criativa, e sobrevalorizar a execução da Redação Publicitária, retirando-a da condição de mero apêndice das imagens, mas tornando-a funcional e sedutora aos olhos dos públicos receptores.

Marina Negri

Prefácio

O livro *Contribuições da Língua Portuguesa para a Redação Publicitária* reflete a convivência nem sempre pacífica entre dois opostos: a formalidade da Língua Portuguesa e a informalidade da Criação Publicitária.

Enquanto a primeira busca criar regras para facilitar a comunicação, preservar o conteúdo e a sua origem, a outra foge das normas como o diabo foge da cruz. Afinal, o ofício de criador numa agência de propaganda, é o ofício da exceção. Cabe a ele quebrar regras e paradigmas para que a sua mensagem seja percebida, entendida e valorizada pelo cidadão que compra televisão para assistir a shows e novelas, lê o jornal para se informar, veículos onde a Propaganda e a Publicidade entram sem serem convidadas. Por isso, redatores e diretores de arte nas agências são quebradores de regras, sejam elas as da lógica, as dos costumes, as dos lugares comuns, e até as regras do Português.

Foi isso que fez o frigorífico Swift quando criou um outdoor com o título "O salsicha", que escandalizou professores e autoridades ortográficas, mas recebeu o aplauso surpreso do público, e a nota máxima dos jornalistas especializados que premiaram esta peça como o Melhor Cartaz de Rua de 1971 – Prêmio Colunistas Publicitários.

Claro que andar na contramão da língua pátria atropelando a gramática é tarefa para poucos e talentosos e um truque que só raramente funciona. O mais comum e mais grave, em minha opinião, é vermos clientes e publicitários ignorarem o incrível potencial da linguagem na hora de criar uma grande história que transforme produtos, serviços e marcas em heróis. Este é o verdadeiro mau uso deste extraordinário recurso dramático que é a Língua que falamos e que escrevemos.

Mesmo hoje, quando a imagem é cada vez mais onipresente, o poder da palavra não cansa de surpreender. Basta pegar como exemplo o Cinema. Esta arte, que se apropriou de uma tecnologia cada vez mais inovadora, seja de imagem ou de som, e cujas produções internacionais facilmente superam US$ 100, US$ 200 milhões, tudo começa com a folha de papel em branco, ou a tela de um computador esperando por um bom roteiro. E a grande maioria dos livros que lemos, produzidos de um jeito muito parecido com o desenvolvido por Gütenberg há mais de 500 anos, são mais emocionantes do que os filmes a que dão origem.

Apesar das críticas muito justas feitas por Marina Negri, ainda assim vemos aqui e ali trabalhos publicitários memoráveis criados através do uso talentoso das palavras. Um ótimo exemplo citado pela autora é o comercial da revista Época, de 2003. Este filme foi veiculado no país apenas uma vez, mas ficou na memória de milhares de telespectadores, e ganhou todos os prêmios onde foi inscrito, inclusive o Grand Prix do Clio, o único trabalho brasileiro a conseguir isso na história da premiação.

A exceção mais uma vez confirma a regra de que em 30 segundos, 1, 2 ou 3 minutinhos é possível criar histórias, dar valor para produtos, construir identidade entre consumidores e empresas, desde que haja talento e competência para escolher as palavras certas. E neste novo mundo cada vez mais visual e tecnológico, é bom não esquecer que a Publicidade já incorporou ao seu arsenal os sites, blogs, twitters, SMSs. Não resta dúvida de que as novas tecnologias podem representar uma ameaça a mais no uso da Língua, um empobrecimento na transmissão de ideias, com mensagens em formato reduzido, totalmente visuais, cifradas, iconográficas.

Embora isso seja possível, ainda sou otimista. Se nós considerarmos que o Presidente Obama é o maior profeta das novas mídias, veremos que ele e sua equipe fazem da palavra uma arma a seu favor, e não contra. Os discursos de Obama são extremamente bem escritos, especialmente o que ele pronunciou em Berlin, e o de Chicago, no dia da posse. Eles foram transmitidos para o mundo através da televisão e da internet gerando na Europa quase 70% da opinião pública a seu favor.

Eu recebo o twitter da presidência dos Estados Unidos, e, embora assuntos como a morte do senador Ted Kennedy; o pedido de apoio à juíza Sotomayor para a Suprema Corte e a defesa da mudança no sistema de saúde norte-americano não me digam muito respeito, vejo como é fundamental que o texto seja preciso, convincente, sedutor. Se não for assim, aquela mensagem que nos chega no escritório, ou no blackberry, no meio de tantos outros compromissos, corre o risco de ser ignorada, e, pior: o seu autor desconectado.

Resumindo: o Presidente do país mais poderoso do mundo está a apenas um click de um "cala-boca" de qualquer um dos seus twittados. As novas mídias atingem facilmente o novo consumidor, mas, paradoxalmente, essa facilidade pode ser também a maneira mais rápida de perdê-lo.

Esse é o quadro maior a que o livro de Marina Negri nos leva a refletir. Redatora talentosa, com quem trabalhei durante anos na agência J. Walter Thompson – São Paulo, Marina consegue aliar a experiência prática daquela época com a sua visão acadêmica de hoje, para nos oferecer uma obra que faz pensar. Mais do que respostas, este livro nos estimula a fazer perguntas sobre a nossa profissão, a indagar, a procurar saídas.

Por uma ironia do destino, essa mesma palavra tantas vezes maltratada por nós e ameaçada pelo tsunami tecnológico que invadiu nossas vidas, ainda tem um papel fundamental, insubstituível. E talvez seja assim por muito mais tempo do que imaginávamos, ou do que os profetas da nova era desejassem.

Por Ruy Lindenberg
Redator publicitário

As palavras sem alma nunca chegam aos céus.
(Rei Claudius – in Hamlet, de William Shakespeare)

Sumário

Capítulo 1 – Declaração de intenções, 1

Ruído verbal e silêncio verbal, 2
    Redução quantitativa e decadência qualitativa do texto publicitário, 4
    Processos criativos e contextos da atualidade, 8
    Interfaces do trabalho publicitário, 10
    Fascínio das imagens e burocratização dos textos na criação publicitária, 13
    Empobrecimento e supressão verbal no texto publicitário da atualidade, 15
    Redação Publicitária em redefinição conceitual e funcional, 19

Capítulo 2 – Conflito de direções, 27

Direcionamentos criativos de campanhas publicitárias, 28
    Considerações sobre esquema básico de comunicação; estrutura aparente/denotação e estrutura profunda/conotação, 28
    Caso Café Pilão/Sara Lee: Confusão entre humor e deboche, 31
    Caso Automóvel Palio Citymatic 1.0/Fiat: Confusão entre funcionalidade e constrangimento, 32
    Caso Café Solúvel Nescafé/Nestlé: Confusão entre estereótipo midiático e preconceito, 34
As tendências criativas da Publicidade contemporânea, 35

Capítulo 3 – Delegação de funções, 41

Função da Língua Portuguesa na Redação Publicitária, 42
A função e o perfil desejável do Criador, do Contato e do Cliente no cenário publicitário, 45
A função de cada uma das partes componentes da Redação Publicitária, 50
    A função do título em Redação Publicitária, 52
    A função do texto em Redação Publicitária, 54
    A função do *slogan* em Redação Publicitária, 57
As funções da linguagem, 61
Seis possibilidades de comportamento da linguaguem, 61
    Função referencial, 61
    Função emotiva, 62

Função conativa, 62

Função estética, 63

Função fática, 63

Função metalinguística, 63

Ilustrações de aplicação isolada e conjunta das funções da linguagem em diferentes modalidades de expressão, 64

Capítulo 4 – Tipificação de padrões, 77

Estruturas discursivas formais, 78

Estrutura discursiva formal descritiva: elementos dispostos em situação de estaticidade e simultaneidade, 78

Descrição objetiva: representação do objeto em estado puro, 79

Descrição subjetiva: representação do objeto pelo olhar do sujeito, 81

Estrutura discursiva formal narrativa: elementos dispostos em situação de anterioridade e posterioridade, 85

Narrador, 87

Narrador personagem: visão de um integrante da trama, 88

Narrador observador: visão de um espectador externo da trama, 90

Narrador onisciente: visão do que é visível e invisível na trama, 91

Personagem(ns), 93

Personagem protagonista: centralização das ações na trama, 93

Personagem antagonista: oposição ao protagonista da trama, 93

Personagens secundários: suporte das ações da trama, 94

Conflito, 95

Tempo, 96

Espaço, 98

Enredo, 98

Estrutura discursiva formal dissertativa: elementos dispostos em situação de correspondência lógica, 101

Subestrutura dissertativa formal ortodoxa: introdução/desenvolvimento/conclusão, 104

Etapa de introdução: problematização do tema e oferecimento da tese, 105

Etapa do desenvolvimento: fundamentação da tese com a exposição da linha argumentativa, 106

Recursos argumentativos aplicados em Redação Publicitária: formas variadas de persuasão do público-alvo, 107

Etapa da conclusão: explicação racional para o tema e fechamento do raciocínio, 114

Subestrutura dissertativa formal socrática: antítese/tese/síntese, 117

Etapa da antítese: exposição da ideia oposta à tese, 119

Etapa da tese: exposição da ideia principal, 119

Etapa da síntese: considerações sobre os dois lados da questão, em equivalência, 119

Capítulo 5 – Carta de opções, 125

Figuras de linguagem semânticas em Redação Publicitária, 126
Tipologia selecionada de figuras de linguagem semânticas:
definição e ilustração em Redação Publicitária, 128
Metáfora, 128
Metonímia, 129
Antítese, 130
Sinestesia, 131
Prosopopeia/personificação, 133
Reificação/desumanização/animalização, 134
Hipérbole, 135
Recursos de vocabulário e estilo: paráfrase e paródia, 137
Paráfrase: manutenção do sentido e ampliação lexical, 137
Paródia: inversão do sentido e distinção de pontos de vista, 138
Ilustrações de paráfrases e paródias em Publicidade e Jornalismo, 143
Reiteração de propósitos, 147

Capítulo 6 – Devolutivas finais sugeridas, 151

Minibriefing sobre causa social real: o tráfico de animais silvestres
e selvagens do Brasil para o exterior, 153
Breve histórico da ONG Planeta Animal, 153
Breve histórico da causa – tráfico de animais selvagens
e silvestres do Brasil 154
Principais problemas detectados em relação ao tráfico
de animais silvestres e selvagens do Brasil, 156
Solicitação formal às miniagências de Publicidade, 156
Job, 156
Objetivos precípuos da minicampanha, 157
Público-alvo, 157

Referencial bibliográfico

Fundamentação sobre Linguagem
Fundamentação sobre Publicidade e Propaganda
Fundamentação sobre Processos de Criação
Fundamentação sobre Filosofia
Fundamentação sobre Sociologia
Fundamentação sobre Literatura
Outros referenciais

Capítulo I

Declaração de intenções

Discutir a aparência da Redação Publicitária em campanhas veiculadas no país, no espectro que compreende o final do século XX até hoje, é uma das proposições essenciais deste capítulo de abertura.

Vem de algum tempo a instauração de um modelo criativo que exibe claro, gradativo e disseminado empobrecimento do aspecto verbal de anúncios impressos e eletrônicos, baseado em gratuidades, repetições e modismos eventuais; em desproporção com o aspecto visual, cada vez mais sofisticado e quase onipresente nas peças.

Chama a atenção a ausência de questionamentos sobre tal padrão, bem como sua sustentação por tão longo tempo; e essa pretensa irreversibilidade conduziu a várias indagações, as quais, em conjunto, deram forma a este livro:

- *Por que os anúncios publicitários apresentam profusão de imagens e textos cada vez mais exíguos?*
- *Os textos publicitários devem necessariamente ser simplificados e mínimos?*

Diante de inferências correlatas, sugere-se que a Redação Publicitária não precisaria ser infantilizada, ou mesmo desaparecer dos anúncios, caso os criadores considerassem os conceitos normativos da Língua Portuguesa como fonte adicional de buscas, e extraíssem deles caminhos menos condicionados de produção.

Através de uma breve seleção de anúncios recentes, documenta-se um inequívoco grau de desgaste e previsibilidade em grande parte dos apelos orais e escritos, e se ponderam alguns caminhos de refinamento a esse tipo de enunciado.

A intenção é contribuir para que o tratamento verbal tenha o seu poder de atração revitalizado no manifesto publicitário.

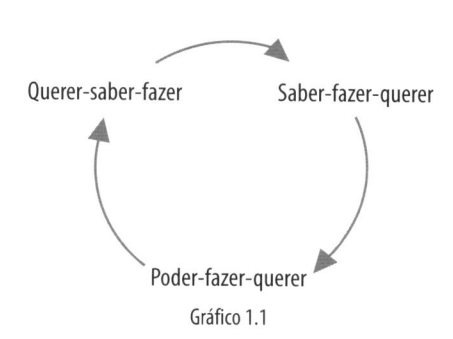

Querer-saber-fazer → Saber-fazer-querer → Poder-fazer-querer → Querer-saber-fazer

Gráfico 1.1

Ruído verbal e silêncio verbal

Quando alguém se debruça sobre a tarefa de produzir uma obra escrita, é instintivo que, no início, se questione a respeito do que existe de motivador, de realmente inédito ou, ainda, a ser dito acerca do tema que pretende abordar. O debate procede e subsiste com algum poder de captação do interesse externo, caso mostre capacidade de suscitar questionamentos reveladores, proporcione novas reflexões e contribua, de alguma maneira, em direção a conclusões plausíveis e construtivas, que resultem em uma mais acurada compreensão daquilo que se decidiu discutir.

No caso desta obra, as intenções precípuas e as preocupações norteadoras, acima em síntese expostas, resumem a gênese de sua criação já a partir do título. Mas, conjecturas embrionárias como as seguintes, neste caso, foram inevitáveis:

- O que ainda não teria sido escrito sobre Redação Publicitária?
- Em que técnicas estão embasadas as sugestões oferecidas aos leitores para que atinjam um melhor desempenho nessa matéria?
- A quais teorias os autores recorreram para fundamentá-las?
- A quem, enfim, poderia interessar um maior aprofundamento estratégico desse tema?

Constatar a possibilidade real de poder-fazer-saber seria então a condição principal, o *leit motiv*[1] para justificar a decisão de expandir o assunto, condição aqui cumprida.

A pós-modernidade e seus desdobramentos, aliada à crise sistêmica de valores instaurada em praticamente todos os setores da sociedade, refletem-se sobremaneira na Comunicação Social. Dentro desse contexto, uma de suas vertentes mais poderosas, a Publicidade, tem sofrido impactos de repercussão, a maior parte reproduzida sob a forma de considerável decadência no aspecto criativo das peças veiculadas na atualidade. Esse empobrecimento impõe-se mais notadamente na sua resolução textual – a Redação Publicitária –, modalidade que se apresenta cada vez mais reduzida e padronizada, atuando quase sempre como um suporte coadjuvante das imagens, um simples acessório, e não mais como uma ferramenta informativa e criativa de emissão nos anúncios veiculados.

Essa observação, fortalecida com o tempo, originou a inquietação necessária para dar início a uma busca pelo entendimento da disseminação de tal padrão e, também, por eventuais respostas para explicar sua adoção como suposto único modelo de Criação Publicitária com condições de atrair e persuadir o público.

Atualmente, é raro encontrar um texto publicitário bem elaborado, que diga algo emocionante ou surpreendente. Mais comum é o texto publicitário criado para informar as características de um produto, serviço ou causa social; ou comunicar de forma previsível e neutra o que o produto é e faz, repetindo outros apelos sobre qualquer produto indistintamente.

A partir dessa constatação, foi demarcado o território de interesse: a Publicidade; uma ramificação específica dele: a Criação Publicitária; e um problema detectado: o aspecto formal simplificado e repetitivo da Redação Publicitária, visível na maior parte dos textos nos anúncios.

Esses passos possibilitaram a circunscrição de um flanco exploratório ainda intocado na suficiência, e aqui resumido no gatilho deflagrador da busca por respostas:

- Por que a Redação Publicitária, componente crucial do pulsante universo publicitário, aparentemente não teria acompanhado a evolução formal das outras especialidades da área e se mostra, por assim dizer, tão empobrecida de originalidade, atualmente?

> **Exemplos de anúncios com índice expressivo de simplificação na resolução verbal, recentemente veiculados:**
> - Anúncio página simples impresso com título coringa: "Sempre mais para você." – Campanha Sucos Ades/2006.
> - Anúncio página simples impresso com redundância na redação: "Viva leve, pense light. Pense light, a melhor forma de se manter bem e feliz no dia a dia. E certamente a mais gostosa também." – Campanha Batavo/2009.
> - Anúncio página dupla impresso com redação fundamentada em clichê: "Com Mat Inset, você se livra dos insetos num passe de mágica!" – Campanha Mat Inset/2008.

Em uma análise mais detida, foi possível se perceber uma lacuna de peso na discussão do tema Redação Publicitária, talvez até mesmo fundamental para sua compreensão e contributiva à sua elaboração final, que se resume ao questionamento do papel que a Língua Portuguesa desempenha na produção de textos publicitários.

Na realidade, ainda não se ponderou com seriedade a importância da recorrência tanto de estudantes de Publicidade e Propaganda como de redatores profissionais a conceitos normativos da Língua Portuguesa como instrumental obrigatório de trabalho; como colaboração efetiva ao refinamento da Redação Publicitária; e como facilitadora de um melhor desenvolvimento do processo sistêmico de Criação, onde se insere a especialidade.

Examinando aleatoriamente anúncios publicitários impressos, eletrônicos ou digitais da atualidade, é possível verificar, na maioria deles, a presença de textos que sugerem o alinhamento da redação a uma crença quase batismal em Publicidade: a de que, para ser bom, o anúncio deve ser criado apenas com base em modismos, em realidades momentâneas, em novidades midiáticas, em puro didatismo, em obviedades e, até mesmo, em *nonsenses*[2] ocasionais. Uma rápida e informal varredura no espectro de uma década atrás a hoje, por exemplo, já seria suficiente para se fazer essa detecção. A maioria das peças impressas, veiculadas nesse período, enquadra-se em um formato caracterizado pela baixa performance no trato com o código verbal e ênfase no código imagético como regra áurea de concepção criativa.

A velha máxima "Uma imagem vale mais que mil palavras", mais revigorada do que nunca, parece ter se convertido no lema dos redatores e diretores de arte contemporâneos; dos festivais internacionais de Publicidade; dos critérios de premiação de peças; bem como da mentalidade de estudantes, professores e profissionais da área para definir (ou redefinir) Criação Publicitária.

Em anúncios e filmes, enquanto a abordagem visual recebe espaço maior e tratamento gráfico cada vez mais apurado, o aspecto verbal, quando não apresenta falhas gramaticais de ordens diversas, os chamados ruídos verbais, é realizado de forma predominantemente concisa e até simplória. Revela-se frágil em consistência e, muitas vezes, funciona como legenda das imagens ou mera reprodução das especificações técnicas dos produtos, como é possível verificar em inserções recentes, que, de certo modo, assemelham-se em conteúdo a anúncios da década de 1960, quando a ingenuidade era um padrão para a Criação Publicitária.

> **Exemplos veiculados recentemente:**
> - Texto de todas as peças da campanha da cerveja Sol/2008: "Gelada!".
> - Anúncio página dupla impresso, com título baseado em clichê e síntese: "Maionese e Leite juntos e felizes!" – Campanha da Maionese Hellmann's Deleite/2008.
> - Anúncio página dupla impresso, com título semelhante ao de um anúncio da década de 1960: "Só ingredientes 100% naturais e bem picadinhos. Pode conferir. É 100% natural mesmo." – Campanha do Molho de Tomates Knorr Pomarola 100% Natural/2008.
> - Anúncio página simples impresso: "Extrato de Tomate Elefante. O preferido em todo o Brasil. É melhor e rende mais. 100% puro." Campanha Extrato de Tomate Elefante – Cica/1962.

Redução quantitativa e decadência qualitativa do texto publicitário

Em 2005, a cerveja Brahma, anunciante de reconhecida notoriedade no país, teve seu nome associado a um conceito *nonsense,* caracterizado pela repetição da expressão: "É hora do... nãnãnãnã", substituída antes do tempo previsto, assim como os automóveis da montadora Ford foram colados sobre a assinatura/interjeição de campanha "Uau!" por um período de veiculação considerado arriscado, até se desvincularem totalmente dessas estratégias, aparentemente não condizentes com a imagem das marcas, mas celebradas, no entanto, entre entidades da área publicitária.

Na realidade, mesmo considerando a descontração como fator componente do cenário publicitário, em termos de valor redacional ou mesmo criativo, ambas deixam de fato a desejar.

As batatas fritas Ruffle's, produto líder em seu segmento, também foram anunciadas em massa por meio dessa forma descomprometida, mas considerada *up to date*[3], eficaz e dialógica com o receptor, em um filme de 30 segundos para TV, no qual a locução do áudio[4] restringia-se ao "diálogo" entre dois rapazes, que, em cenário estático e de modo incompreensível ao grande público, emitiam grunhidos sem sentido que personificavam palavras, enquanto mastigavam, sonolentos, as batatas. Em 2006, o jornal *O Estado de S. Paulo*, um dos mais respeitados veículos de comunicação impressa do Brasil, foi divulgado de maneira quase surpreendente. Talvez com a intenção de salientar a necessidade da informação às pessoas mais jovens e oriundas das classes B e C, tradicionalmente não consumidoras de jornais, ele passou a ser anunciado em uma campanha, cuja assinatura inusitada parece não coadunar com sua personalidade conservadora, fracassando também na tentativa de ser promovida a bordão, embora seja rimada e supostamente assimilável: "Estadão. O jornal de quem pensa Ão".

Já para o Fit, minivan da fabricante japonesa Honda, foi criada em 2008 uma versão comportada, pueril e diametralmente oposta ao *design*[5] arrojado e jovial do carro: "Honda Fit. Já vem completo e repleto de itens de série para fazer você feliz".

Ora fundamentada em formulações verbais desgastadas, os famosos clichês, ora em excesso de simplificação ou em síntese exagerada, a exposição verbal publicitária há muito vem mantendo a mesma toada criativa, a qual se faz reconhecer pela elaboração previsível e pelo distanciamento da inovação.

O redator Claudio Carillo[6] confessou decepção com o que classificou de "incompreensível" na Publicidade brasileira da atualidade. Chamado a avaliar uma recente campanha do Guaraná Antarctica, produto com o qual trabalhara no passado, o publicitário se indispôs com o formato do novo *slogan*[7] do refrigerante: "Guaraná Antarctica. É o que é!", extremamente parecido com o marcante "Isso é que é!" da concorrente Coca-Cola, por longo tempo veiculado no país.

Mesmo com esses discutíveis predicados, a formação frasal simplificada e repetitiva do *slogan* em questão foi elogiada e considerada por muitos publicitários a perfeita tradução da imagem do Guaraná Antarctica, opinião da qual Carillo discorda. Ele constatou a falta de engenhosidade criativa da redação, igualmente observada no comercial de TV em que artistas cantam e dançam em meio a uma multidão de jovens tomando Guaraná. Em tom melancólico, o publicitário concluiu sua fala com duas perguntas que ficaram sem resposta: "Onde está a criatividade de tudo isso? O que quer dizer esse *slogan*: "É o que é"?... Sinceramente, eu não entendo".

Na intenção de respaldar informalmente as ponderações do profissional citado, transcrevem-se na íntegra quatro notas jornalísticas de divulgação digital, comunicando a veiculação de novas campanhas publicitárias, todas concebidas em moldes idênticos: a dos refrescos em pó Fresh, ancorada no *slogan*: "Fresh é mais"; a da cerveja Antarctica: "Neste Carnaval só vai dar Boa"; a da cerveja Nova Schin, com "Pega leve"; e a da cerveja Skol, "Redondo é rir da vida", cujas estratégias de comunicação revelam semelhança visível com a agora descrita para o Guaraná Antarctica, de 2006. Na primeira, os vocalistas de uma banda cantam e dançam para uma multidão frenética tomando o suco em variados sabores; na segunda, modelos animam uma imensa massa humana, que, empolgada pelo carnaval, esbalda-se pelas ruas, bebendo a cerveja; na terceira, uma cantora repete a receita e, na última, com a ausência de um ativista carnavalesco, a multidão faz o trabalho por si.

Autorizado por Stephane Pinto (Agência DM9-DDB)

Figura 1.1:
Slogan: "É o que é!" – Campanha Guaraná Antarctica/2006.[8]

Portal da Propaganda – 30/1/2009 – 13h17min
Ogilvy e Mather cria nova campanha da Fresh, estrelada pela banda Calypso
São Paulo – A Ogilvy e Mather assina a criação da nova campanha do refresco em pó Fresh, que foi lançada no último mês de fevereiro. Com o mote "Fresh é mais", a estratégia de comunicação, composta por materiais de ponto de venda, *spot*, comercial e *hotsite*, reforça a combinação da variedade de sabores e refrescância do produto, com o rendimento de dois litros que oferece. A novidade fica por conta dos novos garotos-propaganda da marca: Joelma e Chimbinha, da banda Calypso. As peças trazem os dois artistas cantando uma música inspirada na marca, que contagia a vizinhança e cria uma festa repleta de música e refrescos Fresh. Segundo Andréa Martins, gerente de marketing da Kraft Foods Brasil, a popularidade da banda ajuda a proporcionar uma imagem mais atraente ao público. (...)
(Campanha sucos Fresh/2008, com o *slogan*: "Fresh é mais!")

> Portal da Propaganda – 30/1/2009 – 13h17min
> **Unidos da Boa!**
> "Unidos da Boa!" é o tema da campanha da cerveja Antarctica desenvolvida pela Almap-BBDO em alusão ao Carnaval. A marca fechou parceria com mais de 30 blocos de rua e seis das principais escolas de samba do Rio de Janeiro, como Mangueira e Grande Rio, para potencializar o conceito. "Neste Carnaval só vai dar boa", informam as mensagens. Na TV, a atriz Karina Bacchi e o ator Sérgio Loroza participam da folia da Antarctica novamente com descontração e muita simpatia, no comercial idealizado pela agência, que também incrementa a estratégia de comunicação com spots, jingles, materiais de ponto de venda, inserções na internet e ações promocionais.
> (Campanha cerveja Antarctica/2008, com o *slogan*: "Neste carnaval só vai dar Boa!")
>
> Portal da Propaganda – 9/2/2009 – 14h11min
> **Ivete Sangalo "Pega Leve" na campanha de carnaval da Nova Schin**
> Ivete Sangalo cantando e puxando uma multidão nas ruas do pelourinho. Essa imagem, que representa bem a face do Carnaval do Nordeste, foi a escolha da Nova Schin para a campanha publicitária de Carnaval da marca de cervejas. O filme, que entrou no ar em 8/2, trouxe, mais uma vez, o hino "Pega Leve!" – devidamente adaptado ao ritmo da folia nacional. Criado pela Young&Rubican, o filme pretende mostrar o poder que o Carnaval tem de contagiar os brasileiros e unir, no mesmo bloco, rua, ou desfile, tipos variados. Gravado nas ruas do Pelourinho, em Salvador, o comercial mostra a cantora Ivete Sangalo cantando para uma multidão fantasiada e entoando o refrão "Já se espalhou ô ô. Já se alastrou ô ô. Contagiou. O pega, pega leve leva o meu amor!" O filme foi veiculado em mídia nacional, na TV aberta e também conterá anúncios de mídia impressa, *spots* de rádio e peças de mídia exterior (em Salvador, Recife e Olinda). A criação da campanha foi assinada por Vinícius Stanzione, Marco Mattos, Bruno Godinho e Daniel Salles, sob a direção de Marco Versolato.
> (Campanha cerveja Nova Schin, com o *slogan*: "Pega leve"/2009)
>
> Portal da Propaganda – 9/2/2009 – 15h07
> **"Redondo é rir da vida" no Carnaval da Skol**
> O Carnaval é tema central da nova campanha da Skol, seguindo a assinatura "Redondo é rir da vida", lançada em dezembro, que explora situações cotidianas sob a ótica do humor. A campanha criada pela F/Nazca já é exibida em rede nacional, em um filme de 60 segundos, que ressalta que no carnaval o importante é curtir com os amigos, aproveitar a festa, participar das brincadeiras, enfim se divertir. A ideia do projeto é fortalecer a relação da marca com os consumidores, como afirma Fabiana Anaute, gerente de comunicação da Skol, em comunicado. "O desenvolvimento desta nova comunicação, que resgata diferentes momentos de alegria e curtição do nosso cotidiano, busca manter a interação e aproximação da marca com os consumidores. Além disso, Carnaval e Skol têm tudo a ver, já que trazem alegria, festa e curtição e, por isso, nada melhor do que aproveitar a data para lançar a nova fase da comunicação". A criação é de Fábio Fernandez, com direção de criação dele ao lado de Eduardo Lima. A produtora foi a Cine, com direção de cena de Clóvis Mello.
> (Campanha cerveja Skol/2009, com o *slogan*: "Redondo é rir da vida")

A inclusão de um particular trecho de entrevista realizada no programa *Entre Aspas*, da GNT[9], canal a cabo da Globosat, também coopera para que se forme melhor juízo crítico daquilo que aqui vem sendo abordado. Trata-se de uma declaração do redator Ricardo John, responsável pela criação da campanha de lançamento da cerveja Devassa, vetada pelo Conar sob a acusação de desvalorizar a imagem da mulher. Inquirido sobre o conteúdo do filme, fortemente imagético, que mostrava em seus 30 segundos de duração uma modelo norte-americana seminua, insinuando-se em uma janela envidraçada, o criador valeu-se da mais rasante lógica para sua explicação, na realidade, mais próxima de uma elucubração, ao dizer que: "... Não dá pra fugir do clichê na Publicidade, senão pode ser que o público não goste da ideia, né? Mulher e cerveja combinam, e a gente não precisa falar mais nada, né?..."

Embora seja arriscado afirmar, é viável ao menos imaginar que preocupações, tais como o cuidado com a emissão e o dimensionamento da recepção de muitas mensagens publicitárias atuais, não parecem ter sido critérios levados em conta no momento em que foram idealizadas por seus criadores.

Tal hipótese, se confirmada, pode questionar a celebrada capacidade inata dos publicitários de poder-fazer-querer e colocá-la em confronto aberto com sua verdadeira habilidade para saber-fazer-querer.

Refere-se aquilo que se entende por "grandes sacadas" de criadores profissionais em atividade no século XXI. Sacadas essas apresentadas como soluções criativas para anunciantes de expressivo porte, marcas consagradas com as quais qualquer especialista do ramo gostaria de poder trabalhar e para quem seria decisiva a associação com uma imagem positiva e diferenciada, em um mercado que se revela cada vez mais volátil e competitivo.

Ainda que reconhecida a Criação Publicitária como uma especialidade que, para se consolidar com originalidade, dialoga com muitas vertentes da Comunicação, como as Artes, a Literatura, o Cinema, as Histórias em Quadrinhos, entre tantas outras, há de se considerar a tênue linha que separa a criação de fato, muitas vezes resultado de processos mais complexos – como a intertextualidade e a bricolagem de ideias –, da mera colagem de ideias. Enquanto a intertextualidade e a bricolagem ocorrem por meio de intercursos ou "conversas" com outros campos discursivos, a fim de originar uma nova proposta criativa, a colagem restringe-se à cópia de um original ou de parte dele, sem um reaproveitamento pertinente ou propósito ressignificador.

A colagem de ideias presume a apropriação pura e simples do "já pronto", "já visto", "já criado", e mesmo do "já utilizado", procedimento que não mantém conexão com a dinâmica natural dos processos de criação e dispensa qualquer investimento mental e temporal do enunciador, como concentração, busca de inspiração, *brainstorming*[10], pesquisa, não configurando o ato criativo em definição formal. Pode-se chamá-la de transcrição, reprodução ou plágio. Ou um resgate gratuito de algo já realizado por outrem, esquema tão fácil quanto ilícito, e não recomendável à criação de qualquer natureza, uma vez que implicará problemas de autoria, de procedência e de legitimidade em relação ao trabalho assim produzido, além de reverberações de natureza ética.

Já, tanto a bricolagem (em tese, o cruzamento oportuno de diferentes discursos, originando um novo discurso com novas significações), como a intertextualidade (relação entre textos que apresentam pontos de vista aproximativos ou discordantes, construindo um novo texto com novas proposições), estratagemas utilizados em quase todos os gêneros discursivos, são, estes sim, expedientes criativos sofisticados, inteligentes, recomendáveis para a criação em geral e especificamente para produção publicitária verbal e visual, uma vez que...

> Muitas vezes, na vida prática ou na Literatura, ocorre a necessidade de diversificar a forma de expressão própria para adotar um tom mais condizente com a finalidade da mensagem. Na Literatura são inúmeros os casos de autores renomados que escreveram no estilo de outros. Haja vista o grande número de camonianas, ou seja, de autores que escreveram com a sintaxe e o vocabulário típicos de Camões. Jorge de Lima, Manuel Bandeira e tantos outros retomaram o estilo e as composições de autores consagrados, desenvolvendo textos próprios, mas nos quais facilmente se identifica a inspiração. Isso não significa que houve "plágio", mas "recriação" ou "transcrição" do texto original. (ANDRADE; MEDEIROS, 1997, p. 83)

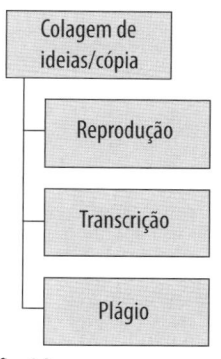

Gráfico 1.2
- Colagem de ideias/cópia
  - Reprodução
  - Transcrição
  - Plágio

```
Bricolagem
de ideias/
intertextualidade
  ├─ Recriação
  ├─ Transcriação
  └─ Nova produção
```

Gráfico 1.3

Intertextualidade e bricolagem são procedimentos que, para se concretizarem, dependem diretamente de repertório cultural pessoal em constante dinamização e ampliação. Ambas são trabalhosas como mecânicas de execução; não excluem as etapas consecutivas dos processos de criação; e exigem grande habilidade dos criadores para, mesmo se valendo de elementos oriundos de outros discursos (preferencialmente já conhecidos pelos públicos-alvo), chegar a produzir combinações inéditas que resultem em uma nova criação, também chamada de transcriação – um novo trabalho, por assim dizer.

Embora tenha forte potencial para atrair interesse, gerar empatia e ser bem assimilada pelo público-alvo, não é tão frequente quanto desejável a criação de anúncios publicitários baseada em: incorporação de letras de músicas envolventes, passagens literárias de obras marcantes, fragmentos de filmes famosos, peças de teatro, máximas populares, versículos bíblicos, manchetes de jornais, declarações de personalidades, títulos de livros, caracterizando as estratégias de bricolagem e intertextualidade.

É razoavelmente baixa, também, a incidência de anúncios que se valem do uso de recursos de estilo, como paródias, paráfrases e figuras de linguagem, por exemplo, para ocasionar novas resoluções criativas.

Ela não se compara em número com os anúncios que se superam no aspecto icônico, mas falham no plano textual ao confundir bricolagem e intertextualidade com cópia; apostam pesadamente em grafismos, piadas com pouca graça e humor direcionado; ou apelam para o silêncio verbal, aos textos-legenda, à linguagem cifrada e sem nexo lógico, já mencionados na abertura deste capítulo.

Essa conjunção de aspectos molda a hipótese de que a Redação Publicitária seja hoje executada com pouca consistência não apenas teórica, mas também técnica.

Processos criativos e contextos da atualidade

Se for traçada uma rota em marcha a ré, ou a fim de se usar uma conceituação mais teórica e atualizada para a questão: "Se for feita a Crítica Genética[11] dos exemplos há pouco citados e dos que serão colocados em foco ao longo desta exposição", o que de fato se encontraria como fonte de inspiração para a criação desses tipos de anúncios?

Quais teriam sido os processos criativos utilizados pelos profissionais responsáveis por eles? Como eram os rascunhos, os esboços iniciais, os *roughs*,[12] os *layouts*[13] desses projetos concebidos para anunciar produtos operantes em escala nacional? Existiram teorias que subscreveram a criação verbal e a visual dessas peças? Se houve a recorrência a instrumentais teóricos de aporte para a elaboração de tais textos, a fim de os tornarem aquilo que deveriam ser – atrativos, informativos, sedutores e persuasivos – quais teriam sido eles, afinal?

São dúvidas que denotam legitimidade e pertinência, pois estão contextualizadas em uma sociedade que, mesmo tardiamente, aprendeu a reivindicar direitos fundamentais; a discutir modelos impostos; a amparar-se na legalidade; a duvidar de padrões preestabelecidos; a encarar a necessidade de informação, de engajamento e de alguma politização; a adotar corretos hábitos nutricionais, comportamentais, ecológicos, ambientais, hoje considerados valores universais inquestionáveis. Sociedade que começa a reagir quando necessário e agora transita da condição de passividade para a busca da cidadania em um país redemocratizado.

Desdobrada nesse cenário, como forma de comunicação massiva, a Publicidade padronizada, com ares despretensiosos – aparentemente produzida com base no improviso; na manutenção de ideias desgastadas; em uma pretensa falta de comprometimento com o receptor (*target*[14]), com o próprio emissor (marca) e, por vezes, até com a própria mensagem (anúncio) –, parece já não conseguir evocar tantos aplausos, tampouco obter a aceitação incondicional dos públicos-alvo, e dá mostras de esgotamento desses padrões.

Como parte integrante da situação agora descrita, a prática do ensino universitário em faculdades de Comunicação Social e em cursos de Especialização em Publicidade e Propaganda começa a se reestruturar, e disciplinas, como, por exemplo, Criação Publicitária, Redação Publicitária, Direção de Arte, Comunicação Publicitária, ministradas em quase todos os semestres da graduação, encontram-se em franco processo de revisão de suas dinâmicas em sala de aula.

Para os docentes, aumenta a responsabilidade em relação à ética, à fundamentação das abordagens, e ampliam-se as possibilidades do poder-saber-fazer mais alicerçado. Para os estudantes, que têm à sua frente um modelo de Publicidade já há muito exaurido (seria essa a mesma Publicidade que já se reconheceu oficialmente como uma das melhores do mundo?), associado com frequência a apelos viciados, como: o humor exagerado, o sexo gratuito, pessoas de aspecto físico nórdico, não regras, *insights*[15] ocasionais, repetições exaustivas, ofertas imperdíveis apregoadas aos gritos, como únicas fontes de inspiração, abre-se a oportunidade dourada do querer-saber-fazer e de se oferecer novas propostas ao trabalho de Criação.

No IV Congresso Brasileiro de Publicidade – "Criando o Futuro", realizado em São Paulo, em julho de 2008, Júlio Ribeiro, publicitário fundador da agência Talent, deixou registradas, em seu pronunciamento, algumas deficiências que observa em relação à formação dos estudantes de Comunicação Social que procuram uma vaga no mercado, e advertiu:

> Estagiários ou recém-formados chegam à empresa e pedem: "Ensina-me!", e eu pergunto: por que eles não indagam onde quebrar, como faz um pedreiro? Aprovar alunos despreparados os torna obsoletos como profissionais. A escola não tem que premiar a memória do aluno, mas a sua atividade. As pessoas se tornam ótimas em gestão, mas não em ação.

Criticou especialmente as instituições de ensino superior que, segundo ele, na finalização dos cursos de Publicidade e Propaganda, inventam miniagências com clientes imaginários, "imitando a criança que faz chá para as bonecas", e colocou em pauta uma sugestão:

> A escola deve transmitir conhecimento, ética e mudar a atitude do aluno. Deveríamos ensinar o cidadão a pensar: O que eu faço com essa força poderosa que é a comunicação para mudar o mundo? É preciso que os alunos reflitam fundamentalmente nessa questão.[16]

Interfaces do trabalho publicitário

Levando-se em conta determinadas opiniões de profissionais respeitáveis – bem como os resultados advindos de grande parte dos trabalhos de criadores atuantes no mercado – e reconhecendo a Publicidade como modalidade complexa de expressão, é preciso que o iniciante na área esteja ciente de que o trabalho publicitário compreende, além da competência necessária, o conhecimento prévio dos muitos papéis que ele desempenha no mundo globalizado.

> Um dos aspectos dessa complexidade está na exacerbação das ofertas de bens de consumo. Os produtos crescem, multiplicam-se, desdobram-se. Produtos de uma mesma categoria são oferecidos por empresas distintas povoando o mercado de bens similares com diferenciações entre si quase imperceptíveis. Com isso, as relações de consumo se tornam extremamente competitivas, em um mundo em que vence aquele cujas estratégias chegam mais perto e toca mais fundo a pulsação do desejo dos consumidores. (SANTAELLA, em Prefácio de PEREZ, 2004)

Numa ampliação dessa análise, encarada agora sob perspectiva sociológica, aqui representada por Everardo Rocha, em um de seus estudos sobre a Publicidade, encontra-se oportuna complementação nesse sentido, análoga à agora citada. O autor categoriza o sistema de escoamento de bens oriundo do mercado capitalista por meio de dois campos distintos, ou esferas, aos quais denomina: Esfera da Produção e Esfera do Consumo, que, a fim de se retroalimentarem e se manterem em atividade, são mediados pela ponte Publicidade.

De acordo com o sociólogo, a situação de passagem/comercialização dos bens de consumo ➤ Esfera da Produção, para a situação de aquisição/adesão deles, por parte dos públicos-alvo ➤ Esfera do Consumo, só pode ser efetivada adequadamente com a intermediação da ação publicitária ➤ Publicidade. (ROCHA, 1995, p. 62)

Gráfico 1.4

A responsabilidade de todos os envolvidos nesse processo é grande e precisa ser bem dimensionada no presente contexto, quando se discute a fundamentação da crença de que as necessidades disseminadas pela Publicidade são solucionáveis por produtos industrializados.

Seriam reais todas essas necessidades?

Uma vez reais tais necessidades, os produtos industrializados e divulgados pela Publicidade conseguiriam de fato satisfazê-las?

Também é possível se formular a questão sob ângulo distinto, o contrário desse, mas com equivalente potencial de pertinência: seriam as necessidades que existiriam de fato ou os produtos industrializados é que as teriam fabricado para serem aceitos e comercializados?

Sendo assim, uma vez satisfeitas tais necessidades, outras novas precisam ser forjadas em substituição às anteriores, e mais produtos surgiriam no horizonte com a finalidade de atendê-las, alimentando um ciclo mercadológico em manutenção constante e levando os consumidores a um permanente estado de desconforto e ansiedade crônica. O estágio de clímax dessa relação ocasionaria um reflexo comportamental significativo: a transformação do consumo em consumismo – ou hedonismo –, induzindo indivíduos pensantes a se tornarem passivos e vulneráveis a pressupostos equivocados, como: "Satisfação é aquisição de mercadorias" e "Felicidade é consumo". A força do aparelho midiático, em que a Publicidade opera, seria o combustível desse esquema. (Há oportuna expansão desse tema em: BELL, D. As contradições culturais do Capitalismo, apud LASCH, C., 1986, p. 18-9)[17].

Considera-se essa uma das maiores justificativas para o direcionamento da Criação Publicitária convergir para a explosão de imagens em contraste com a tímida presença textual como método comunicacional mais efetivo e, muitas vezes, tido como infalível.

No breve elenco de *slogans* e títulos a seguir apresentado (veiculados em 2008 e 2009), é possível constatar a associação direta do conceito contemporâneo de felicidade à prática do consumo edulcorado pela Publicidade. De maneira assertiva, as marcas selecionadas (de grande, médio e pequeno portes) transmitem ao público a noção de que a condição-base para se alcançar a felicidade é obter mercadorias. Por meio de textos simplificados e facilmente assimiláveis, tais mensagens publicitárias, a exemplo de outras, buscam corporificar as aspirações humanas na forma de bens comercializáveis, anunciados como antídotos para todos os problemas. Por mais inverossímil que possa parecer, essa é uma decisão criativa que não apenas mostra capacidade de persuasão, mas ainda consegue aceitação por parte dos receptores.

- Habib's. Você feliz
- Pão de Açúcar. Lugar de gente feliz.
- Magazine Luiza. Vem ser feliz!
- Honda Fit. Feliz de quem tem.
- Honda Fit. Já vem completo e repleto de itens de série para fazer você feliz.
- Natal Marisa. Está na moda ser feliz.

Caso se deseje ampliar um pouco mais a pesquisa, é possível configurar um paralelo histórico desse comportamento, de certo modo subserviente, com o *modus operandi* da sociedade na Idade Média.

No mundo medieval, o aparelho ideológico de Estado era representado pela Igreja – instituição forte, com perfil explicitamente autocrático, cuja base de ação consistia em imputar à sociedade sentimentos de medo e culpa, caso esta viesse a transgredir as normas impostas, conseguindo, assim, controlá-la. A resposta para essa profunda coação traduzia-se na completa obediência aos dogmas e na submissão coletiva. As penas para os insurgentes eram o pagamento de indulgências, a condenação à morte sob tortura física e a excomunhão.

A correlação com a atualidade é efetivada, uma vez admitindo-se que, atualmente, o aparelho ideológico de Estado dos países em desenvolvimento, ou dos desenvolvidos pelo capitalismo, está representado pela mídia – com perfil implicitamente autocrático, cuja base de ação manifesta-se de forma similar à anterior citada, embora sob outra égide: fomentar sentimentos de inadequação e isolamento em indivíduos que não atendam aos padrões por ela impostos, ou seja, os que exacerbam valores como a magreza, a sensualidade, a estética, a virilidade, o *status*, a beleza, a juventude, por exemplo. A resposta social para essa enorme insatisfação impingida traduz-se na busca frenética por soluções que satisfaçam a essas exigências – o incessante consumo de produtos divulgados pela Publicidade. As consequências para os não massificados são a sensação de incompletude, o desalinhamento com estereótipos e a não inclusão em grupos.

Em ambos os casos, é perpetrada a aniquilação do sujeito e, ainda que vozes isoladas se arvorem a contestar essa lógica, como, por exemplo, as de três críticos (todos considerados catastrofistas) da Modernidade:

- O escritor argentino Ernesto Sábato:
  "O consumo não é um substituto do paraíso." (SÁBATO, 2000, p. 158);
- O sociólogo francês Jean Baudrillard:
  "Se o consumo parece irreprimível, é justamente porque constitui uma prática idealista total que nada mais tem a ver (além de certo limiar) nem com a satisfação de necessidades, nem com o princípio de realidade." (BAUDRILLARD, 1989, p. 210);
- E seu congênere norte-americano Michael Featherstone:
  "Um dos primeiros usos do termo "consumir" significava destruir; gastar; desperdiçar; esgotar. Nesse sentido, o consumo – como desperdício, excesso e esgotamento – representa uma presença paradoxal no âmbito da ênfase produtivista das sociedades capitalistas e socialistas estatais, a qual precisaria ser controlada e canalizada de alguma maneira." (FEATHERSTONE, 1995, p. 41).

o oposto dessas teses parece mais convincente e verdadeiro.

Na contemporaneidade, não mais vistas como indivíduos, e sim como consumidores potenciais, as pessoas têm seus hábitos, preferências e comportamentos profundamente estudados, sendo definidas e rotuladas meramente como públicos-alvo de marcas e produtos. Ou como elementos inclusos em faixas de público, segmentos e nichos de mercado, revelando-se a preocupação máxima da Publicidade, objeto norteador de estudos multidisciplinares e de estratégias de fidelização, que sistematizam formas de atingi-las a qualquer preço.

> Já se tornou um truísmo afirmar que os bens de consumo não resultam da necessidade. Ao contrário, a necessidade surge como efeito da existência dos bens de consumo. A lucidez dessa constatação está na base da ainda atual teoria marxista sobre o fetichismo da mercadoria. Quando se compra um produto, junto com ele se está comprando uma complexa malha de valores psicossociais difusos, não inteiramente conscientes, mas imperiosos porque fisgam o desejo. É o desejo e não o uso que pode advir do produto que está na mira do lançamento de um produto no mercado capitalista. Vem daí a importância que a Publicidade desempenha nesse mercado. É a Publicidade que se responsabiliza pela captação e expressão, quase sempre subliminar, dos valores que se agregam às mercadorias. (Idem, SANTAELLA in PEREZ, 2004)

São essas noções de fundo que precisam ser sempre consideradas tanto pelos ingressantes no multifacetado campo publicitário como pelos profissionais nele atuantes, a fim de que o desenvolvimento dos trabalhos se processe mais realisticamente e se busquem novas formas de refinamento para todos os aspectos da área.

Fascínio das imagens e burocratização dos textos na criação publicitária

Uma vez absorvida essa grande rede de implicações, direciona-se agora o enfoque da exposição iniciada para o recorte de base deste livro e se recoloca a Redação Publicitária no centro do contexto na tentativa de se compreender melhor o seu processo de sucateamento ao longo do tempo. É intenção também oferecer-lhe um eventual modelo de aprimoramento e renovação, no intuito de aproximá-la ou realinhá-la ao propósito criativo publicitário.

Não se pretende encaminhar o raciocínio a conclusões simplificadas, como: a tendência crescente da redução textual e da superexposição das imagens no manifesto publicitário justifica-se por conta de a Publicidade objetivar, em primeira análise, a sedução e a persuasão dos públicos-alvo, não tendo no aparato verbal escrito uma ferramenta de ponta para isso, mas sim no aparato visual gráfico, visto como mais atraente e sedutor.

Em uma visão expandida, percebe-se que o tema tem abrangência e raízes mais complexas do que esse entendimento, com ares de axioma, leva a crer. A realidade apresenta um quadro de decadência paulatina e sistemática da palavra, observável em praticamente todos os setores da Comunicação Social, e não apenas na Publicidade (que, em tese, não lança tendências, mas sim acompanha tendências já lançadas).

Isso pode ser confirmado em face dos roteiros banais feitos para o Cinema contemporâneo, sustentados por poderosos recursos tecnológicos e efeitos especiais, que, em muitos casos, no lugar dos enredos, são o grande atrativo dos filmes para o público e a garantia das boas bilheterias. Atualmente, a literatura e a verdadeira literatura de vanguarda parecem substituídas, em certa medida, pela literatura de autoajuda, e escritores de talento questionável alçam-se ao estrelato e viram *best sellers* em esferas nacional e internacional.

A música sertaneja de raiz e os sertanejos fabricados são um contraste estabelecido. Novelas de televisão têm sua evolução narrativa definida pelos marcadores do Ibope, que inclina as histórias conforme o gosto e a aceitação populares, medidos diariamente. Mais importante que os diálogos entre personagens ou a verossimilhança da trama (aquilo que se intui) são o penteado da atriz, o charme do ator, a decoração dos ambientes, o vestuário do elenco (aquilo que se vê).

A imagem visual tem preponderado no lugar da palavra em campos comunicacionais diversificados muito provavelmente por conta da instauração global de um modelo de simplificação (não raro confundido com modelo de criatividade), da aceitação do médio, que favorece a rápida assimilação das mensagens por parte de indistintos públicos.

Gráfico 1.5

Voltemos à problemática literária, e perguntemo-nos como se forma o imaginário de uma época em que a literatura, já não mais se referindo a uma autoridade ou tradição, que seria sua origem ou seu fim, visa antes à novidade, à originalidade, à invenção. Parece-me que nesta situação, o problema da prioridade da imagem visual ou da expressão verbal (que é um pouco assim como o problema do ovo e da galinha) se inclina decididamente para a imagem visual. (CALVINO, 1998, p. 102)

Mesmo assim, para muitos autores de notório reconhecimento mundial, entre eles, o filósofo francês Gilles Lipovetsky, que se dedica há décadas ao estudo das tendências da Moda e, também, em menor grau, à Publicidade, faz total sentido o duplo pressuposto de que: o aparato verbal nos anúncios publicitários destina-se a cumprir o papel obrigatório e tedioso de informar especificações de produtos, e o visual é o que assegura campo fértil para a possibilidade criativa, e ele é suficiente para explicar racionalmente a questão.

De acordo com sua ótica, seria essa a razão maior para o texto publicitário ter decaído tão significativamente em nível de qualidade técnica, índice de originalidade e senso de oportunidade, vindo a perder função, importância e espaço na mensagem publicitária para as imagens, o "verdadeiro e único palco do espetáculo publicitário".[18]

No trecho aberto a seguir, o estudioso chega a comparar a Redação Publicitária (à qual chama de *copy strategy*) a um reino, quase a uma ditadura, no qual seria impossível trabalhar a sedução ou a criatividade. Utilizando-se de uma teia semântica de inclinação tendenciosa, ele avalia o atual modelo criativo publicitário, fazendo uma analogia furtivamente maniqueísta entre texto e imagem:

> Arma-chave da Publicidade: a surpresa, o inesperado. No coração da Publicidade trabalham os próprios princípios da moda: a originalidade a qualquer preço, a mudança permanente, o efêmero. [...] Apoteose da sedução. Até então, o apelo publicitário permanecia sujeito às coações do Marketing, era preciso curvar-se à racionalidade argumentativa, justificar promessas de base. Sob o reino da *copy strategy*[20], a sedução devia conciliar-se com o real da mercadoria, expor seus méritos e a excelência dos produtos. [...] Hoje, a Publicidade criativa se solta, dá prioridade a um imaginário quase puro, a sedução está livre para expandir-se por si mesma, exibe-se em hiperespetáculo, magia dos artifícios, palco indiferente ao princípio da realidade e à lógica da verossimilhança. Atualmente, os publicitários gostam de exibir a radical novidade de seus métodos. Acabado o reclame, acabada a *copy strategy*, glória à comunicação e à ideia criativa. (LIPOVETSKY, 1999, p. 186-8)

Vê-se no excerto que, para definir texto publicitário, Lipovetsky apoia-se em expressões que ecoam autoritarismo e frieza, como, por exemplo: "sujeito às coações do Marketing"; "era preciso curvar-se à racionalidade argumentativa"; "a sedução devia conciliar-se com o real" (...), todas aludindo ao fato de que o aspecto verbal, na Publicidade, seria um aporte de cunho racional, apenas informativo, burocrático, e definitivamente dissociado das funções de seduzir e sensibilizar.

Já, quando se refere às imagens, o filósofo empresta euforia ao seu próprio texto, ao deixar entrevista nesse conteúdo sua concordância pessoal com o notado investimento no aspecto visual das peças publicitárias da

Agência DPZ
Figura 1.2:
Anúncio página simples impresso com imagem grandiloquente e base redacional resumida ao slogan: "Campari. Só ele é assim." Campanha Campari/2007.[19]

atualidade, para ele, campo de cunho emocional, restrito à criatividade, celebrando-o com expressões enfáticas: "hiperespetáculo"; "magia dos artifícios"; "palco indiferente à verossimilhança"; "glória à ideia criativa" (...).

Consoante a visão de Gilles Lipovetsky nessa análise, depreende-se que, no contexto da Publicidade, texto e imagem teriam atribuições apartadas e estanques: ao primeiro caberia somente informar; à segunda, somente seduzir.

Seria até mesmo viável afirmar que esse acordo formal, potencializado nos últimos anos pelo auxílio dos inesgotáveis recursos que a expansão da informática proporcionou, veio a se tornar um modelo universalmente aceito, uma febre, transformando a Publicidade em um exercício quase que eminentemente fotográfico, no qual predomina o padrão *all image*[21] na criação das peças.

> Uma das explicações para que a Publicidade permaneça insistindo na estratégia de divulgar produtos quaisquer por meio do fascínio das imagens é a de que o público consumidor, motivado pelo desejo desenfreado de consumo, ou de identificação com um mundo que desejaria fosse o seu, projeta-se mais facilmente nas mensagens visuais do que nas verbais, mantendo uma relação de simbiose com o produto anunciado. Deseja mais a imagem do que o próprio produto anunciado. É comum vermos pessoas confundindo marcas, já que muitas se anunciam de modo semelhante: por meio de a*pproaches*[22] icônicos, em muitos casos esvaziados de sentido lógico ou mesmo de ligação coerente com o produto. Esse vazio/silêncio verbal seria preenchido pelo imaginário do *target*, que nele se projetaria por intermédio da estimulação icônica, preenchendo esse vácuo mentalmente com o texto adequado a expressar suas aspirações ou mesmo insatisfações com o cotidiano. Igualmente comum é vermos pessoas querendo menos o produto e sonhando mais em ser ou parecer com a imagem que a ele está associada, ainda que inatingível ou desconexa da realidade. Provavelmente se recordarão da imagem, mas hesitarão na lembrança do nome do produto no ato de compra. (WILLIAMS, apud NEGRI, 2002, p. 47)

Empobrecimento e supressão verbal no texto publicitário da atualidade

Em contraste ao que sucedeu com o aparato visual no manifesto publicitário, que, conforme já abordado, especialmente desde a última década até hoje, mostra evolução sob vários aspectos, o texto escrito tem sido reduzido em quantidade e qualidade, chegando, em muitos casos, a desaparecer literalmente dos anúncios.

Em fins da década de 1990, *outdoors* feitos para confecções de roupas jovens classe A ficaram célebres por sua concepção rigidamente imagética, obedecida por todas as marcas da moda na época, como: Triton, Ellus, Zoomp, M. Officer, Forum, entre outras, em que modelos de aparência doentia, o chamado "*look*[23] derrubado", pontificavam nas peças criadas sob duas concepções estéticas quase invariáveis:

- Com semblante entediado e olhar perdido, em cenários lúgubres, as chamadas *dark scenes*.
- Com semblante anestesiado e olhar enigmático, em cenas de cunho erótico, as *sexy scenes*.

Ambas meticulosamente produzidas e, a cada inserção, mais requintadas em recursos gráficos, porém tendo no nome das marcas a única emissão escrita das peças.

Como descrito nas queixas de muitos redatores, nesse momento de pico – conhecido como "Fase da Infotoxicação" – (2000, 2001, 2002), pouquíssimos eram os anúncios em que mais de quatro linhas de texto conseguiam ser aceitas como oferta verbal criativa.

Porém, mesmo com a insidiosa tendência pictórica se avolumando, vez por outra, o inesperado acontecia. O Brasil, em plena hegemonia do clima visual, conseguiu ganhar um Leão de Bronze do Festival Internacional de Cannes, em 2001, ironicamente, pelo mérito de um anúncio *all type*,[24] página dupla, para o cereal fibroso *All Bran*, da anunciante Kellogg's.

A peça teve em seu título: "Guarde este anúncio para ler no banheiro", considerado ambíguo e instigante, um dos vetores principais para a premiação; e, no corpo do texto, longo e interativo, a decisão final do júri em relação a seu potencial de elaboração e criatividade.

> É enganoso pensar que anúncios *all type* não ganham prêmios internacionais, concorrendo em disputa acirrada com bem produzidas peças pictóricas. O mercado está carente de conceitos novos, raciocínios diferentes e ideias corajosas.
> (Revista *Meio & Mensagem*, 28/8/2001, p. 31)

Hoje em dia, embora com a devida admissão do fato de existirem anúncios, *spots* e *jingles* de reconhecida qualidade textual, é ainda muito comum o encontro do público com peças publicitárias ostentando o ortodoxo binômio, composto basicamente por: arranjos visuais graficamente impecáveis, mas mal alicerçados por incursões verbais em déficit estrutural, criativo e gramatical. Em uma busca doméstica, é possível coletar com facilidade exemplos reais de má formulação da Redação Publicitária em qualquer tipo de mídia, sem grande investimento de tempo.

Em destaque, segue o registro dessa informal documentação, expresso por meio de três anúncios, criados em formato página simples, 4 cores, datados e veiculados nas mídias jornal e revista.

Exemplo I de má formulação verbal em anúncio publicitário impresso
Anunciante: AR Fernandez Pré-Impressão e Gráfica/2007.
Nem todo mundo com 10 anos tem a nossa credibilidade.
Completamos nossos 10 anos com o mesmo entusiasmo dos primeiros dias, graças a vocês nossos clientes e colaboradores, hoje e a cada dia, comemoramos nossas conquistas prontos para os próximos 10 anos!
AR Fernandez Pré-Impressão e Gráfica.
(Revista *About* nº 880 – julho/2007

Neste primeiro caso, identificam-se como ruídos de comunicação os seguintes deslizes redacionais:

- Falhas repetitivas de pontuação, que comprometeram a leitura do conjunto verbal, uma vez que as pausas necessárias entre uma oração e outra não se fizeram.
- Emprego de vocabulário fraco e desgastado, que pode ter sido confundido com emprego de vocabulário coloquial, próprio da Publicidade.

- Banalização no tratamento criativo da peça. Para um anúncio de comemoração do 10º aniversário de uma empresa, o texto praticamente infantiliza a mensagem.
- Ausência de assinatura verbal/*slogan* para a marca anunciante, o que põe em dúvida sua propalada notoriedade.

Possíveis recomendações para o aprimoramento textual:

- Controle da pontuação, com inserção de vírgulas e pontos-finais, para redução do tamanho das frases e melhor coesão entre os períodos.
- Utilização de vocabulário de nível um pouco mais elevado, sem vistas ao formalismo ou à erudição, mas à adequação ao padrão escrito da linguagem.
- O tom de fundo do texto poderia estar voltado ao humor leve, assim como se encontra no original, desde que de modo mais eficaz.
- Inclusão de uma assinatura verbal/*slogan*, que estaria bem indicada para o anunciante e revelaria sua ideologia ao público-alvo.

> **Exemplo II de má formulação verbal em texto publicitário impresso**
> Anunciante: PRO Image Source/2007.
> Esqueça os CDs de imagens. O PRO Image Source possui pacotes de download, onde você compra créditos e baixa só as imagens que quiser, sem a obrigação de ter que pagar por imagens que você não gosta. Isso não é tudo. O banco de imagem possui um sistema de produção que cria imagens diferenciadas e com conteúdo, diferente de outros bancos de imagens que preferem possuir grande quantidade de fotos.
> (...) O PRO Image se preocupa com o que você realmente procura, com a qualidade que você quer.
> (Revista *About* nº 880 – julho/2007)

Este segundo caso apresenta problemas de natureza diferente dos verificados no primeiro exemplo analisado, porém, não menos ruidosos:

- Quando se lê: "O PRO Image Source possui pacotes de *download*" (...) pode-se perceber a primeira falha: o verbo "possuir" denota posse, e não é esse o caso para o sujeito da frase.
- O mesmo erro repete-se logo em seguida, quando se lê: "o banco de imagem possui um sistema de produção" (...)
- Pela terceira vez, o erro aparece em (...) "bancos de imagens que preferem possuir" (...)
- Na sequência da mesma sentença, encontra-se o pronome relativo "onde", conector coesivo que recupera a noção de lugar, de espaço, e não pode ser usado em outra circunstância, como nesta citada, para recuperar a palavra "download", que não é um lugar.
- O adjetivo "diferente", na expressão "diferente de outros bancos de imagens", está incorretamente empregado, fazendo as vezes de um advérbio de modo.
- A expressão "ter que pagar", embora não pareça, é incorreta tanto na forma escrita como na oral ou na coloquial da linguagem.
- A formulação frasal (...) "se preocupa com o que você realmente procura, com a qualidade que você quer" esbarra na redundância e na previsibilidade vocabular, com perda dos efeitos de informatividade e de originalidade necessários à linguagem publicitária.

- Ausência de assinatura verbal/*slogan* para a marca anunciante.

Possíveis recomendações para o aprimoramento textual:

- Nas três falhas que se configuram pela mesma seleção vocabular equivocada, seria necessária uma substituição pelos verbos "ter" ou "apresentar", por exemplo, que manteriam o sentido das frases originais.
- O pronome "onde" deveria ser substituído pela locução pronominal "em que".
- O adjetivo "diferente" deveria ser substituído pelo advérbio de modo "diferentemente".
- A expressão "ter que" deveria ser substituída pela correta "ter de".
- Indicada seria a reformulação total do texto para melhor definição dos propósitos da mensagem, porém, em se reformulando apenas a última colocação, poderia ser retirada a repetição do pronome reto "você"; em seguida, esclarecer "o que você procura" e evitar o arranjo "a qualidade que você quer" por outro, menos banalizado.
- A inserção de *slogan* para a marca estaria aqui bem indicada.

Exemplo III de má formulação verbal em texto publicitário impresso
Anunciante: Universidade Cruzeiro do Sul/2008.
Quero uma faculdade que eu nem precise estudar. Afinal, o que interessa é ter um diploma, não é verdade?
Se você concorda com essa frase, a Universidade Cruzeiro do Sul não é para você. Os resultados que temos nas avaliações do MEC, Capes, Ministério da Ciência e Tecnologia, por exemplo, não foram conquistados em função da "vida mansa" dos nossos professores e alunos. São frutos de um trabalho sério, diário e exaustivo. Escolher uma faculdade "fácil" por comodidade é uma atitude de quem não tem vontade de vencer na vida. (...)
Universidade Cruzeiro do Sul/UNICSUL. Vontade não é nada sem conteúdo.
(*Folha de S.Paulo*, 15/11/2008, p. 6)

Neste terceiro exemplo, a incidência de ruídos é um pouco mais preocupante, pois se trata agora de uma universidade que deseja transmitir uma imagem confiável e austera quanto a princípios de avaliação e conduta. No entanto, há de se reparar alguns percalços no anúncio institucional aqui apresentado.

- A frase inicial, de autoria de um candidato a uma vaga na universidade, expressa clara ruptura na coesão quando se lê: (...) "uma faculdade que eu não precise" (...)
- Quando se lê a resposta da universidade ao desejo do suposto aluno, nota-se novo tropeço, com a mistura de estilos formal e informal em proximidade e em repetição: (...) "os resultados que temos (...) não foram conquistados em função da "vida mansa" de professores e alunos" (...), e mais à frente (...) "escolher uma faculdade 'fácil' (...)".
- Há pluralização equivocada da palavra "frutos" para recuperar ou concordar com a anterior "resultados".
- O *slogan* "Vontade não é nada sem conteúdo" está incorretamente formulado por conta de uma redundância e não apresenta nexo lógico.

Possíveis recomendações para o aprimoramento textual:

- A correta formulação frasal, mesmo para figurar como fala de um jovem que ainda não cursa a universidade, é: "Quero uma faculdade onde eu não precise" (...) ou, ainda: "uma faculdade em que eu não precise" (...)
- As expressões coloquiais "vida mansa" e "faculdade fácil" estão contraindicadas, pois destoam da formalidade presente no restante do texto emitido pela universidade e rompem a coerência tanto em forma como em conteúdo. Em forma, pois o texto é escrito em tom sério, quase ofendido; em conteúdo, pois, em se tratando de uma universidade rígida em comprometimento, o vocabulário por ela empregado não poderia fazer recorrência à oralidade, mas sim à norma culta da Língua.
- A correta concordância para esta frase seria: "São fruto de um trabalho sério, diário e exaustivo" (...) com a sugestão de que se suprimisse o adjetivo "exaustivo", que causa uma impressão de peso, e não de prazer ao cotidiano universitário.
- (...) "não é nada" é uma formulação frasal redundante, que nega a si própria. Fora esse agravante, o *slogan* propicia perda de lógica, mais do que ganho de lógica.

Redação Publicitária em redefinição conceitual e funcional

Sem subestimar a aceitação irrestrita do modelo *all image*, uma das proposições deste livro é inferir se o padrão imagético seria realmente o único caminho para se fazer Publicidade criativa ou mais eficaz. Para levar esse objetivo a bom termo, não se pretende fazer aqui um trajeto autobiográfico, testemunhal ou sugerir caminhos e soluções práticas para a revitalização da Redação Publicitária, através da documentação de determinados exemplos de Publicidade verbal bem-sucedida, veiculada e até premiada nos festivais, em algum momento no mundo. Mas deseja-se demonstrar com um exemplo marcante que o texto bem realizado atrai e convence.

A primeira e única vez que um país de língua não inglesa recebeu um Grand Prix – ou Grand Clio –, prêmio internacional máximo na categoria Televisão e Cinema, ocorreu em 2001, com o Brasil sagrando-se vencedor no Clio Awards Festival (Nova York/EUA) pelo mérito verbo-visual do comercial "A semana", de três minutos de duração, criado para a revista *Época*, pela Agência W/Brasil[25].

O texto sofisticado da peça eletrônica impressionou a audiência, soando como proposta de oxigenação aos padrões verbais vigentes no momento, já um tanto requentados. O áudio, a seguir transcrito, integralmente estruturado em torno de variações do número 7, na utilização unificada do argumento de exemplificação, alternando sujeitos e objetos diretos – e em antíteses pontuais – ficou ainda mais enriquecido pela complementaridade de recursos sonoplásticos de efeito *vocoder*[28], em arranjos surpreendentes; de uma locução em *off*[29] monocórdia; e de inusitadas imagens fotográficas, a maioria delas em preto e branco e tons de sépia, que, expostas em séries lentas, sobrepunham-se e desapareciam sutilmente de cena[30], sugerindo uma reflexão descritiva e algo melancólica sobre o final do século XX.

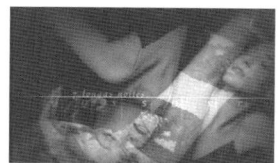

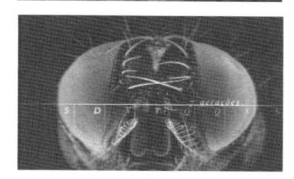

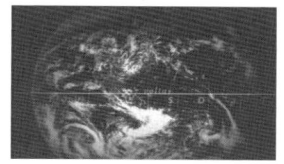

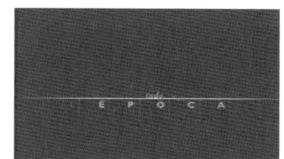

Agência W/Brasil
Figura 1.3:
Fotograma do filme "a semana"/2001, com o lettering.[26] "Para um preso, menos sete dias".[27] Fotograma do filme "A semana"/2001, com os letterings: A semana; 7 motivos; 7 longas noites; 7 gerações; 7 voltas; Para uma rosa; Tudo Época; Época todas as semanas.

> Para um preso, menos sete dias.
> Para um doente, mais sete dias.
> Para os felizes, sete motivos.
> Para os tristes, sete remédios.
> Para os ricos, sete jantares.
> Para os pobres, sete fomes.
> Para a esperança, sete novas manhãs.
> Para a insônia, sete longas noites.
> Para os sozinhos, sete chances.
> Para os ausentes, sete culpas.
> Para um cachorro, quarenta e nove dias.
> Para uma mosca, sete gerações.
> Para os empresários, 25% do mês.
> Para os economistas, 0,01% do ano.
> Para os pessimistas, sete riscos.
> Para o otimista, sete oportunidades.
> Para a Terra, sete voltas.
> Para o pescador, sete partidas.
> Para cumprir o prazo, pouco.
> Para criar o mundo, o suficiente.
> Para uma gripe, a cura.
> Para uma rosa, a morte.
> Para a História, nada.
> Para a Época, tudo.
> Época. Todas as semanas.

Diante do quadro exposto, o objetivo real deste estudo é fornecer uma alternativa de aperfeiçoamento, simples *contribuição* para uma das modalidades do atual modelo verbal publicitário, a Redação Publicitária, que consiste basicamente na fundamentação dos textos em conceitos normativos da Língua Portuguesa, expediente decisivo para a qualidade final dos resultados de quem trabalha com a palavra, mas talvez muito pouco utilizado pelos redatores, o que poderia ser a razão maior para o empobrecimento da qualidade textual dos trabalhos de hoje.

> Não vamos pensar que, para se comunicar, basta fazer um anúncio com muito texto. [...] Por isso, aos desavisados fica um recado: quem quiser subir no barco da escrita, seja bem-vindo, mas lembre-se que tem de saber remar. E aos mais apressados, um lembrete: nós não estamos defendendo que daqui em diante a propaganda seja mais textual do que visual, estamos defendendo, sim, que ela seja mais inteligente, mais consistente e mais sedutora, usando a maneira que for melhor para se comunicar. (LINDENBERG, 2001, p. 5)

Em realidade, a Redação Publicitária não é admitida consensualmente da forma redutora como Gilles Lipovetsky a define. Existem aspectos conceituais e funcionais a ela atrelados, que extrapolam a tarefa de puramente informar. Ou de comunicar ao público de maneira canhestra e desinteressante as características de um bem anunciado. Ela pode, tanto quanto podem as imagens, vir a atrair, seduzir e persuadir, se bem realizada.

Uma prova de sua importância e espaço dentro da emissão publicitária pode ser verificada em ocasiões prosaicas, como nas exibições de filmes internacionais. Em qualquer evento em que se prevê projeção de comerciais estrangeiros, fones de ouvido com tradução simultânea são previamente distribuídos à plateia presente, a fim de que a assimilação do áudio falado ou de trilhas cantadas seja de acesso geral. Caso contrário, se ancoradas apenas nas imagens dos filmes, as mensagens não seriam captadas em sua integralidade e poderiam confundir os espectadores.

Aos que, de alguma maneira, pensam em se envolver com Criação, ou são especialistas nessa área, seria oportuno avaliar se a Redação Publicitária, conforme reconhecida na atualidade, tem sido ferramenta eficiente para assegurar o poder de atração e de persuasão dos receptores de Publicidade. Ou ainda estimar se, de uma forma geral, essa especialidade tem contribuído com a Criação Publicitária de forma geral e apresentado, em algum grau, qualidades que remetam a uma noção evolutiva de Estética, tais como funcionalidade e inventividade, características promotoras de reestruturações necessárias à atualização de qualquer modalidade de expressão.

Igualmente necessário é estabelecerem-se as distinções conceituais, funcionais e profissionais entre Criação Publicitária, Computação Gráfica, Fotografia e Design Digital, por exemplo, especialidades que têm destinações e objetivos diferenciados.

Não se tenciona, com essas sugestões, inverter a atual concepção pictórica de Criação Publicitária, insinuando que a Redação Publicitária deva ser o grande aparato de emissão, o melhor, o mais eficiente ou o único. Menos ainda induzir à ideia de que as imagens por si sós nunca serão capazes de efetivar uma comunicação completa com os públicos.

Entretanto, é preciso que se assimile a diferença crucial existente entre produzir Criação Publicitária por meio de mensagens visuais inteligentemente elaboradas (que digam alguma coisa) e recorrer gratuitamente a recursos gráficos de última geração para atuarem como estratégia insuperável de Criação Publicitária (ainda que não digam coisa alguma). Vale a pena aqui lembrar uma boa colocação do Professor Antonio Medina Rodrigues da Faculdade de Filosofia, Letras e Ciências Humanas da Universidade de São Paulo (FFLCH-USP): "Falar é diferente do que falar alguma coisa".

Existem campanhas eminentemente visuais que se revelaram valorosas propostas criativas, não por terem se baseado na gratuidade que os recursos gráficos mal aplicados proporcionam, mas por conta de sua concepção formal, totalmente surpreendente e contrária à tradicional. Algumas chegaram a marcar época por causa da força de sua comunicação, no caso, toda codificada imageticamente. Fundamentadas na concepção *all image*, foram capazes de propor novos apelos, necessários para revigorar o quase sempre redundante cenário criativo publicitário.

É inquietante o paradoxo da percepção de que caminhos trilhados com base no ineditismo não raro choquem o vanguardista universo da Publicidade, e o fazem aferrar-se a padrões tradicionais de Criação, perpetuando-os a todo custo.
A tese da utilidade de se recorrer a instrumentais teóricos ou a novos caminhos como alternativas pertinentes para se produzir Publicidade criativa parece representar risco no meio e chega a causar desconfiança, quando evocada. É bem mais comum o entendimento de que a criatividade seja privilégio genético de apenas alguns nascidos com mentes brilhantes, superdotados de sagacidade e aptos a atuar só quando inspirados.

Admitindo-se tal linha de pensamento, o conceito de originalidade nunca seria obtido por meio do suporte de aparatos teóricos e técnicos nem de processos criativos paulatinos, tampouco do necessário estágio de tentativa e erro, mas seria um dom natural.

Pode ser essa uma das explicações mais plausíveis para o aspecto verbal enfraquecido de muitos anúncios atuais, e também para o endeusamento do poder das imagens no quadrante ótico das peças publicitárias, a quem ficaram conferidas as múltiplas funções de atrair, informar, convencer e provocar adesão, em simultaneidade.

No entanto, há algum tempo, resistências começaram a levantar tese divergente acerca da eficácia desse padrão, e profissionais afetos à área de Criação chegaram a manifestar publicamente sua preocupação frente à tendência em reportagens, artigos, congressos e eventos correlatos. No ano de 2001, tem-se a eclosão desse movimento no Brasil, quando, em um anúncio de página inteira, *all type* com um longo texto, publicado no jornal de Economia & Negócios Valor Econômico, o redator Ruy Lindenberg compartilhou com os leitores todas as suas inquietações, fazendo-lhes um desafio: ele pedia que os contrariados com o formato eminentemente visual dos anúncios publicitários escrevessem-lhe e-mails em resposta.

No final de um dia, 468 mensagens chegaram ao publicitário, que decidiu, então, transformá-las em livro com título idêntico ao do anúncio estopim: "Tem gente pensando que você é analfabeto, e você nem desconfia", publicado pela editora da agência W/Brasil, onde atuava como Diretor de Criação. Um deles segue em destaque, a título de ilustração:

> Faz muito tempo que vejo apelos absurdos na propaganda brasileira. Mulheres sempre nuas e gratuitas, frases escritas erradamente, jovens bebendo álcool e fumando, sempre na condição de alienados e essa inundação de imagens irreais, algumas beirando o surrealismo. Mas eu não sabia como e onde me manifestar contra isso. (Op. cit. 2001, p. 47)

Está recortada, no fragmento a seguir, um pouco da realidade pessoal desse criador, indisposto com a inclinação imagética da Publicidade, engatilhada a partir da última década:

> Embora eu não tenha instituto de pesquisa, não conheça você pessoalmente, não saiba sua idade, nem mesmo se você é homem ou mulher; de uma coisa eu tenho certeza: você é uma pessoa sensível, interessante e, principalmente, alfabetizada. Tenho garantido aos clientes que você aprecia o humor, gosta e precisa de informação, adora ler e é justamente por isso que assina ou compra jornal. Tenho lutado para que os anúncios não saiam das salas de reunião frios, burocráticos, chatos, sem graça nem emoção. Agora, confesso que várias vezes tenho saído derrotado nessas discussões, levando como lição de casa a tarefa de diminuir o texto para 2 ou 3 linhas e aumentar o logotipo do cliente em 4 ou 5 vezes. (LINDENBERG, 2001 – jornal *Valor Econômico*, p. 7)

Se os redatores recorressem mais frequentemente a conceitos normativos da Língua Portuguesa para produzir Redação Publicitária, a notável desproporção quantitativa e qualitativa entre os aspectos verbais e a dos visuais na Criação Publicitária poderia ser atenuada.

Norteada pela confiança de que tal expediente, por si, é capaz de elevar o potencial informativo, persuasivo e, principalmente, criativo dos textos; de estruturar melhor a Criação Publicitária em forma e conteúdo; e de suscitar maior interatividade do público receptor com as mensagens emitidas, esta proposta pode ser vista como de revisão conceitual. Ela objetiva aprimorar o desempenho em uma vertente específica do universo publicitário, que, como se sabe, é um sistema que depende de ideias inovadoras para se reafirmar, mas que não deve prescindir de fundamentação de vários matizes para permitir melhor engenharia dessa reafirmação.

Mediante a constatação de tais direções, procurou-se cooperar com o necessário (e, de certa forma, já instaurado) processo de refinamento da criação de mensagens publicitárias verbais, por meio da proposição de sugestões conceituais teóricas, apresentadas nos capítulos sequenciais deste livro, maneira que nos pareceu apropriada.

Cada um dos tópicos arrolados para viabilizar melhor a elaboração da Redação Publicitária, antes de serem abertos a estudo e oferecidos como estratagemas de fundo, foram selecionados para atender a dois critérios de base, aqui informalmente dispostos:

- Como instrumental – necessidade de conhecimento, de familiarização e de domínio para facilitar a produção verbal em Redação Publicitária;
- Como aplicabilidade – grau de eficiência para possibilitar o aprimoramento técnico da produção verbal em Redação Publicitária.

Devolutiva sugerida nº 1:
- Faça uma breve pesquisa sobre o perfil de duas marcas operantes no Brasil, à sua escolha, e elabore um anúncio condizente com cada uma delas.
- Crie dois *Teasers* – um para cada anunciante escolhido, preparando o necessário clima de expectativa para uma campanha de lançamento de produtos dessas marcas.

Objetivos:
- Familiarização com as características específicas e ideologia de cada marca escolhida.
- Iniciação do processo criativo publicitário.

Devolutiva sugerida nº 2:
- A partir da observação de anúncios publicitários impressos em veiculação atualmente no país, eleja três deles que revelem, a seu ver, fraco desempenho criativo verbal, e identifique por escrito cada uma das deficiências verificadas, justificando-as respectivamente.
- Estude as marcas que assinam esses anúncios, e reformule as três concepções criativas formais consideradas pouco originais, a fim de que se tornem mais adequadas aos produtos em questão.

Objetivos:
- Desenvolvimento de senso crítico e familiarização com a Criação Publicitária.
- Proposição de caminhos criativos viáveis como solução para as falhas apontadas nas peças escolhidas.

Notas

11 *Leit motiv* significa fator determinante ou razão principal.

12 *Nonsense* é uma terminologia com grafia e utilização universalmente semelhantes, que significa "sem sentido" ou "falta de lógica observável" no conteúdo de determinada forma de expressão, criação ou comunicação.

13 *Up to date* é uma expressão ainda não vertida ao português que tem uso disseminado em Moda, em Cinema e em Publicidade, e significa moderno, atualizado, cheio de estilo ou na vanguarda.

14 Áudio é o espaço em que são inseridas as chamadas falas ou locuções, textos oralizados que se destinam à Publicidade veiculada na mídia eletrônica no meio

zado, cheio de estilo ou na vanguarda.

14 Áudio é o espaço em que são inseridas as chamadas falas ou locuções, textos oralizados que se destinam à Publicidade veiculada na mídia eletrônica no meio televisão. Os sons musicados, adicionados aos filmes em BG ou cantados em cena, são chamados de trilhas. No meio rádio, a nomenclatura oficial cataloga terminologias em inglês, ainda não traduzidas, para denominar dois tipos de textos oralizados: os *spots* para designar textos falados e os *jingles* para designar textos cantados.

15 *Design* significa tecnicamente "forma visual" ou, na literalidade, "desenho" de um elemento.

16 O publicitário Claudio Carillo deu essas declarações em entrevista exibida pelo canal a cabo TV Ideal – Grupo Abril/TVA, em 27/7/2008.

17 *Slogan* significa informalmente "grito de guerra" e, em Publicidade, é a nomenclatura atribuída à assinatura verbal de uma marca anunciante, podendo ser eventualmente aceita como assinatura verbal de um produto. Nos próximos capítulos, o slogan será definido e estudado mais detidamente, quando for aberta a nomenclatura de termos associados à produção verbal em Publicidade.

18 Figura 1.1: Logotipo e *slogan* do Guaraná Antarctica, com base redacional fundamentada em recorrência a expressões desgastadas. Criação da Agência DM9-DDB, de São Paulo. Acessado em 21/12/2006: http://www.mundodasmarcas.blogspot.com/2006.

19 Programa exibido aos 3/3/2010.

10 Br*ainstormingné* ou *brainstorm* significa, literalmente, "tempestade cerebral". É a fase inicial do processo de criação, quando ideias quaisquer, sem repressão, avaliação ou censura, vêm à tona na mente do criador e são consideradas ou desconsideradas, conforme se verificam sua pertinência e adequação (no caso da Publicidade, por uma dupla composta de um Redator e um Diretor de Arte), até que sejam selecionadas, aperfeiçoadas, e se forme, assim, uma melhor concepção do trabalho a ser criado.

11 Crítica Genética o nome atribuído a uma ciência relativamente nova do ramo da Comunicação, cuja proposição principal é, em tese, investigar as etapas dos processos de criação humanos, que compreendem, entre outros desdobramentos: o estudo e a análise do nascedouro de uma ideia distintiva, de uma proposta ou solução para determinado problema, dos primeiros esboços reveladores dessa resposta. Também dos rascunhos, das anotações fortuitas sem nexo lógico aparente, do estágio de tentativa e erro e até do material de descarte, todos esses elementos formadores da gênese legítima dos processos criativos, que se originaram em uma busca e culminaram em novas descobertas e/ou invenções.

12 *Rough* é um dos termos da nomenclatura publicitária que normalmente ainda é mantido em inglês no cotidiano oral e escrito do universo publicitário, em praticamente todas as suas vertentes. Significa rascunho ou esboço inicial ainda não totalmente compreensível de um projeto. É um dos primeiros passos concretos a serem dados em um processo de criação de peças publicitárias impressas, eletrônicas ou digitais.

13 *Layout* é também um termo da nomenclatura publicitária que significa formato aparente quase finalizado de uma peça publicitária. Trata-se de um termo que permanece com sua versão original, em inglês, mas com o diferencial de que teve seu uso exacerbado e ampliado a outras esferas de utilização como na comunicação oral simples entre interlocutores indistintos, quando se referem à aparência formal de algo ou de alguém.

14 *Target*, dentro da Publicidade, significa público-alvo, fatia específica de receptores com características comuns que um anunciante deseja atingir para adequada divulgação de produtos e serviços, com a finalidade de comerciali-

zação concreta de bens. Na Propaganda, *target* é a fatia específica de público que determinado emissor deseja atingir com a finalidade de disseminação de um conjunto de ideias (ideologia), objetivando sua adesão a causas.

15 *Insight* significa a ocorrência inesperada, acidental, porém bem-vinda de uma ideia luminosa, entendida como resposta ideal a um problema. É informalmente comparada a um raio que atinge sem aviso a mente humana, com forte potencial de convencimento, sem que tenha havido o transcurso das etapas consecutivas do ortodoxo processo de Criação. Outra nomenclatura traduzida ao português e destinada a atribuir o mesmo significado ao termo inglês é: Serendipite, aceita de forma bastante restrita.

16 As declarações de Júlio Ribeiro fazem parte da reportagem "Sobem custos, descem índices de rentabilidade, mas a perseverança enleva", publicada na revista *About*, de agosto/2008, p. 61.

17 O sociólogo Christopher Lasch estimula esse debate com profundidade em dois de seus livros: *Cultura do Narcisismo* (1983) e *O mínimo eu* (1986), supracitado.

18 A tendência de criação publicitária, fortemente a partir do ano 2000, passou a ser objeto constante de debates em seminários, congressos e simpósios em várias regiões do Brasil, tendo sido o principal deles: "Razão x Emoção nos Processos da Criação Publicitária" – Recife/PE, 5/8/2002 – organizado pelo publicitário Ítalo Bianchi. Ela recrudesce quando são lançadas publicações a respeito, como o livro *Tem gente pensando que você é analfabeto, e você nem desconfia* de 2001, do redator Ruy Lindenberg, e reportagens factuais correlatas em revistas especializadas, como *Meio & Mensagem*: "Textual x Visual"– 20/8/2001, além de se tornar temática recorrente para trabalhos acadêmicos de graduação e pós-graduação.

19 Figura 1.2: anúncio da Campanha de Campari, com base redacional fundamentada no *slogan* do produto. Criação da V-Tuning, de São Paulo. Acessado em 11/1/2009: http://www.mundodasmarcas.blogspot.com.

20 *Copy strategy* significa "aparato verbal" ou "estratégia verbal" dentro do universo publicitário. Refere-se à parte destinada às informações relacionadas dos produtos e expressas nos anúncios por meio da Redação Publicitária.

21 *All image* é uma terminologia, ainda mantida em inglês, aplicada para definir "anúncios publicitários totalmente visuais". Nas peças *all image*, que, portanto, prescindem do aporte verbal em qualquer nível, as imagens são as responsáveis pela integralidade da mensagem.

22 *Approach* é um termo que atua como verbo (*to approach*) e como substantivo, significando, respectivamente, "aproximar-se" e "aproximação". Trata-se de uma terminologia mantida em inglês e empregada comumente no cotidiano da Publicidade para designar a propriedade de coesão de elementos gráficos ou verbais de campanhas publicitárias.

23 *Look* é um verbo (*to look*) que, em tradução literal, significa "olhar" e "parecer", mas assume também a função de substantivo para designar "aparência" ou "aspecto físico" de alguém ou de algo, tendo larga escala de utilização oral e escrita, tanto em língua inglesa como em língua portuguesa.

24 *All type* é uma nomenclatura ainda mantida em inglês, aplicada para definir "anúncios publicitários totalmente verbais". Nas peças *all type* que, portanto, prescindem do aporte visual em qualquer nível, o texto é o responsável pela integralidade da mensagem.

25 O filme comercial "A semana", em todo o seu conjunto verbal, visual e sonoro, é de autoria e produção de Jarbas Agnelli e Alexandre Machado, que naquele período atuavam como Diretor de Arte e Redator, respectivamente na agência

mencionada.
26 *Lettering* é uma terminologia, ainda mantida em inglês, aplicável em Cinema, Televisão e Publicidade, que significa letreiro ou legenda, no contexto de um filme.
27 Figura 1.3: Fotograma do filme "A semana". Acessado em 15/12/2008: http://www.telaviva.com/br/making/produto/makin94b.htm e http://www.apple.com/br/cases/wbrasil.
28 Efeito *vocoder* é uma nomenclatura utilizada em linguagem técnica, que significa locução distorcida ou efeito de sonorização metálica.
29 Locução em *off* é uma expressão técnica empregada para designar a emissão do áudio de um filme por meio de um locutor que não se mantém visível. Escuta-se apenas o texto, mas não se vê quem está falando.
30 A essas técnicas de aparecimentos e desaparecimentos esmaecidos de elementos em cena, atribuem-se as nomenclaturas técnicas "*fade in*" e "*fade out*", mantidas em inglês e de uso difundido em Publicidade, Cinema e Televisão.

Capítulo 2

Conflito de direções

Neste capítulo, será abordada uma situação embaraçosa que certamente qualquer pessoa já vivenciou: dizer uma coisa e, por alguma razão, sugerir outra.

É esse um tipo de conflito pouco desejável, mas comum e decorrente de alguns fatores, que apontam, por exemplo, para:

- *O Emissor (E) como responsável pelo fato, se, porventura, transmitir inadequadamente um conteúdo;*
- *O Receptor (R) pode ser a causa do desencontro, se interpretar mal aquilo que foi passado;*
- *A própria Mensagem (M), se equivocadamente formulada, é capaz de ocasionar, por si própria, a falência da interlocução.*

De qualquer forma, é preciso manter a perspectiva de que a comunicação, em qualquer nível, evoca implicações. Às vezes, insuspeitas; às vezes, insustentáveis. Inadvertidamente ou intencionalmente.

Esse efeito é exacerbado quando se trata de comunicação massiva, terreno onde opera a Criação Publicitária. Certos recados subliminares não devidamente previstos, captados nos enunciados → os anúncios; resultam em consequências adversas ao enunciador → os anunciantes; chegando alguns a trincar a imagem das marcas perante o enunciatário → os públicos-alvo.

Assim, com vistas à adequação e ao refinamento do escopo daquilo que é emitido nesse campo, serão repassadas agora as noções que fundamentam os patamares da denotação e da conotação, sentidos orientadores básicos do esquema comunicacional.

Em Publicidade, a ocorrência de peças evocativas de imprudentes conotações é significativa, desvio que se espalha, convertendo-se aqui em objeto de estudo.

Uma mensagem mal elaborada pode gerar transtornos graves e, por conta disso, um olhar atento sobre o universo subliminar das palavras e das imagens em conjunção parece uma iniciativa recomendável.

Gráfico 2.1

Direcionamentos criativos de campanhas publicitárias

Considerações sobre esquema básico de comunicação; estrutura aparente/denotação e estrutura profunda/conotação

Qualquer espécie de manifestação comunicacional enquadra-se em um esquema de base muito conhecido, formado tecnicamente por cinco elementos interligados: Emissor (E), Receptor (R), Mensagem (M), Canal (C) e Código (L), cada qual com um papel específico a desempenhar para que haja a fluidez da comunicação.

Ao Emissor cabe transmitir; à Mensagem, informar; ao Receptor, captar; ao Canal, proporcionar a distribuição de conteúdos; ao Código, definir a forma como os conteúdos serão emitidos.

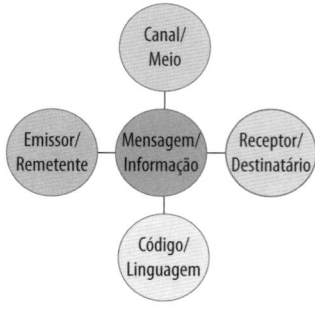

Gráfico 2.2

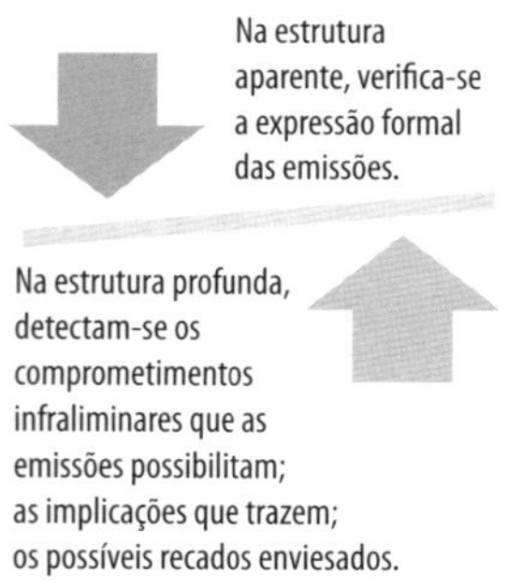

Na estrutura aparente, verifica-se a expressão formal das emissões.

Na estrutura profunda, detectam-se os comprometimentos infraliminares que as emissões possibilitam; as implicações que trazem; os possíveis recados enviesados.

Gráfico 2.3

Entretanto, ser conhecido não significa necessariamente ser considerado. Caso fosse de fato observado no entreato de criação do manifesto publicitário, o correto procedimento com os elementos componentes do Esquema Comunicacional Básico aplacaria os riscos de se produzir distorções, ou ruídos, na interpretação de anúncios pelo público, conforme ocorrido em alguns episódios a serem desdobrados neste capítulo.

Do mesmo modo que se deve ter em mente o alinhamento das mensagens publicitárias (e das de qualquer natureza) com os componentes do esquema citado, é necessário dimensionar previamente as duas plataformas em que elas são codificadas – as chamadas estrutura aparente e estrutura profunda.

Denominadas teoricamente denotação e conotação, tais plataformas, também categorizadas como sentidos orientadores, ou planos de expressão, no jargão da Publicidade, são nomeadas informalmente: *reason why*[1] e *human interest*[2].

Vista isoladamente, toda palavra tem um sentido básico, ao qual se reconhece como significante ➤ SE, e possui uma única denotação, ou seja: ela é compreendida no sentido dicionarizado, em uma plataforma racional/objetiva – ou em estrutura aparente. Porém, quando considerado o contexto em que estiver empregada, a palavra pode expandir-se em significado ➤ SO, e permitir uma ou mais conotações à gama de entendimentos obtida em uma plataforma emocional/subjetiva – ou em estrutura profunda.

É precisamente com essa segunda plataforma que o enunciador precisa de maior atenção e cuidados, já que toda mensagem emitida carrega em seu bojo uma cadeia de significados subliminares, possíveis de serem apreendidos correta ou incorretamente por receptores indistintos, e de modo volátil, em alguns casos.

Plataforma racional/estrutura aparente → Denotação
- Sentido real
- Retórica lógica
- Senso de objetividade
- *Reason why*

Plataforma emocional/estrutura profunda → Conotação
- Sentido figurado
- Retórica implicativa
- Senso de subjetividade
- *Human interest*

Gráfico 2.4

Os textos denotativos por excelência são aqueles que têm como finalidades principais a precisão, a transmissão exata de conhecimentos, de conceitos e informações. Captados diretamente, são os chamados textos não literários, que convergem para uma única possibilidade de interpretação, como se observa, por exemplo, na redação de um relatório, um boletim de ocorrência, um informe científico; bem como no conteúdo explicativo dos livros didáticos, em textos jornalísticos noticiosos, em *briefings*[3], catálogos e até em algumas peças publicitárias direcionadas a simples informações sobre o produto anunciado.

Já, no texto literário, além do trabalho ferramental básico com a denotação, o escritor pondera e elabora as possíveis conotações de cada palavra ou frase que escreve. Portanto, o texto literário se constrói a partir da intersecção de diversas possibilidades interpretativas, e não pode ser lido e compreendido de uma só maneira, direta e linearmente, sem que sejam feitas as necessárias conexões ou associações entre os enunciados propostos.

Em verdade, pressupõe um entendimento mais profundo, subjacente ao texto escrito, e é captado indiretamente, nas entrelinhas. Ele exige, também, um leitor disposto a buscar esse Significado (SO) maior → Conotação, formado pelo conjunto das possíveis e múltiplas interpretações oferecidas pelo texto, e que ele deve ter capacidade de perceber.

A definição de "texto literário" é, no entanto, bastante abrangente e deve ser relativizada. Muitos anúncios publicitários, chamadas em rádio e televisão, manchetes de jornal e cartazes promocionais, por exemplo, são concebidos mediante o sentido conotativo para propositadamente criar ambiguidades, estranhamentos, efeitos interessantes de sentido ou para simplesmente chamar a atenção do leitor, brecá-lo, por assim dizer, e atraí-lo à leitura. Dessa forma, eles são tipificados também como "textos literários", embora não possam ser oficialmente classificados como literatura, no sentido fiel do termo.

Lembrando que, em definição simples, texto significa tecido; há de se considerar, por extensão, que existem também os textos visuais, nos quais se podem identificar conotações, da mesma maneira que ocorre com os textos verbais.

O logotipo da Organização Não-Governamental (ONG) SOS Mata Atlântica, ao lado reproduzido, é um texto icônico, que emite sem palavras um

SOS Mata Atlântica

Divulgação empresa

SOS Mata Atlântica
Figura 2.1:
Anúncio da ONG SOS Mata Atlântica – 2007: Exemplo de conotação visual intrincada[5].

dramático recado sobre o crescente desmatamento no bioma Mata Atlântica, fenômeno que, de acordo com a imagem, estaria acabando com a grandeza nacional.

Já o da fabricante holandesa de laticínios Batavo[4] vale-se da ilustração estilizada de uma jovem vestida em trajes típicos do país, notório pela tradição com derivados do leite, no intuito provável de associar a imagem de pureza por ela evocada à linha de produtos da marca.

Nas duas resoluções gráficas, é possível obter o rápido entendimento das intenções por parte de quaisquer receptores, visto que as conotações são de fácil absorção, propícias a logotipos de marcas.

Já em outro anúncio assinado pela mesma ONG, a gama hibridizada de elementos visuais definida para a formulação da mensagem é um tanto desconexa, talvez ambiciosa, sob o ponto de vista da assimilação.

Mesmo complementada pela presença de um suporte verbal (o título: "Vai lavar as mãos para o abandono da Mata Atlântica? Aproveita enquanto tem água"), escrito para dar corpo ao apelo de conscientização sobre a necessidade de se economizar recursos naturais finitos, o arranjo resulta em uma emissão que exigiria do receptor uma boa porção de tempo, além de interesse para decodificá-la. Tanto poderia atraí-lo pelo tom inusitado da proposta, como poderia afastá-lo por conta da complexidade da mensagem.

Essa captação menos imediata pode não atender às exigências do universo da Publicidade (que se dedica à divulgação massiva de produtos e serviços, operando na esfera comercial), mas pode ser indicada aos propósitos da Propaganda (que busca a adesão a causas, comportamentos e ações, operando em questões de ordem social)[6]. Ainda assim, mensagens por demais herméticas teriam pouco proveito mesmo na esfera da Propaganda, devendo ser preferencialmente evitadas.

No que se refere à Criação Publicitária, a inobservância dessas possibilidades interpretativas, em circunstâncias mal dimensionadas, pode acarretar prejuízos à imagem de marcas anunciantes respeitáveis, consagradas, e, dada a sua importância, precisaria ser encarada como atitude não aconselhável a um profissional especialista em Comunicação Social.

> Após descrever os diversos sentidos que compõem o anúncio, se estuda como, relacionando-se uns com os outros, produzem o sentido. Um sentido, que é o primeiro, imediato, denotado, digamos, direto, mas que logo se complica mediante a conotação até chegar praticamente a recriar novos significados para cada um dos signos que intervém. Pois bem, todo esse processo de recriação estará operando, produzido pela Retórica. (TORNERO, 1982, p. 16)

O americano Leo Burnett[7], um dos mais célebres publicitários do mundo, conhecedor das peculiaridades do esquema comunicacional e das plataformas denotativa e conotativa, certa vez aconselhou: "Se você não consegue se colocar na posição do consumidor, então não tem o direito de trabalhar com Publicidade, muito menos com Propaganda. Faria melhor se escolhesse outro ramo". (Apud STEEL, 2001, p.10)

Existem campanhas recentes, muito elogiadas por publicitários, premiadas por entidades restritas ao meio e validadas como respostas criativas a problemas mercadológicos, que, em realidade, se fossem submetidas a uma avaliação simples, ou à mera interpretação isenta, não viciada, seriam desqualificadas até mesmo sob o ponto de vista moral, por conta das conotações depreciativas que permitem.

Para demonstrar tal constatação, foram selecionadas três situações malsucedidas, protagonizadas pela veiculação de anúncios impressos transmissores de mensagens cujo teor inapropriado acabou transformando-os em *cases*[8]. As peças, todas em formato página simples, 4 cores, são assinadas por anunciantes de grande porte, os quais, conscientemente ou não, aprovaram-nas conforme reproduzidas a seguir.

Se em tese esses anúncios deveriam funcionar como promotores de divulgação massiva da qualidade dos produtos, na prática, atuaram como agentes de risco em relação à reputação dos bens anunciados, ação popularmente conhecida como "fogo amigo" ou gol contra.

Caso Café Pilão/Sara Lee

Confusão entre humor e deboche

A exposição é aberta com uma série de anúncios de revista e filmes de televisão (2001) do Café Pilão, marca forte da empresa Sara Lee, encimados pelo título "Tem horas que você precisa de um Café Pilão".

Na campanha, elementos formais, tanto verbais como visuais – arquitetos da estrutura aparente – conviviam nas peças em associações contraindicadas, em face das interpretações perigosas que favoreciam –, as significações admitidas na estrutura profunda. Sua base conceitual pode ser resumida à ideia de que há momentos tediosos e quase insuportáveis na vida e, para aliviar sua passagem, não existe algo melhor do que tomar um bom café. Pilão, de preferência.

Essa proposição temática, em si, não se revela desprovida de pertinência e reúne condições de ser definida como mote criativo para a elaboração da campanha, possibilitando boa rentabilidade nas peças a serem desenvolvidas.

Inteligentemente selecionados, os tais *momentos tediosos da vida* poderiam constituir uma alavanca para a confecção da campanha, fazendo com que ambas as estruturas – a aparente e a profunda – produzissem novos significados, ou reativassem certos significados, conhecidos e interessantes ao público-alvo.

O problema aqui identificado é que os criadores elegeram como exemplos de momentos tediosos e insuportáveis da vida, situações inseridas em contextos como Educação, Arte e Cultura, que, a rigor, mesmo com o auxílio do recurso humor, deveriam ter sido trabalhados sob uma ótica menos desrespeitosa.

No quadro abaixo, está descrita sinteticamente a íntegra da estrutura aparente de duas inserções da referida campanha, veiculadas em rede nacional.

- **Para mídia impressa:**
Um dos anúncios (revista) ambienta-se em uma sala de aula repleta de alunos supostamente de classe média a alta, bem trajados, mas desatentos e cochilando sobre suas carteiras, alguns entediados, outros visivelmente indispostos, enquanto um professor de aparência séria e gestos metódicos se esforça para dar uma aula de Matemática. Na lousa, o conteúdo exposto está grafado nos moldes de uma cantiga de ninar.

- **Para mídia eletrônica:**
Um dos filmes (televisão – 30 segundos) abre-se com o auditório lotado de um teatro, onde uma ópera começa a ser apresentada. Os intérpretes parecem bufões picarescos no palco. Um casal sentado na plateia está sonolento e mostrando total desinteresse pelo espetáculo, de repente, levanta-se e sai para tomar um Café Pilão no bar do teatro.

Ambas as peças respaldam-se em uma única ancoragem verbal: "Tem horas que você precisa de um Café Pilão", título que, além de permitir as interpretações conceituais incontornáveis levantadas, apresenta ocorrência de falhas gramaticais e construção frasal mal formulada, distúrbios que baratearam, de certo modo, o plano de conteúdo. Por não estar sequenciado por um texto, o título atrai exclusivamente para si todo o direcionamento conotativo das imagens e, no lugar de provocar graça, codifica um estridente deboche.

Há uma conjunção não exemplar entre as estruturas aparente e profunda, uma vez que sua resultante (as mensagens emitidas) conduz a ilações um tanto deselegantes.

Além disso, nos dois casos, os anúncios suscitam uma ideia distante de complementaridade entre os elementos do tripé: conceito/produto/*target*, ainda mais minimizada pela impropriedade das interpretações que sugerem, todas tendenciosas e, de fato, pouco condizentes com o mérito de uma premiação.

Recorrendo-se às responsabilidades implicativas da estrutura profunda, pode-se chegar, por fim, a uma visão macroscópica do objeto analisado, levantando-se indagações simples, mas decisivas: O que se poderia depreender com honestidade, sem más intenções, das duas escolhas de contextos – a Educação e a Arte – feitas pelos criadores?

Em outras palavras: quais as conotações mais veementes que poderíamos extrair dessa campanha, considerando-se o conjunto verbo-visual das peças?

- À primeira vista, que estudar ou estar em contato com a cultura são situações insuportáveis, que provocam tédio, sonolência e desinteresse, só aliviados com a ingestão de algo que acelere o movimento cerebral; em linguagem simplificada, algo que espante o sono.

Avançando-se um pouco mais, pode-se alargar a compreensão e chegar a um possível segundo recado, de tom igualmente indigesto:

- Situando-se o anúncio que tematiza o marasmo em sala de aula no contexto de um país que tem no não investimento governamental em Educação uma das suas maiores chagas sociais e relega aos educadores a luta contra essa situação, parece legítimo inquirir: no ato de criação, teria sido pensado o que a mensagem, tal como produzida, poderia aludir à imagem do professor, figura abertamente ridicularizada na peça?

Se a pergunta for endereçada à dupla ou à tríade de criação responsável pelo trabalho, é quase evidente antever a resposta (autoindulgente?) que virá sob uma capa de remissão:

"Ninguém quis ofender ninguém aqui. A linguagem publicitária permite essas brincadeiras..."

Caso Automóvel Palio Citymatic 1.0/Fiat

Confusão entre funcionalidade e constrangimento

O anúncio criado para promover o lançamento do primeiro carro hidramático – categoria 1.0, da montadora italiana Fiat, tem na imagem do Saci-

-Pererê, extraída do folclore regional brasileiro, uma rede de significações problemáticas, que atinge a plataforma aparente e a profunda em níveis equivalentes.

Iniciando-se a análise pela disposição dos elementos na estrutura aparente, em verificação inicial, pode-se constatar um problema circunscrito ao campo imagético:

- O arranjo final do *layout* claramente equivocado.

Em situações de lançamento, é recomendável que a presença de produtos dentro do espaço ótico de qualquer peça publicitária seja maior do que a destinada a outros elementos secundários ou de suporte. Neste caso, no entanto, é fácil visualizar uma nítida desproporção espacial na hierarquia dos elementos verbo-visuais dispostos no anúncio.

- O Saci ocupa quase a página inteira, posicionado como astro da peça.

Já o carro a ser lançado, objeto principal da emissão, aparece como coadjuvante do Saci em tamanho exíguo, desfocado e solto no canto superior direito da página, sem amparo visual gráfico.

O título soa como velada provocação: "Novo Fiat Palio Citymatic 1.0. O único 1.0 do mundo sem pedal de embreagem".

No tocante à estrutura profunda, os riscos vão mais longe e esbarram em prováveis entendimentos que deveriam ter sido previamente calculados.

Sendo hidramático, o carro não possui pedais de embreagem, o que é visto como grande comodidade para determinados tipos de motorista. Esse diferencial positivo – *Unique Selling Proposition/U.S.P.*[9] – incorpora o atrativo principal do produto e poderia ter sido capitalizado na mensagem de forma mais racional.

Porém:

- Optou-se pela colocação de um personagem aleijado de uma perna para caracterizar a pretensa comodidade de dirigir sem acionar pedais e se produziu, assim, uma inconsequente solução de Criação Publicitária.
- À parte o fato de expor pessoas com semelhante limitação física ao ridículo, a escolha do Saci-Pererê como simulacro visual de um carro mostrou-se uma decisão malsinada, já que nas lendas brasileiras esse ser personifica a reencarnação de um espírito de hábitos sinistros, referência de maldade e astúcia, tendo como formas de ação o preparo de emboscadas e diabruras noturnas, dos quais escarnece.
- Em vez de atrair simpatia, a figura causou um evidente mal-estar.
- Com essa atitude criativa, correu-se o risco mal calculado e desnecessário de a mensagem evocar indiretamente desrespeito e vir a ensejar reações negativas por parte da fatia de público que se sentisse atingida.

E, realmente, foi isso o que de pior aconteceu.

Deficientes físicos acharam-se humilhados em sua condição, e esse constrangimento foi tratado como materialidade, oficializando-se em queixa formal ao Conar[10], que solicitou, então, a imediata suspensão da veiculação dessa peça.

Caso Café Solúvel Nescafé Tradição/Nestlé

Confusão entre estereótipo midiático e preconceito

A terceira exemplificação a ser investigada refere-se à anunciante Nestlé, e mais uma vez a café, agora relativa à variante solúvel Nescafé granulado, produto com mais de 40 anos de franca aceitação no mercado.

O que se pretendia salientar nesse anúncio era o diferencial básico/*U.S.P.* de Nescafé, que o colocaria em posição de superioridade em relação aos cafés solúveis concorrentes: a integridade de 100% dos grãos, garantia/promessa da Nestlé.

Naquele momento, era expressivo o número de consumidores que reclamavam do sabor e do aroma do café comercializado no país. A queixa respaldava-se em denúncias sobre a presença de impurezas e ingredientes degradados no processo de industrialização, que surgiam nos noticiários. Suspeitava-se que, na etapa de moagem, o café consumido no Brasil fosse misturado a feijão, palha seca, restos de milho e feno, e os melhores grãos ficassem disponíveis somente para exportação.

O sobrenome Nestlé, sinônimo de qualidade mundial, possivelmente teria sido suficiente para assegurar ao público a idoneidade dos grãos utilizados na produção de Nescafé. Mesmo assim, por precaução, uma pequena campanha publicitária foi idealizada para exacerbar a virtude da pureza em sua temática criativa.

Nessa perspectiva, formalizou-se a estrutura aparente do anúncio em questão, a qual:

> **• Para mídia impressa:**
>
> Encontra-se firmada na imagem com foco em *close up*[11] de um bebê dormindo placidamente no colo de alguém, com o suporte verbal do título "Puro". Na lateral inferior direita, a embalagem em tamanho pequeno.

Executada de maneira trivial, a observação da estrutura profunda da peça conduz à aura de inocência de um bebê para figurar como metáfora de pureza, em sua representação mais ingênua. A conexão implícita levaria à noção de que Nescafé seria puro como um bebê.

No entanto, se for empreendida uma verificação mais detida, serão defrontadas implicações maiores. Assim, torna-se fundamental a reinspeção dos campos verbal e visual da estrutura aparente para melhor captação dos elementos disponíveis no anúncio.

Em uma detecção menos vaga, repara-se que os elementos utilizados como tradução de pureza são convergentes e não se restringem à imagem de um bebezinho dormindo. O que se vê ainda no plano denotativo da peça é bem mais eloquente do que aquilo que se captou com olhar destreinado.

A imagem fotográfica remete a quatro elementos (estruturais aparentes) e a quatro insinuações (estruturais profundas) – três visuais e uma verbal, a saber:

- Há um bebê branco,
- ... vestindo roupa branca,
- ... que dorme no colo de alguém vestido de branco,
- ... e tudo converge para a titulagem "Puro".

Com isso posto, e direcionando-se o enfoque para a estrutura profunda desse enunciado, podem-se detectar comprometimentos infraliminares, os quais, por sua vez, levam à sugestão de que:

- Branco é puro;
- Tudo o que é branco é puro;
- e ainda: só branco é puro.

Sem necessidade de se desatar as óbvias predisposições de tais raciocínios, adianta-se a consequência da imprudente combinação:

- Em lugar de enternecer, o anúncio sublinha o estereótipo midiático de beleza e pureza, que é expresso majoritariamente pela raça branca.

Talvez não se tenha desejado intencionalmente produzir as interpretações aqui recuperadas, mas, na realidade, a conotação racista do anúncio causou problemas à marca e poderia ter sido facilmente evitada se tivesse sido dedicada ao trabalho a atenção devida.

O especialista em Comunicação Social tem por obrigação profissional estimar reações do público frente a mensagens emitidas em escala massiva.

As tendências criativas da Publicidade contemporânea

Possivelmente, por conta de episódios correlatos, não é exatamente lisonjeira na sociedade a reputação dos especialistas em Criação e, por contiguidade, a dos publicitários, de forma geral. Vistos até preconceituosamente como adoradores de si mesmos e donos de egos descomunais, esses profissionais já encarnaram a suspeita de que faziam Publicidade com interesses divorciados do enfoque original de suas tarefas.

Há não muito tempo, era corrente a ideia de que muitos concebiam peças para ganhar prêmios internacionais e não para cumprir diretrizes de *briefings* e divulgar produtos e serviços; também, para enviar recados pessoais indiretos, encapados da retórica implicativa publicitária, a destinatários individualizados e não ao público-alvo do produto; ou para fustigar desafetos que trabalhavam com a concorrência; ou... apenas para si mesmos.

> O padrão de qualidade criativa da Publicidade brasileira anda muito baixo. Aliás, prefiro defini-lo simplesmente como chato. Especificamente na mídia impressa tem sido chamado de "criativo" um tipo de publicação que não passa de uma profusão de trocadilhos visuais, referenciados numa propaganda "festivaleira", que desconsidera o público para se dirigir aos próprios publicitários, ou melhor, aos maus publicitários. (Revista *About*, 2002, p. 20)[12].

Parece oportuna, neste ponto da reflexão, a introdução do ponto de vista de um jornalista especializado, no caso, Celso Japiassu, ao debate. O comentarista investe com força no tema aqui abordado e dispara algumas críticas contributivas nesse sentido.

O artigo, a seguir reproduzido na íntegra[13], funciona como parâmetro para a compreensão do universo da Criação Publicitária na visão de alguns especialistas. Em linguagem descontraída, o texto, entre outras direções, questiona a imagem de seriedade atribuída ao Festival Internacional de Cannes e quase a desmonta.

Como seríamos brilhantes sem os anunciantes...
No último Festival de Cannes, metade dos anúncios não eram anúncios.

Por Celso Japiassu

Quem olha de fora vê a propaganda como o paraíso da criatividade: um negócio onde a imaginação corre livre e solta, os criativos realizam sua obra e para fazer isso recebem prêmios, um bom salário e a consagração da glória. Os pragmáticos imaginam o criador de publicidade em seu trabalho caminhando dentro de um belo cenário, dando ordens às belas mulheres que posam como modelo para fotos ou trabalham nos filmes que vendem, na hora, os produtos que anunciam.

A verdade, como sempre acontece, contraria a imaginação. O criador de anúncios é um prisioneiro da técnica do planejamento de marketing, o salário já foi bom mas hoje não é lá essas coisas e a glória é pequena, efêmera, passageira. Dura o tempo em que um anúncio permanece na memória. A criação publicitária é um terreno onde não se pode dar um passo à frente que não esteja escorado no passo de trás. A propaganda é uma atividade muito cara para as empresas que precisam anunciar para vender. E cada vez mais a maioria prefere não arriscar em anúncios descomprometidos com as caixas registradoras.

Os anunciantes querem peças criativas, mas exigem que elas sejam pertinentes e apropriadas ao que querem vender. No desespero para mostrar que pode fazer melhores anúncios do que aqueles que são publicados, o povo das agências deu para inscrever nos concursos de premiação criativa, peças realmente descomprometidas – as que nunca foram, nem serão publicadas e muito menos aprovadas e pagas pelos anunciantes. O Festival de Cannes, a mais prestigiosa das premiações publicitárias, tem tido nos últimos anos mais da metade dos prêmios dada a esses anúncios que são conhecidos como fantasmas. E corre o debate sobre se esses fantasmas são honestos ou desonestos, se é legítimo ou não premiar um anúncio que na verdade não é um anúncio, pois nunca anunciou nada. Os fantasmas são o exercício da criatividade pura porque não passaram pelo crivo da pesquisa nem de um cliente que usa o direito de quem paga e costuma dizer se ele deve ou não ir para a rua. Os festivais estão se transformando numa mostra de como seria a propaganda se não existissem anunciantes.

A criação publicitária é um campo onde a criatividade é exercitada com objetivos puramente comerciais. É utilitarista porque precisa convencer as pessoas a comprarem e, mesmo no nicho da propaganda institucional, política ou de utilidade pública, está procurando sempre convencer alguém a fazer ou acreditar em alguma coisa. Criar anúncios, segundo James Web Young, autor de um livreto clássico sobre criatividade em propaganda, é sempre o ato de juntar duas ideias que existem anteriormente. O criador busca, sempre, um referencial antigo para apresentar algo novo e surpreendente, pois a função da criatividade nos anúncios é chamar a atenção. E aí voltamos àquele velho problema da barreira de indiferença – ninguém liga a televisão ou abre um jornal ou revista para ver anúncios. Se o anúncio é um intruso e as pessoas estão propensas a ignorá-lo, ele precisa ser cativante e sedutor, precisa fazer o leitor parar quando virar a página da revista e o telespectador continuar na cadeira durante o intervalo comercial. Precisa surpreender.

Os anúncios veiculados na nova mídia que a Internet representa ainda lutam pela atenção do internauta. Os banners se insinuam a cada página pedindo para serem clicados e as pesquisas já mostram que os usuários da net detestam as páginas repletas de banners. Um novo problema para os anunciantes. Eles conhecem o poder da Internet, sabem que estão diante de uma nova e poderosa mídia, mas esbarram no desconhecimento de como ser eficiente num veículo que se encontra em plena fase de construção e acabamento. A importância da propaganda para a web ficou demonstrada com o aparecimento dos provedores gratuitos, que buscam atrair audiência e, com o crescimento de acessos, conquistar os anunciantes. Estão em movimento milhões e milhões de dólares, já que não se costuma medir em reais o faturamento da nova economia. Descobrir uma maneira nova de dizer alguma coisa é a tarefa diária do criador de anúncios. Muitos livros já foram publicados para ensinar criação em propaganda e todos eles, embora muito bem escritos por excelentes redatores, revelaram-se inúteis como manuais de ensino. Algumas regras clássicas foram apresentadas – como aquela que diz que o anúncio não pode ser negativo e conter a palavra não – para depois serem desmentidas na prática por anúncios brilhantes que ignoraram a recomendação. Trabalhando na propaganda, o artista abandonou sua solidão. O anúncio é quase sempre uma obra coletiva que surge das unidades criativas. A menor delas é uma dupla de pessoas que criam os anúncios trocando opiniões e submetendo conceitos que vão se aperfeiçoando até serem dados como prontos, pelo prazo fatal ou pelo surgimento de uma formulação que não precisa ser melhorada. É um processo de julgamento adiado, em que os conceitos apresentados não são criticados na hora e sim depois de terminada a sessão de brainstorm.

A necessidade de criar, de dar à luz algo de novo, faz com que grande parte dos jovens que entram no mercado de trabalho das agências procurem as áreas de criação. Os anúncios publicados são a parte visível da indústria da propaganda, que na realidade é uma complexa engrenagem formada por partes diferentes entre si, objetivando um resultado concreto, qual seja a venda de um produto. A arte de criar anúncios está submetida a prazos que não podem ser estendidos e a julgamentos subjetivos dentro e fora das agências. Muitas vezes uma ideia que parece brilhante é jogada no lixo por um muxoxo ou então de tal forma modificada durante o processo de aprovação que ninguém se sente capaz de assumir sua autoria. Na criação de um anúncio fantasma, a liberdade do criador de anúncios se aproxima da liberdade do artista. A ausência da pressão do tempo e a inexistência da visão crítica das pesquisas ou de quem encomendou o anúncio torna o anúncio fantasma uma peça de arte publicitária pura. Dá a todos a oportunidade de ver como seria a publicidade se ela não fosse uma expressão da arte, da ciência e da técnica de vender produtos.

Num de seus últimos filmes como autor ("F for Fake", "Verdades e Mentiras", no Brasil), Orson Welles conta a história de Ferdinand Legros, o famoso e talentoso falsário de obras de arte, e quase prova que entre o verdadeiro e o falso não existe qualquer diferença. Deve ser isso o que os anúncios fantasmas estão tentando provar.

O fato de essa tendência criativa de Publicidade unilateral, com anúncios previsíveis, descompromissados ou apenas com base em efeitos especiais e nenhum conteúdo permanecer ativa ainda hoje induz ao pressuposto de que os criadores a ela alinhados, em certa medida, acompanharam os passos incertos da sociedade individualista contemporânea, distanciaram-se ou mesmo perderam a noção de alteridade, que significa preocupação com o outro; consideração pela presença e pelo espaço do outro; o próprio respeito ao outro.

> A humanidade está perdendo a sensação do outro, individualizou-se demais e passou a ignorar e desprezar profundamente o outro. Basta observarmos as respostas baseadas na indiferença que ouvimos em certas entrevistas e até em algumas formas de expressão atuais, que parecem mais inclinadas a falar com seus próprios autores do que com a sociedade. (IVAN CAPELATTO[14])

Embora a Publicidade seja, em definição plena, uma ação de comunicação que envolve diretamente o público, ela parece muitas vezes não propensa a se comunicar de verdade com ele; em outras, parece desconsiderá-lo.

Há uma famosa pesquisa, realizada nos idos 1992, pelo Instituto Gallup, nos Estados Unidos, e ainda comentada (Apud STEEL, 2001, p. 11), que pedia aos americanos a classificação de 26 profissões diferentes, de acordo com o grau de confiabilidade que elas lhes transmitiam. O resultado catalogou os publicitários como representantes da segunda menos confiável classe profissional existente no mundo, sendo que o honroso primeiro lugar ficou para os vendedores de automóveis.

Brincadeiras e exageros à parte, muito dessa imagem negativa pode estar vinculado a procedimentos não recomendáveis de Criação, em peças que sugerem desdenhar a capacidade de compreensão do público, subestimando-o em vários níveis.

É verdade que, atualmente, essa história começa a se alterar, de certo modo, e um movimento quase generalizado de reflexão e reavaliação de regras e condutas começa a se fazer notar. Em 2006, ocorreu um singelo exemplo dele: a respeitada revista norte-americana *Seleções Reader's Digest* incluiu a categoria "Publicitário mais confiável do Brasil" no rol de Instituições, Profissões e Profissionais de maior credibilidade em território nacional, item da pesquisa "Marcas de confiança"[15], patrocinada pelo veículo.

Essa categoria nunca havia sido sequer considerada com as outras e sua inserção acena como evento promissor para a reestruturação da imagem do cenário ora estudado.

Devolutiva sugerida nº 1:
- A partir da problemática decorrente da elaboração criativa do anúncio do Café Pilão, estudado neste capítulo, reelabore a peça no mesmo formato – página simples – mediante diferente proposta temática.

Objetivos:
- Percepção de mensagens publicitárias com conotações arriscadas;
- Sugestões criativas mais bem indicadas para a compreensão dos públicos-alvo.

Devolutiva sugerida nº 2:
- A partir do estudo do Caso Automóvel Fiat Palio Citymatic 1.0, aberto neste capítulo, reelabore a peça em livre formato, lembrando que o produto contém um *U.S.P.* real, que é o fato de ser hidramático – único na categoria 1.0; e de ser um lançamento no mercado. Mantenha o direcionamento criativo na plataforma conotativa da mensagem, de modo a não dar lugar a associações contraindicadas ao produto.

Objetivo:
- Evitar a facilitação de interpretações arriscadas para a imagem de um produto.

Notas

11 *Reason why* significa literalmente "razão pela qual". É uma expressão de aplicação multifacetada em Publicidade e tem larga utilização em Planejamento, Marketing e Criação, obtendo em cada vertente uma significação com variantes específicas. Basicamente, *Reason why*, em Criação Publicitária, é uma locução empregada para designar o plano concreto racional e objetivo do entendimento humano; é usada também para especificar a forma denotativa aplicada para anunciar determinado produto. É possível encontrar, em raras bibliografias, uma tradução menos comum para *reason why*, precisamente aquela que a define como *U.S.P. – Unique Selling Proposition* (proposta única de vendas) de um produto ou seu diferencial. Essa tradução não é aceita de forma indistinta e gera fortes controvérsias, uma vez que muitos autores entendem que *reason why* e *U.S.P.* são termos com atribuições singulares e muito diferenciadas entre si.

12 *Human interest* significa, de forma dicionarizada, "interesses humanos". Trata-se de uma expressão de uso não muito disseminado na Publicidade, mas é conhecida e ainda indicada para se referir ao plano de fundo emocional e subjetivo do entendimento humano; é usada também para personificar a forma conotativa aplicada de criação de peças publicitárias.

13 *Briefing* significa basicamente "relatório circunstancial datado de um produto ou serviço", normalmente elaborado pelo anunciante para ser entregue aos cuidados da agência de publicidade responsável por sua imagem e divulgação. *Briefings* devem apresentar com clareza e objetividade uma série sequencial e enumerada dos itens componentes da situação em que se encontra o produto, como, por exemplo: histórico detalhado, elenco de eventuais deficiências e qualidades frente à concorrência, diagnóstico, preço, forma de distribuição, campanhas publicitárias já realizadas e a solicitação formal de trabalhos e atitudes que favoreçam sua sustentação ou mesmo seu lançamento no mercado. *Briefings* não podem ser encarados como documentos permanentes e irretocáveis de produtos, mas sim como documentos datados sobre produtos em determinada situação mercadológica e temporal, que, uma vez alterada, pode vir a originar um novo *briefing*, devidamente atualizado. Duas outras nomenclaturas aceitas para o termo, mas não muito utilizadas no Brasil, são: *brief* e *creative brief*.

14 Após a aquisição da Batávia S/A pela BRF Brasil Foods, a marca Batavo, de origem holandesa, foi incorporada ao portfólio da BRF.

15 Figura 2.1: a agência de publicidade responsável pela criação da peça é a F/Nazca Saatchi & Saatchi, de São Paulo. Imagem disponível no *site*: http://www.fnazca.com.br.

16 Estabelece-se a distinção funcional entre uma e outra modalidade de expressão da seguinte maneira: Publicidade é uma especialidade que atua em um plano concreto de ações e se presta à divulgação de bens tangíveis ou intangíveis, desde que acessíveis comercialmente. A Publicidade espera uma ação de compra. Já,

Propaganda é a disseminação e/ou divulgação de ideias, causas, comportamentos e atitudes; almeja obter adesão a ideologias, mantendo atuação, portanto, em uma esfera abstrata do pensamento humano. A Propaganda espera uma reação comportamental (PEREZ; BARBOSA, 2007, v. II, p. 343).

17 Leo Burnett é também o nome de uma das maiores e mais antigas agências de publicidade do mundo. Ela tem, há muitos anos, expressiva representação no Brasil, em uma filial denominada Leo Burnett Publicidade, com sede em São Paulo/SP.

18 *Case* significa "caso", ou, mais amplamente, "estudo de caso", em Publicidade e Propaganda. Trata-se de uma terminologia sempre mantida em inglês no cotidiano dos publicitários, a qual se refere ao estudo das peculiaridades de determinados eventos bem ou malsucedidos ocorridos com produtos, serviços, marcas, cujo detalhamento pode servir como instrumento pedagógico na produção de futuros trabalhos.

19 *Unique Selling Proposition (U.S.P.)* significa Proposição Única de Vendas ou *Plus*, expressão atribuída para designar um diferencial positivo único, agregado a um produto/serviço, que o torna superior aos concorrentes. Existem duas formas de se atribuir um *U.S.P.* a um produto: a primeira pode-se denominar real, que é a fundamentada na superioridade de um produto em relação a seus concorrentes em algum sentido concreto ou por conta de alguma qualidade específica e comprovável tecnicamente, como, por exemplo: formulação química, tempo de ação, design anatômico etc. A segunda seria a fabricada, com base na superioridade de um produto por conta de eventuais qualidades subjetivas, nenhuma comprovável tecnicamente, como, por exemplo: beleza, força, capacidade etc.

10 Conar é a abreviatura para Conselho Nacional de Autorregulamentação Publicitária, órgão que recebe, avalia e julga denúncias sobre conteúdos expressos ou subliminares de peças publicitárias veiculadas em meios de comunicação de massa e em embalagens ou rótulos de produtos comercializados no país.

11 *Close up* significa "enquadramento de uma imagem em aproximação máxima". Trata-se de uma nomenclatura técnica, mantida em inglês, que no universo da Publicidade, do Cinema e da Televisão, presta-se a designar uma imagem fotografada, filmada, desenhada ou vista de muito perto.

12 Essa declaração do publicitário Gabriel Zellmeister faz parte da reportagem "Roupas que não nos servem mais", publicada em 1º/7/2002 na revista *About*, p. 20.

13 Disponível em: http://www.umacoisaeoutra.com.br/marketing/cannes.htm Acessado em 24/2/2010.

14 O psicoterapeuta Ivan Capelatto deu essa declaração no Programa Café Filosófico, da Rede Cultura de Televisão, em 3/8/2008.

15 O redator Washington Olivetto, fundador da agência de publicidade W/Brasil, de São Paulo, foi detentor da láurea por três anos consecutivos: 2006, 2007 e 2008.

Capítulo 3

Delegação de funções

A proposição deste capítulo é falar sobre funções. Sobre as diversas funções que são exercidas em esferas relativas à abordagem-eixo deste livro. Pode-se entender função como papel, sinonímia imediata, porém, outra possibilidade para a definição mais abrangente do termo seria contribuição.

Com base no aspecto, de certa forma, desgastado dos textos publicitários da atualidade, a explanação inicia-se com algumas ponderações concernentes à função que a Língua Portuguesa desempenharia atualmente na elaboração da Redação Publicitária. Que contribuições os múltiplos recursos da Língua têm de fato fornecido a esse tipo de especialidade? A indagação levanta outras dúvidas: os redatores recorreriam às noções fundamentais da norma culta para conceber a moldagem dos textos dos anúncios, ou veriam como única alternativa de criação o apelo ao padrão da oralidade, aos clichês, ao 'internetês' e aos modismos da hora?

No intuito de discutir a consistência de tais procedimentos, e, ao mesmo tempo, de reposicionar a Língua Portuguesa como acervo preferencial dos profissionais que trabalham com a palavra, a proposta aqui é rememorar determinados tópicos teóricos, colocá-los em pauta, e procurar demonstrar sua adequação e eficácia na produção de peças originais. Trata-se de uma iniciativa justificável, visto que, ao contrário de muitas outras formas de expressão comunicacional e artística em contínua evolução, como o Cinema, o Teatro, a Música, a Literatura e a própria Direção de Arte, que a complementa, a Redação Publicitária parece ter se desgastado e parado no tempo, congelada num formato quase invariavelmente simplificado e repetitivo, em paradoxal descompasso com a dinâmica do universo efervescente da Publicidade.

Sendo o conceito função a tônica deste capítulo, seu desenvolvimento também explora as funções dos setores de Atendimento, Planejamento e Criação nas Agências de Publicidade; o percurso do job[1] à campanha; a tríade verbal em que se baseia a Redação Publicitária: o Título, o Texto e o Slogan; bem como os seis comportamentos que a linguagem pode manifestar em um texto – as Funções da Linguagem, as quais são exemplificadas por meio de ilustrações selecionadas de campos variados, e de grandes discursos proferidos em várias épocas da História da Humanidade, por homens que marcaram presença em seu tempo.

A função deste capítulo é, portanto, abordar funções.

Função da Língua Portuguesa na Redação Publicitária	Função do Redator na agência de Publicidade
Função de título, texto e *slogan* na mensagem publicitária	Funções da linguagem na Comunicação

Gráfico 3.1

A função da Língua Portuguesa na Redação Publicitária

Não se pode conceber a realização da boa Redação Publicitária sem a prévia instrução de conceitos normativos da Língua Portuguesa para conferir-lhe a devida consistência, a capacidade de alcance e o poder de persuasão.

Embora seja presumível admitir como verdade que tanto a Publicidade como a Propaganda são modalidades de Comunicação intimamente dependentes de atualidades, modismos, realidades momentâneas e recorrências midiáticas, a redação de textos publicitários deve prever em seu bojo o respeito à norma culta da Língua, mesmo que sofra eventuais licenças poéticas ou transgressões.

Uma simples transgressão ou mesmo a completa subversão dos parâmetros normativos da Língua Portuguesa são alternativas previsíveis e, em certa medida, fazem parte da elaboração de textos em Redação Publicitária, a fim de que, em determinadas situações ou contextos, a mensagem se coadune com o tipo de produto; se alinhe com o universo do público-alvo em questão; e até se equipare com o perfil do bem anunciado.

> A técnica publicitária, nos seus maiores exemplos, parece baseada no pressuposto informacional de que um anúncio mais atrairá a atenção do espectador quanto mais violar as normas comunicacionais adquiridas e subverter, destarte, um sistema de expectativas retóricas. (ECO, 1971, p. 157)

Anúncio página simples impresso com título e texto apresentando a linguagem utilizada no computador:

"Intaum, anuncie num knal q fala a língua da galera!" – Campanha Boomerang/2008.

Anúncios página dupla e página simples impressos com títulos baseados na utilização de gíria:

"Viúva tira o atraso no supermercado" – Supermercados Bon Marché/1995[2].
"Maconha: o que é verdade e o que é viagem" – *Super Interessante*/2007[3].

Anúncio página simples para o Movimento PróParaná/2008, com título apresentando repetição próxima e redução da palavra "para":

"O futuro é muito importante pra gente deixar pra amanhã". Movimento PróParaná/2008[4].

Entretanto, violar a norma não significa desconhecê-la ou desprezá-la. O redator de textos publicitários deve ser um conhecedor confiável das regras gramaticais da Língua, bem como de suas bases fundamentais, antes de tudo, por ser a palavra seu principal instrumento de trabalho. Também porque, uma vez conhecedor das bases, quando vier intencionalmente a praticar transgressões, elas se farão de maneira inteligente e levarão a resultados promissores, como efeitos interessantes de sentido, associações inesperadas, ambiguidades, trocadilhos, ecos, rimas, entre outros estratagemas pertinentes e necessários à funcionalidade da Redação Publicitária.

Mas há de se discernir que a "transgressão licenciada", ou desvio consciente, é diferente de erro.

A produção de um erro, no caso da Redação Publicitária, por conta da divulgação massiva, é um evento que gera consequências e precisa ser evitado tanto quanto possível. Por ser um episódio negativo, costuma evoluir rapidamente e repercutir com efeito na esfera da marca anunciante, trazendo danos indiretos à sua imagem.

Dependendo da natureza e gravidade da falha, a peça mal escrita pode ter suspensa a sua veiculação e, nesse caso, o prejuízo torna-se material. Seja por omissão, desatenção ou puro desconhecimento do código, é essa uma situação muitas vezes indesculpável, a qual pode afetar duramente também a reputação do Redator e a do Revisor, colocando-os em xeque.

> **Anúncio página dupla com erro ortográfico crasso no título:**
> Use Mastercard e *começe* ganhando no Mundial.
> Campanha Cartão de Crédito Mastercard/2010.

Tem-se então que, subestimando as regras, a riqueza e as muitas nuanças da Língua Portuguesa, o Redator, uma vez frente a qualquer *job*, ficaria à mercê da sorte para cumprir prazos, mostrar originalidade e conseguir a aprovação do cliente; seria um mero consultor daquilo que foi anteriormente realizado por outros, um dependente de prováveis lances de improviso, de *insights* providenciais; faria inevitáveis entradas na *web* para verificar o que já existe em bancos de dados, no afã de conseguir levar a cabo suas tarefas profissionais.

Não sendo dono de um repertório teórico real e consistente ao qual pudesse recorrer, não teria capacitação suficiente para potencializar o emprego de seu instrumental de trabalho e correria o risco de cometer erros comprometedores, posicionando-se como alguém experimental, pouco confiável para interagir com anunciantes de peso, que investem somas milionárias em Publicidade.

O exemplo a seguir selecionado deixa evidente essas colocações. Trata-se da transcrição de uma emissão audiovisual: um filme comercial de 30 segundos, feito para televisão, com locução em *off* reaproveitada para rádio, originando um *spot* de 30 segundos.

Com a proximidade de eleições, o Tribunal Superior Eleitoral (TSE) solicitou uma campanha de alcance nacional com o objetivo de tocar o espectador pelo tom emocional e estimular o dever cívico do voto. Assim, providenciou-se uma solução criativa que fazia um breve retrospecto da história brasileira recente, formalizada por um texto cadenciado, oralizado em voz masculina grave.

Todavia, em dado momento, o áudio, aqui parcialmente reproduzido, transmite um ruído gramatical notável, o qual viria a desvalorizar a campanha e a ensejar críticas por parte de inúmeros receptores, algumas, inclusive, publicadas em jornais.

O episódio, de certo modo, surpreende (no bom sentido do termo), visto que erros de diversos matizes são infelizmente corriqueiros nas programações exibidas pelos veículos de comunicação. Ao mesmo tempo, ele denota a atenção não totalmente adormecida do público ao manifesto publicitário.

A finalização da locução dessa peça, como descrito acima, contém um deslize significativo de regência verbal no trecho: "… não desperdice o direito que eles tanto lutaram …", que caracteriza transgressão ao padrão culto da Língua.

> **Exemplo I de má formulação verbal em filme publicitário com veiculação nacional:**
> Anunciante: Tribunal Superior Eleitoral – TSE/2008
> (...)
> Heróis existem.
> Não desperdice o direito que eles tanto lutaram e conquistaram para você. Vote!
> (...) diz a parte conclusiva do texto dos filmes, que têm de 30 a 60 segundos. Os filmes estão previstos para ser veiculados entre os dias 7 de março e 7 de maio de 2008, em emissoras de rádio e TV de todo o país. (...)
> (Trecho de notícia intitulada: "Professores apontam erro de Português na propaganda do TSE", publicada em: http://g1.globo.com/noticias/politica, que aponta erros gramaticais na elaboração verbal da campanha publicitária "Heróis pela Democracia", criada pela Agência de Publicidade W/Brasil, sem cobrança de honorários. Acessado em 22/12/2008).

A formulação correta da frase, respeitando-se a regência, poderia ser conformada, por exemplo, da seguinte maneira: "... não desperdice o direito pelo qual eles tanto lutaram"...

Esse equívoco pode ter sido viabilizado a partir de várias motivações:

- ◆ Proposital: o padrão redacional obedeceu a uma construção simplificada, com vistas à aproximação do padrão oral da Língua;
- ◆ Não intencional: a infração foi cometida sem a percepção de Redatores e Revisores responsáveis pelo trabalho.
- ◆ Conceitual: os criadores teriam pouco traquejo com o código linguístico.

Em mais esses destaques, arrolados a seguir, registra-se uma variante da falha acima apontada, por conta, provavelmente, das mesmas razões:

> **Exemplo II de má formulação verbal em anúncio de página inteira/jornal:**
> Anunciante: Barrashoppingsul/Porto Alegre – RS/2008
> Estamos abrindo um dos melhores shoppings do mundo em um país que acreditamos muito: o Brasil.
> Abre hoje o Barrashoppingsul em Porto Alegre, o maior e mais completo shopping do sul do país.
> (*Folha de S.Paulo*, 18/11/2008, p. A 16)
>
> **Exemplo III de má formulação verbal em anúncio página simples/revista:**
> Anunciante: Whisky White Horse/2009
> O whisky que os mineiros confiam.
> White Horse. Fiel a você.
> (*Época* nº 555, de 5/1/2009.)
>
> **Exemplo IV de má formulação verbal em filme publicitário com veiculação nacional:**
> Anunciante: Volkswagen do Brasil/2009
> Produto: Space Fox
> Loc. personagem em *off*:
> (assobio)
> Eu sonhei que tinha um cachorro-peixe. Ele era meio esquisito. Às vezes, ele era mais cachorro. Às vezes, mais peixe. Ninguém entendia isso direito. Mas onde eu fosse, ele ia comigo. Cada sonho que eu tenho, viu?...
> Space Fox. Cabe o que você imaginar.
> (Áudio do comercial do automóvel Space Fox)

É fácil antever que um Redator sem intimidade com a Língua Portuguesa enfrentará situações embaraçosas, assemelhando-se a um quase aventureiro, por se colocar permanentemente em busca de esquemas de facilitação, todos reconhecidos pela alta previsibilidade e desgaste, por excesso de uso.

Construir as mensagens descuidadamente em texto, e com esmero na força das imagens seria o principal deles.

> (...) na realidade, a mensagem publicitária se vale de soluções já codificadas. Em vez de o publicitário inventar novas fórmulas expressivas, ele adapta-se às soluções já de domínio do grupo social. Enfim, a Publicidade não tem valor informativo e apenas confirma a ideologia existente. (ANDRADE; MEDEIROS, 1997, p. 75)

Este livro pretende revisitar alguns conceitos básicos da Língua Portuguesa, na intenção de alçá-los à condição de fonte preferencial dos Redatores, uma vez que, se bem aplicados em Redação Publicitária, além de emprestar-lhe maior qualidade e melhor estética, podem, a um só tempo: apresentar atrativamente o bem anunciado ao *target*, captar seu interesse e fornecer-lhe uma visão mais acurada do produto, evitando a sensação de reprise e a interferência de ruídos que têm marcado os anúncios atuais, conforme agora ilustrado.

A fim de que atinja bom termo, essa proposição, aberta com um panorama geral do aspecto redacional pouco inventivo da atualidade e das plataformas que regem a interpretação de mensagens, segue seu curso em etapas complementares.

Ela se verticaliza a partir deste capítulo, em que o objetivo norteador é a demarcação de algumas bases essenciais do universo da Publicidade, a exemplo das referentes ao perfil do aspirante a Criador; ao organograma das corporações e às noções elementares de composição dos enunciados verbais, para que, nos passos subsequentes, sejam explorados mais a fundo alguns recursos linguísticos que podem permitir maior rentabilidade à elaboração textual.

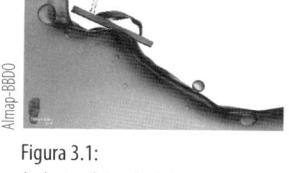

Figura 3.1:
Anúncio página dupla impresso com ênfase na abordagem visual: Campanha Sandálias Havaianas/2004[5]. (Peça para veiculação no Brasil.)

Figura 3.2:
Anúncio página dupla impresso com ênfase na abordagem visual: Campanha Sandálias Havaianas/2008[6]. (Peça para veiculação na Europa e Estados Unidos.)

A função e o perfil desejável do Criador, do Contato e do Cliente no cenário publicitário

O profissional de Criação é um especialista em Redação ou Direção de Arte, responsável pela face expressa final da Publicidade e da Propaganda. Até uma solicitação de serviço finalmente chegar às suas mãos, terá percorrido um longo trajeto e passado por vários setores, tanto da própria empresa anunciante como da agência de Publicidade.

Em visão sistêmica, o processo é deflagrado a partir da instauração de um vácuo/necessidade/urgência/problema de um fabricante em relação ao escoamento regular de seu estoque de produção, justificado por conta de diferentes razões, dentre as quais as mais prementes seriam:

- A apresentação de um produto ao público ➤ o lançamento;
- A queda brusca de vendas de um produto ➤ o alerta;
- A mera manutenção de um produto no mercado ➤ a flutuação;
- Um momento de destaque da concorrência ➤ a ameaça;

- A necessidade de eclipsar as marcas correlatas → a investida;
- A redução ou a alta de preços → a volatilidade do mercado;

entre outras correlatas, que, de toda maneira, demandam uma solução especializada.

Dessas possíveis situações, origina-se um relatório detalhado e circunstanciado, o já mencionado *briefing*, no qual todas as informações datadas sobre determinado produto/serviço/causa são organizadas pela empresa anunciante e, posteriormente, repassadas a uma agência de Publicidade, a quem será confiado o tratamento indicado a cada caso.

Uma vez dentro da agência, o *briefing* é dirigido ao setor de Atendimento, intermediador das relações cliente e agência (*encaminhamento interno*), que, por sua vez, o redireciona ao setor de Criação, intermediador das relações anunciante e *target*[7] (*encaminhamento externo*).

Em linhas gerais, o percurso clássico do trabalho poderia ser assim esquematizado:

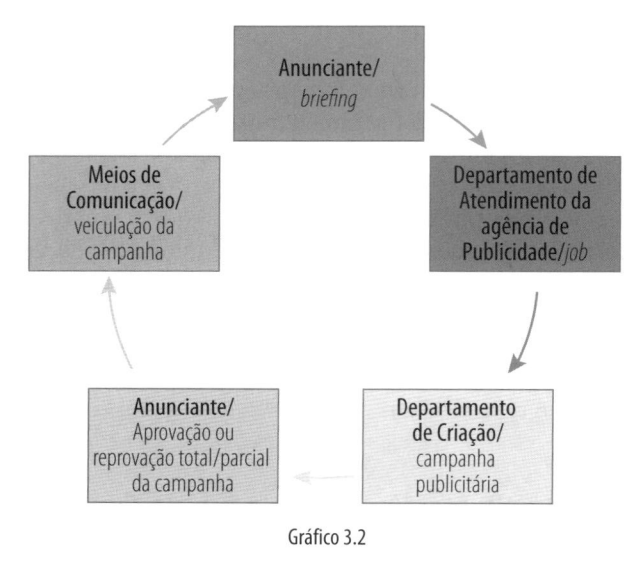

Gráfico 3.2

Cabe aos criadores se desincubirem de tarefas que, se a olhos leigos parecem edulcoradas, nem sempre são tão simples, como as de: estimular o desejo dos consumidores, conquistar *prospects*[8], impulsionar ações de compra e, na medida do possível, assimilar as necessidades de diversificados segmentos, além de mantê-los cativos a produtos.

Em outras palavras, apenas nesse pequeno rol, evidenciam-se três macro-objetivos da Publicidade e da Propaganda: a captação de públicos; a difusão de produtos/serviços/causas e a fidelização a marcas, todas elas metas bastante difíceis de ser alcançadas.

No entanto, conferir aos Criadores o ônus e o louvor pelo sucesso de uma campanha é mistificar tanto o profissional como a especialidade. Os bons resultados provêm do empenho coordenado de todo um grupo envolvido, e não somente do núcleo de Criação Publicitária, embora seja esse o que mais se sobressaia na mente dos Receptores.

É provável que, por serem os Criadores aqueles que tomam as decisões fundamentais quanto ao dimensionamento final das peças veiculadas, credencie-se a eles toda a presunção da responsabilidade.

Porém, igualmente decisivos são os outros departamentos da agência, como os de Planejamento, de Mídia e de Atendimento, setor este que concentra funcionários com aptidão reconhecida para facilitar a mediação pessoal e comercial entre cliente e agência, polos nem sempre propensos à convergência de opiniões e interesses.

Logicamente é esperada do profissional dessa especialidade uma característica mestra em sua atuação: a habilidade para propiciar o bom andamento de relações humanas. O Atendente, ou Contato, por conta da complexidade intrínseca do trabalho publicitário e das muitas imbricações que ele pressupõe muitas vezes deverá ser capaz de contornar situações difíceis, até insustentáveis, entre uma esfera e outra e, também, ter bom trânsito no ambiente interno da agência, em especial com os membros da equipe de Criação, já conhecidos como Criativos, e hoje melhor ajustados para Criadores.

Entende-se como lendária a rivalidade nem sempre velada existente entre um e outro. Costuma-se avaliar em tom jocoso que o Contato é o "equilibrado", aquele que "arregaça as mangas" e faz a agenda pesada de manter fiel e satisfeito o cliente na carteira de atendimento da agência; o Criador é o "estrela", aquele que pensa com "os pés na mesa", joga só para si mesmo e atrapalha todo o processo com suas ideias mirabolantes, verdadeiras "viagens", reputação equivocada, mas disseminadamente atribuída ao ofício de Criação.

São incontáveis as discussões, dissensões e rompimentos que casos de tensão entre as partes já provocaram no meio e, no epicentro deles, quase sempre existiu uma polêmica envolvendo a dicotomia de fatores recorrentes: a decantada falta de autoridade do Atendimento para se manter firme diante do cliente (*alegação do pessoal de Criação*); e a falta de funcionalidade e eficiência dos anúncios para divulgar o produto desse cliente (*alegação do pessoal de Atendimento*), pontos nevrálgicos em quase todos eles.

Tais imagens, cristalizadas durante longo tempo, embora ainda hoje persistam em algum grau, encontram-se agora em fase de reestruturação. Não se imagina mais um projeto conjuntural desenvolvido sem sistematização alguma, confiado apenas à fama de alguns, ao nome que têm no mercado e a eventuais prêmios ganhos, como também não se respeita mais uma postura de cega subserviência aos humores de clientes anunciantes.

O contexto atual exige um perfil bem mais heterogêneo, com qualificações reais multifacetadas, pois ninguém vive nem sobrevive indefinidamente apenas de conquistas passadas. A convivência adulta e harmoniosa entre os vários departamentos das corporações (isso inclui as agências de Publicidade) é vista como conduta politicamente correta.

No caso da Publicidade, se, por um lado, cabe ao Atendimento suavizar as arestas previstas no desenrolar dessas, às vezes, conturbadas relações, por outro, cabe aos Criadores, em primeira análise, dimensionar com responsabilidade o poder polissêmico de suas produções.

Saber driblar as imprevisibilidades entre os dois setores constitui uma meta incentivada pelos novos rumos que tomou também o Departamento de Relações Humanas, o RH, antes conhecido como Departamento Pessoal, ou DP, hoje, mais do que nunca, dedicado a promover o bem-estar interno e a eficiência organizacional entre Funcionários, agora denominados Colaboradores.

São corriqueiras, na linguagem corporativa atualizada, expressões, como habilitação demonstrada; capacidade para atitudes pró-ativas; facilidade para demonstrar iniciativa; disposição para autoanálise; índice de felicidade no trabalho; habilidade para atuar em equipe, para citar algumas. Empresas florescem e se solidificam no mercado por conta da contratação de indivíduos alinhados com as expectativas que a contemporaneidade impõe.

No âmbito aqui discutido, são também deveres do profissional de Criação estar preparado diante da adversidade e saber manter-se íntegro na hora do impasse que uma eventual reprovação de trabalhos proporciona. Antes de tudo, deverá saber superar situações delicadas, que podem até lhe parecer injustas, como os momentos em que vê seu trabalho sumariamente rejeitado na reunião de apresentação, diante de muitos presentes, mesmo tendo realizado um trabalho respeitável e adequado à solicitação do cliente.

É cotidiana a probabilidade de a empresa não se dispor a aprovar de imediato uma sugestão ofertada pela agência a seu produto. Ela, inclusive, poderá, de uma hora para outra, vir a discordar daquilo que anteriormente dera como certo e aprovado, e resolver pedir revisão do serviço. Poderá, também, retirar sua anuência a inserções de peças em veículos, voltar atrás e decidir interromper ou cancelar campanhas inteiras já em fase de produção, por razões de ordens variadas, pondo a perder, assim, estipulações de prazos, de cronogramas e de planos de mídia previamente confeccionados.

Ou seja, uma reprovação repentina por parte do anunciante, que sempre aporta no setor de Criação, é uma atitude tão corriqueira quanto dramática, a qual atingirá em cadeia muitos outros setores da agência, podendo ocasionar a ruptura da linearidade do trabalho publicitário. Porém, deve-se salvaguardar que esses são "ossos do ofício", e clientes são seres humanos, com todas as suas idiossincrasias. Já é passada, por assim dizer, a fase de pico, em que eles eram encarados como feitores, ignorantes e prontos a dar palpites infelizes em trabalhos de Criação que não compreendiam de fato, mas o faziam por serem os "donos da bola".

Atualmente, emerge um novo perfil da clientela anunciante. Em primeiro lugar, ela rejuvenesceu. A faixa etária estimada em que se situam os gerentes de produto, coordenadores de área e detentores de cargos de confiança em geral, no mundo corporativo, oscila na casa dos 20 aos 30 anos, em média.

Outra característica observável é a necessidade de atualização e de aprimoramento requerida. Esses profissionais sabem que, sem estudo, tanto fundamental como dirigido, não chegarão a galgar postos de destaque em empresas sérias, portanto, esforçam-se para se reciclar; buscam diferenciais visíveis para incremento de seus currículos; e procuram ter seus nomes associados a instituições acadêmicas de reconhecida idoneidade, no caso de virem a investir no curso de novas extensões.

O cada vez mais alto nível exigido nessa constante recomposição de qualificações e competências faz que os realmente comprometidos desconfiem da honestidade de propostas inverossímeis que a perversa mercantilização do ensino hoje viabiliza, a exemplo das entidades que oferecem completa formação a distância e incongruências, como graduação em concomitância com pós-graduação. São considerados, também, ferramentais obrigatórios o trato convincente com idiomas que extrapolem a suficiência em Língua Inglesa, o correto manuseio da Língua Portuguesa em seus padrões oral e escrito e, quando possível, o prolongamento do processo de educação regular para a conquista de um Mestrado ou um Doutorado em subáreas de afinidade.

Esse é, em escala aproximada, o formato pessoal que começa a se delinear dos novos clientes, os responsáveis finais pela aprovação ou reprovação do trabalho publicitário destes tempos. Serão os avaliadores dele, em primeira instância, e baterão o martelo, como se diz na oralidade espontânea.

Em relação aos postulantes circunscritos à área de Criação Publicitária, são esperados os traços fundamentais constantes no quadro/perfil abaixo sintetizado.

1. **Patrimônio intelectual**

    Formação acadêmica respeitável: além da graduação, cursos de pós-graduação em alguma especialização e cursos específicos de extensão cultural devem ser incorporados ao currículo. Mestrado e Doutorado são diferenciais raros, por isso, valorizados. Conhecimento de idiomas estrangeiros, especialmente inglês, espanhol e alemão e aprofundamento em informática são obrigatórios.

2. **Acervo cultural pessoal**

    Apego à leitura de qualquer natureza: além de publicações específicas da área, clássicos da literatura nacional e internacional, jornais, revistas variadas. Criação de hábitos culturais, como: visitas a museus, a exposições de arte, fotografia, cinema, histórias em quadrinhos; frequência ao menos regular ao teatro, acesso à televisão a cabo, participações em seminários e congressos, os quais devem fazer parte do procedimento diário natural de um publicitário em constante dinamização e reciclagem.

3. **Sintonia fina com a realidade**

    Domínio de informações sobre fatos atuais e históricos e percepção de ramificações e conexões entre épocas; notícias atualizadas oriundas de fontes fidedignas; contato com tendências, modas e modismos; informações confiáveis acerca do contexto histórico sócio- político-econômico do país, para formulação de conexões com a problemática interna de outros países.

4. **Ousadia dosada**

    Capacitação para fazer a distinção necessária entre ousadia irresponsável e criatividade inteligível à massa, no trato com os produtos.

5. **Conhecimento pleno do produto/serviço**

    Ciência de todos os aspectos referentes ao produto e à concorrência que o cerca; posse de mais informações sobre o produto do que as que o *briefing* revela; se possível, em maior número do que o próprio anunciante dispõe, mesmo em relação a aspectos preocupantes ou pouco recomendáveis de sua formulação ou de sua real situação frente ao mercado.

6. **Responsabilidade**

   Lembrança constante de que há muitas pessoas, muito dinheiro e reputações envolvidos em um processo mercadológico que será trabalhado e exposto nos meios de comunicação de massa.

7. **Domínio linguístico**

   Entendimento pleno de conceitos normativos e correta produção oral e escrita de textos em Língua Portuguesa.

A função de cada uma das partes componentes da Redação Publicitária

Admite-se como definição técnica de Redação Publicitária a conjunção de informações verbais inscritas no espaço ótico ou audível de anúncios destinados para veiculação em qualquer tipo de mídia.

A Redação Publicitária prevê, em sua formação, a presença de três componentes básicos, a saber: o título, o texto e o *slogan*, partes distintas entre si, as quais têm destinações e enquadramentos individualizados, bem como respondem por funções específicas.

Embora improcedente, é muito comum a atribuição do nome texto a qualquer manifestação escrita dentro de uma mensagem publicitária. Igualmente notória é a confusão persistente entre título e *slogan*, não raro entendidos como equivalentes ou sinônimos um do outro.

Tais distorções não acontecem somente com leigos, mas ecoam também no próprio ambiente publicitário, com algum residual localizado no meio acadêmico. Por conta delas, nesta fase da explanação, pretende-se discriminar e explicar um pouco mais amplamente as reais incumbências de título, texto e *slogan* na Redação Publicitária.

Em uma passagem pontual, a ser adequadamente estendida mais adiante, resgata-se um breve contorno das três noções:

- Título é uma sentença elaborada com o objetivo de atuar como chamariz para a observação detida de um anúncio e conduzir à leitura de um texto complementar. A colocação de um título é uma decisão criativa opcional. Tanto é viável a produção de anúncios com um título atuando isoladamente, como a de anúncios sem título, resolvidos com texto e *slogan*, ou apenas com *slogan*.

- Texto refere-se à parte em que se concentra o maior volume escrito e onde se promove o desdobramento do apelo principal do anúncio. Pode haver anúncios sem texto, formatados verbalmente apenas por meio de um título e um *slogan*.

- *Slogan* é a assinatura verbal de uma marca, e não de uma campanha. Trata-se de uma formulação frasal construída para ser duradoura, memorizada e mantida invariável, campanha após campanha, sendo reiterada por longo período de tempo, uma vez que expressa a ideologia do anunciante.

Ainda nesse propósito, é oportuno enfatizar uma singularidade: em mídia impressa, veiculação que compreende os meios massivos – jornal, revista, cartaz de rua, de ônibus, de elevador, entre outros –, e peças de distribuição direta, como *broadside*[9], *folder*/folheto, por exemplo, é factível a introdução dos três componentes ao mesmo tempo.

Já em produções audiovisuais, um filme de televisão e um *spot* ou *jingle* para rádio, só existirá a possibilidade de ocorrer um texto aliado a um *slogan,* sendo que, nesses enunciados, nunca haverá um título.

Redação Publicitária para mídia impressa/estrutura tríplice

| Título | Texto | *Slogan* |

Gráfico 3.3

A feitura de *spots* e *jingles* independe de padrões oficializados, sendo sua redação apresentada ordinariamente em texto corrido e formato simples. A execução de filmes publicitários é bem mais elaborada e se processa em suportes denominados *storyboards,* os quais são intitulados apenas para identificação interna, restrita ao anunciante, à agência de Publicidade criadora da peça e à produtora de televisão, que executará a filmagem.

Os *storyboards* são formados por uma sucessão de fotogramas ou *frames*, com espaços delimitados para a descrição interligada de som/áudio e imagem/vídeo, totalizando uma média de 12 cenas sequenciais, o que perfaz um filme de 30 segundos, – tempo de duração mais recorrente em inserções publicitárias.

Abordagem denotativa/ *reason why*

Abordagem conotativa/ *human interest*

Abordagem híbrida/ *mix*

O padrão gráfico de um *storyboard* utilizado em circuito profissional é o mesmo que se executa na área acadêmica, em atividades práticas de cursos de Comunicação Social, e se aproxima do modelo apresentado no final deste capítulo.

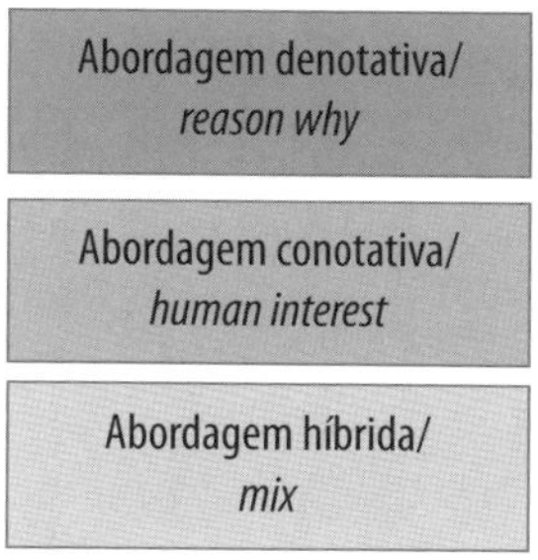

Gráfico 3.4

É certo, entretanto, que, a despeito das características de qualquer desses meios e veículos, em sua elaboração criativa, a Redação Publicitária presume unicamente três plataformas de concepção:

- Abordagem criativa denotativa (*reason why*), de significado monossêmico, é composta apenas por informações fidedignas dos produtos, serviços ou causas a serem anunciados, situando-os em uma plataforma racional, objetiva, com vistas à informação.
- Abordagem criativa conotativa (*human interest*), de significado polissêmico, é a que parte para a inclusão dos bens anunciados em uma plataforma emocional, subjetiva e voltada para a fantasia, a identificação com modelos, a projeção de sonhos, direcionamentos fundamentais em Criação Publicitária.
- Abordagem criativa híbrida (*mix*)[10] é a possibilidade de aglutinação das duas abordagens acima descritas para composição de uma visão sistêmica, ao mesmo tempo racional e sensível, dos bens anunciados.

Com tais especificações restabelecidas, depreende-se que essa é uma modalidade comunicacional mais sofisticada do que parece e exige determinados conhecimentos para que possa ser produzida com mais propriedade.

Todas essas peculiaridades requerem maior nível de adensamento, o qual, a partir de agora, será realizado para captação efetiva dos diferenciais expostos.

A função do título em Redação Publicitária

Sinonimicamente denominado "Chamada", o título é uma oração inicial, geralmente disposta um pouco abaixo da margem superior de anúncios publicitários idealizados para mídia impressa, apenas, a fim de encabeçar o desenvolvimento escrito dessas peças como que pré-sintetizando o que virá a seguir. Títulos são decisivos na conformação do aspecto verbal de um anúncio, pois atuam como um cartão de visitas à leitura e à observação de todos os elementos nele presentes, podendo ser concebidos de inúmeras maneiras, desde que alinhados ao compromisso de instigar, atrair, provocar, chamar o público receptor à leitura.

Provém do fundador e presidente da agência de Publicidade Ogilvy & Mather, o famoso David Ogilvy, uma das mais célebres declarações a esse respeito. Ousada, ela confere ao título um *status* privilegiado e lhe projeta uma estimativa numérica: "O título é lido cinco vezes mais que o texto. Quando acabar de escrever seu título, saiba que já terá gasto 80 centavos do seu dólar"[11]. Diante do sucesso que obteve em sua carreira de Redator e, mais tarde, como escritor de livros sobre Redação Publicitária, há de se concordar que Ogilvy sabia do que estava falando. Um título mal construído é condição suficiente para desviar em definitivo a atenção do Receptor do anúncio como um todo, mesmo daqueles com concepção gráfica bem produzida. As formulações verbais complicadas, ou de não apreensão imediata, já se provaram nocivas para atuarem como títulos publicitários, pois afastam o leitor da mensagem e, consequentemente, da lembrança do produto ou marca assim anunciados.

> Um breve exemplo dessa contraindicação seria o título feito para a Samsung (veiculação em fevereiro/2009), que resulta em uma mensagem de difícil compreensão, embora inserida em uma resolução visual atraente: "Verão Samsung Experience. Que experiência digital pode fazer o seu verão ir além da próxima imaginação?"[12].

Outra estratégia de risco é a adoção do clichê para títulos, virtual contraponto da construção excessivamente complicada, ou hermética, recém-exemplificada. O público já viu, leu e ouviu tantas vezes o mesmo apelo, que se torna refratário à mensagem, e não identifica mais o produto anunciado. Título desgastado e sem pontuação adequada: "Axe Compact o aerosol que cabe no seu bolso".

Não obstante seja visto como o mais recomendável em Redação Publicitária, o título de natureza afirmativa, para ser realmente eficaz, deve contar com excelente resolução verbal, caso contrário, resvala para a obviedade e o fatal esquecimento.

Existe uma crença arraigada e, em algumas bibliografias, tratada como regra, de que os títulos afirmativos são mais eficientes do que os negativos e os interrogativos. Entende-se que palavras, como "nunca", "jamais" e "não", presentes em quase todos os títulos negativos, carregam em si uma aura subliminar de proibição, veto, negatividade e repressão, podendo provocar, em diferentes interlocutores, sensações evocativas de baixa identificação, afastamento e rejeição, que representariam reações transferíveis aos produtos anunciados dessa forma.

Já os interrogativos são geralmente encarados por alguns autores como prováveis fontes de insegurança, o que seria danoso no processo de conquista do interesse de um potencial consumidor.

Na realidade, esses pressupostos são refutáveis, e não há provas cabais nesses sentidos. O que o cotidiano nos revela é bem o contrário. É possível se conseguir a atração de leitores, em igual ou maior escala, por meio de títulos afirmativos, negativos ou interrogativos, desde que respeitem algumas pré-condições:

- Sejam elaborados inteligentemente;
- Mantenham-se em conformidade com os objetivos do produto/serviço/causa em questão;
- Mostrem-se capazes de causar o efeito surpresa/provocação no Receptor.

Anúncios com títulos negativos bem formulados – poder de atrair o leitor:
- "Não faça Inglês. Não faça Espanhol. Não faça Francês. Faça História. Berlitz." – Instituto de Idiomas Berlitz/2009. "Não confie em ninguém com mais de 30. Piauí 29, já nas bancas." – Revista *Piauí*/2009[13].

Teaser **com título interrogativo – poder de atrair o leitor:**
- "Sabe o que acontece quando design e tecnologia se encontram?" – Campanha Citroën C4 Picasso/2009[14].

É preferível uma pergunta instigante, ou mesmo uma negativa inesperada, a uma "afirmativa sermão", desgastada pelo uso abusivo de repetições e de previsibilidade, estratégias contrárias à originalidade.

Formulações negativas normalmente despertam grande curiosidade e podem se converter no freio necessário para que o Receptor pare e volte sua atenção para o anúncio por elas intitulado. Perguntas provocativas ou chocantes igualmente têm esse poder.

Exemplos de títulos afirmativo, negativo, interrogativo aplicados em Redação Publicitária – Eficiência semelhante na apreensão das mensagens:
- Emagreça bem alimentado. (Slim Shake/1999)
- Não resista à tentação no Dia dos Namorados. (Lojas Marisa/2007)
- É a sua comunicação que deve seguir o mundo ou o mundo que deveria seguir a sua comunicação? (Associação Brasileira de Anunciantes – ABA/2007)

Assim, vê-se que a formação de títulos em Redação Publicitária não obedece cegamente a regras inflexíveis, como limite para o número de palavras ou fuga de negativas e interrogações, por exemplo. A sensibilidade do Redator deve ser o árbitro da decisão formal na execução de um título. Por isso, tanto quanto se deve aperfeiçoar constantemente a elaboração de títulos afirmativos, cumpre aos Criadores a manutenção da cautela e das ressalvas necessárias para que se evitem impropriedades e abusos na aplicação da estratégia de construções frasais negativas e interrogativas para figurarem como títulos publicitários.

Títulos negativos e interrogativos, embora possam atuar como gatilhos na captação do interesse de receptores, não devem ser tratados como expedientes verbais infalíveis, pois, caso sejam exageradamente ambiciosos em seus propósitos, podem tornar-se promotores de confusão na recepção das mensagens, como se pode verificar no exemplo seguinte.

O título do anúncio da *Folha de S.Paulo* funda-se na formulação verbal negativa do bem-sucedido *slogan* do jornal: "Folha de S.Paulo. Não dá pra não ler", mas apresenta tortuosa elaboração redacional, alonga-se demais, e joga imprudentemente com a palavra "não", o que faz a mensagem final resultar incompreensível, demandando mais de uma leitura para ter sua assimilação efetivada com algum sucesso.

Anúncio página simples impresso – *Folha de S.Paulo*, com título negativo mal formulado: confusão
"Só mesmo um jornal que não dá para não ler para oferecer uma variedade que não dá para não anunciar."/2008[15]

É oportuno reiterar que, escrito sob qualquer das três formas aqui ilustradas, o título publicitário pode ser concebido mediante leves e circunstanciais desvios da norma culta da Língua, no intuito de provocar graça, curiosidade, choque; ou de fornecer condições para a desejada "freada" do leitor, atraindo-o a uma observação mais detida da peça publicitária. Forçar essa parada é a função primordial do título em Criação Publicitária.

Há de se salientar, entretanto, que não há intersecção entre a adoção de uma estratégia de quebra do padrão estrutural normativo da Língua e o erro propriamente dito. Existe uma separação entre os dois procedimentos. Como já estudada na abertura deste capítulo, a transgressão à correta redação de um título em Publicidade, sendo proposital, visa a um estímulo extra na tentativa de chamar a atenção do receptor. Já, um erro, uma hibridização de estilos incompatíveis ou mescla de vocabulários de inconciliáveis procedências, especialmente em títulos, podem configurar real desvirtuamento do código linguístico e causar estranhamentos não aconselháveis, como se detecta na exemplificação:

Exemplo de título com má formulação redacional:
Anunciante: Sony Entertainment Television/Produto: Série Private Practice
Uma série que fala sobre algumas doenças que a Medicina ainda não pode curar: dor de corno, dor de cotovelo e...
um coração partido.
Private Practice. A nova Série do Sony Entertainment Television.
(*Folha de S.Paulo*, 3/11/2008, Ilustrada, p. E3)

O emprego das gírias: "dor de corno"; "dor de cotovelo", em paralelo com a expressão poética "coração partido" mais sugere um deslocamento de contextos do que uma combinação estilística homogênea.

A função do texto em Redação Publicitária

Texto é o desdobramento da mensagem escrita em uma peça publicitária, informalmente nomeado "miolo", que deve ter, por parte dos Redatores, sua definição em tamanho dimensionada de acordo com o objetivo de cada *briefing* e da situação momentânea do bem anunciado. Trata-se propriamente do corpo verbal de um anúncio publicitário, que, por sua vez, não deve ser subestimado nem confundido em forma e função com o que se atribui ao título. Texto é o bloco maior de informações dentro da peça publicitária impressa, precisamente onde se concentra o desenvolvimento verbal mais elaborado das características objetivas e/ou subjetivas do produto/serviço/causa anunciados, com vistas à complementação do título que o encabeça, e à produção de informação sugestiva ao público-alvo.

A familiaridade e o correto manuseio dos principais mecanismos gramaticais da Língua Portuguesa são os subsídios fundamentais da Redação Publicitária atraente e inovadora, sem os quais o valor do texto decai e se reduz drasticamente.

> **Exemplo de texto de anúncio publicitário impresso**
>
> Anunciante: Mc Donald's/2007
>
> (...) O Mc Donald's passa de ano há quase 30 anos, no Brasil. Passar de ano nunca é fácil. Querer ser o primeiro da turma, então... aí é muito mais difícil. É preciso fazer o dever de casa com muito capricho todos os dias. Quando a matéria é atender você e sua família, a gente não pensa em passar de ano por média, quer é um lugar no quadro de honra. E tome dever de casa. Qualidade é matéria fundamental. Todos os alimentos servidos em nossos restaurantes são exaustivamente controlados desde sua origem. Isso vale para tudo – do pão às saladas, dos sucos aos molhos, da carne, do frango, do filé de peixe às tortas e aos sorvetes.
>
> Todos os itens consumidos em nossos restaurantes, incluindo guardanapos, canudos, lâminas de bandeja e as embalagens de sua refeição, são distribuídos diretamente por uma frota de mais de 100 caminhões. (...) Como na escola, não adianta ser bom apenas em uma matéria. Temos que tirar nota dez em qualidade de alimentos e também na segurança alimentar". (...)

Em tempos que privilegiam o aspecto visual, tem se mostrado rara a ocorrência de textos realmente inspirados em anúncios publicitários. Mais comumente resolvidas por meio de gratuidades e peripécias imagéticas patrocinadas pela onipresença da tecnologia, as emissões, por demais equalizadas, são muito similares e, por isso, atraem pouco interesse, evocam o efeito *déjà-vu*[16], e dificilmente são memorizadas pelo público. A semelhança dos resultados converge para a ideia de que os recursos do computador definiram a opção criativa dos criadores, e não outras fontes.

No entanto, vez por outra, algumas surpresas alternam esse panorama, e a força de determinadas mensagens desperta a atenção, como se documenta na série de locuções feitas para os filmes do Canal Futura, aqui representadas por duas inserções, e para o creme rejuvenescedor Chronos, da Natura – exibição em televisão.

> **Exemplo de áudio bem elaborado – filme 30 segundos:**
>
> Anunciante: Canal Futura/SEBRAE
>
> Loc. *off*:
>
> – Você pode pensar muitas coisas. Pode achar que nada supera o Capitalismo ou ter certeza de que o Comunismo é a única saída. Você pode pensar que existem vários deuses, um, nenhum, ou que eles eram astronautas. Você pode ter várias teorias da conspiração. Pode saber quem matou Kennedy. Acreditar que a viagem à Lua foi uma grande farsa. Ou que Elvis está vivo. Você pode pensar que a televisão é mais um eletrodoméstico na sua vida ou que é uma das maiores invenções da humanidade. Você pode pensar muitas coisas. A única coisa que você não pode fazer é não pensar.
>
> Futura. O canal que liga você.
>
> O SEBRAE liga você à Futura.
>
> **Exemplo de áudio bem elaborado – filme 30 segundos:**
>
> Anunciante: Canal Futura/Gerdau
>
> Loc. *off*:
>
> – Até hoje não se tem certeza de onde viemos. Os filósofos ainda querem entender quem somos. E existem umas duzentas teorias (sic) para onde vamos. Os economistas querem explicar a crise e os cientistas, como o cérebro funciona. Como você pode ver, não são as respostas que movem o mundo, são as perguntas.
>
> Futura. O canal que liga você.
>
> A Gerdau liga você à Futura.[17]

> **Exemplo de áudio bem elaborado – filme 30 segundos:**
> Anunciante: Natura
> Produto: Chronos
> Loc. *off*:
> Cada rosto tem uma história. Uma história sobre amores eternos, sobre amores curtos, sobre alegrias pequenas e grandes. Um rosto é uma história sobre as pessoas que fomos. Sobre as pessoas que queremos ser. Sobre caminhos, sobre encontros. Um rosto é uma história sobre os espelhos que nos viram. Um rosto é uma história escrita pelo tempo. Cada rosto tem uma história.
> Nova linha Natura Chronos.
> Tem um para a sua história.[18]

Nas décadas de 1940, 1950 e 1960, a recorrência a textos literários como arcabouço da Redação Publicitária era uma prática corrente. Nessas faixas temporais, as artes em geral, a Literatura e a Poesia atuavam a serviço da Publicidade com mais ênfase do que ocorre hoje em dia, embora esse procedimento permaneça ainda em uso esporádico.

Uma das razões para o feitio, de certa forma, mais nobre da Redação Publicitária de épocas passadas era a presença relevante de escritores, como Orígenes Lessa, Bastos Tigre e Monteiro Lobato nas agências de Publicidade. Para equilíbrio de seu orçamento doméstico, visto que nesse momento ainda não contavam com o reconhecimento e a consagração que obteriam mais tarde, todos chegaram a fazer incursões como Redatores Publicitários, e os textos por eles elaborados impressionavam por conta do visível esmero linguístico. Sendo possuidores de amplo repertório cultural, além de exibir técnica apurada, utilizavam-se de rico vocabulário e expedientes redacionais sofisticados, como se pode comprovar no exemplo histórico, escrito por Bastos Tigre, em parte referendado a seguir.

> **Anúncio antológico do Xarope Bromil – década de 1920 – produto memorizado por texto lapidar:**
> Bromilíadas
> Os homens de pulmões martirizados
> Que, de uma simples tosse renitente,
> Por contínuos acessos torturados,
> Passaram inda além da febre ardente,
> Em perigos de vida atormentados,
> Mais de quanto é capaz um pobre doente.
> Entre vários remédios encontraram
> O Bromil que eles tanto sublimaram.

Não há na história da propaganda brasileira, possivelmente mundial, texto mais apurado, trabalhado meticulosamente na forma, pautado na cadência de cada sílaba, num processo criativo extenuante e ao mesmo tempo genial, do que a campanha do Bromil veiculada entre 1918/20 na revista *Dom Quixote*. A campanha redigida pelo poeta e publicitário Bastos Tigre, com vinheta de Calixto Cordeiro, consta de 1102 estrofes contendo 8816 versos decassílabos, estrofação sempre na oitava rima, a técnica de Ariosto que Luís de Camões consagrou em "Os Lusíadas". Intitulada "Bromilíadas", numa paródia ao poema épico do século XVI, que narra em versos as conquistas de Portugal além-mar, a campanha destaca as qualidades do produto e sugere o seu uso com a grandiloquência característica da epopeia, gênero que tem em Horácio, em Virgílio e no próprio Camões os seus melhores expoentes.[19]

Inteiramente formulado com base nas oitavas camonianas, o anúncio, idealizado sob a forma de paródia, é um elogio à forma, uma ode ao produto e, em tom satírico, transmuta-o em personagem do cotidiano doméstico da sociedade de então. Os versos parodiados, impagáveis, acabaram incorporados à memória do público, deixando de funcionar como jargão restrito à esfera publicitária para migrar de ambiente e se tornar parte da linguagem cotidiana da esfera social.

Sofisticadíssima, a mensagem teve o mérito adicional de desmentir a suposição de que o público se retrai perante enunciados bem trabalhados, e não se interessa por eles. Os versos *"As armas e os barões assinalados..."* então transformados para *"Os homens de pulmões martirizados..."*, em cadência ritmada perfeita, caíram nas graças da população e eram recitados nos bondes, farmácias e confeitarias da época, popularizando o produto.

Ilustração exemplar de que um trabalho competente em texto pode repercutir favoravelmente e render grandes dividendos à imagem de produtos, além de se perpetuar na memória do público.

A função do *slogan* em Redação Publicitária

Nomeia-se *slogan* a assinatura verbal de uma marca ou, eventualmente, também, de determinados produtos e serviços de destaque ou com forte presença mercadológica.

Slogans não devem ser codificados de modo a referendar um enunciador. Devem, antes, ser decodificados pelos Receptores como forma frasal anônima, com vistas à rápida captação.

> **Slogans da fé:**
> Moisés propaga os dez mandamentos, o que é considerado um antepassado ilustre da prática de criar frases curtas, diretas e fáceis de repetir. (Extraído de: "Como se cria um slogan", Revista *Língua Portuguesa*, edição 40, de fevereiro de 2009).

A origem da palavra *slogan* é gaélica: "sluagh-ghairm", que significava em escocês: grito de guerra de um clã. O inglês adotou o termo por volta do século XVI, para no século XVIII transformá-lo em divisa de partido, e, a seguir, em palavra de ordem eleitoral. No século XIX, o americano acabou dando um sentido comercial ao *slogan*. (REBOUL, 1975, p. 7).

Assim como se determina ao texto, o *slogan* também não é um título e nem deve ser confundido como tal dentro de uma peça publicitária, tanto em forma como em função. Títulos e textos estão ligados ao conceito/tema de cada campanha publicitária e devem ser criados com o propósito de referendar esse Conceito para manter unificação com ele e promover o necessário *link*,[20] ou coligação entre as peças de uma campanha.

Slogans não têm esse mesmo compromisso, pois são elaborados para funcionar como extensão verbal do espírito das marcas anunciantes por longo período de tempo, estando, portanto, ligados às marcas, que são entidades sólidas, estáveis. É errôneo pensar que *slogans* devam se ligar às temáticas das campanhas publicitárias, já que elas são efêmeras, ocasionais, sucessivas, alternam-se e renovam-se regularmente, por meio da criação de novos conceitos ou temas.

Exemplos de *slogans* antigos e atuais com indicação compatível a marca/produto/serviço:
- Ford. Viva o novo. (Montadora Ford do Brasil/2006)
- Petrobras. O desafio é a nossa energia. (Petrobras/2007)
- Os nossos japoneses são mais criativos que os japoneses dos outros. (Eletrônicos Semp Toshiba/1999)
- Nestlé. Amor por você. (Indústria de alimentos Nestlé/2002)
- Folha de S.Paulo. Não dá pra não ler. (Jornal *Folha de S.Paulo*/1998)
- O Boticário. Você pode ser o que quiser. (Cosméticos O Boticário/2005)
- Santander. O valor das ideias. (Banco Santander/2005)
- Fiat. Movidos pela paixão. (Montadora Fiat do Brasil/2002)
- Volkswagen. Você conhece. Você confia. (Montadora VW do Brasil/1990)
- Viva o lado Coca-Cola da vida! (Refrigerante Coca-Cola/2008)

Mas há algumas formulações verbais de *slogans* entendidas quase que consensualmente como pouco apropriadas a determinadas marcas, por não serem capazes de consolidar a proposta ideológica delas, como ocorre com os descontextualizados: "Telefônica. Desfrute o progresso", sendo a operadora campeã de reclamações por parte do consumidor brasileiro durante anos consecutivos; "Conte comigo", para a GM, empresa que atravessa crises sucessivas; e "Porque se sujar faz bem", para o sabão em pó Omo, veiculado justamente em um momento crítico, no qual o país se vê crivado por denúncias de corrupção, que, de uma forma ou de outra, acabam em impunidade.

Outras, tampouco conseguem traduzir com pertinência e fidedignidade o perfil dos produtos a elas atrelados, como se vê no burocrático "Sempre" para a radiante Coca-Cola; nos incompatíveis: "Toddy, o sabor da verdade", para um frugal achocolatado; "São Paulo é a capital da Antarctica", pela óbvia discrepância entre a imagem da cerveja, produto enquadrado na concepção arquetípica de anarquia, e cidade de São Paulo, associada fortemente ao trabalho, não à diversão; e "Todo seu", demasiadamente carinhoso para um banco.

Exemplos de *slogans* antigos e atuais com indicação considerada discutível a certas marcas:
- Telefonica. Desfrute o progresso. (Companhia Telefônica/2008)
- Toddy. O sabor da verdade. (Achocolatado Toddy/2008)
- Conte comigo. (General Motors do Brasil/2003)
- Sempre. (Refrigerante Coca-Cola/1998)
- São Paulo é a capital da Antarctica. (Cerveja Antarctica/1999)
- Porque se sujar faz bem. (Sabão em pó Omo/2007)
- Todo seu. (Banco do Brasil/2007)

Slogans têm a atribuição técnica de aglutinar de modo pertinente, fidedigno, memorável e quase sempre conciso, a ideologia que rege o padrão comportamental de empresas, que, por sua vez, personificam marcas.

A marca funciona como um nome próprio que, como tal indica uma ascendência, uma origem, passando a funcionar como símbolo dessa origem. Ela tem o poder de identificar, no produto ofertado, a empresa vendedora que o produz, marcando esse produto com a insígnia da distinção. Trata-se de um algo a mais, um sinal alçado à categoria de símbolo representativo de uma organização para um consumidor.

(...) o produto não vale por seu uso, mas pelo coeficiente de fantasia desejante que nele se corporifica. Ora, a marca, como símbolo, não só tem o poder de atrair para si esse coeficiente, como também adiciona a ele o seu próprio valor. (...) Não é por acaso que, no universo do consumo, no qual os signos que se aderem às mercadorias valem mais do que as próprias mercadorias, a marca passou a ser o maior patrimônio das empresas, o seu patrimônio identificatório, simbólico, agregador de valores. Não é também por acaso que, cada vez mais, o consumidor tenha passado a consumir não apenas produtos, mas, antes de tudo, as marcas dos produtos. (SANTAELLA, Prefácio do livro de PEREZ, 2004).

Em cem anos de propaganda, foi eleita uma seleção informal dos 50 *slogans* mais lembrados do Brasil[21]:

Fazendo sua vida mais doce.	Açúcar União
A primeira impressão é a que fica.	Axe
Se é Bayer, é bom.	Bayer
Não se esqueça da minha Caloi.	Bicicletas Caloi
Quem pede um, pede Bis.	Bis
Tem 1001 utilidades.	Bombril
Não tem comparação.	Brastemp
Só ele é assim.	Campari
Uma boa ideia.	Caninha 51
Um raro prazer.	Carlton
Abuse e use C&A.	C&A
É impossível comer um só.	Cheetos
Dê férias para seus pés.	Chinelos Rider
Se a marca é Cica, bons produtos indica.	Cica
Emoção pra valer.	Coca-Cola
Sorriso saudável. Sorriso Colgate.	Colgate
Deu duro? Tome um Dreher.	Conhaque Dreher
Põe na Consul.	Consul
Vale por um bifinho.	Danoninho
Parece mas não é.	Denorex
Tomou Doril, a dor sumiu.	Doril
A diferença é que o Estadão funciona.	O Estado de S. Paulo
Alguma coisa a gente tem em comum.	Free
A verdadeira maionese.	Hellmann's
O sucesso.	Hollywood
Uma grande cerveja.	Kaiser
É gostoso e faz bem.	Kibon
Você faz maravilhas com Leite Moça.	Leite Moça

A meia da loba.	Lupo
O caldo nobre da galinha azul.	Maggi
Venha para onde está o sabor.	Marlboro
Bons momentos pedem um bom café.	Nescafé
Energia que dá gosto.	Nescau
Eu sou você amanhã.	Orloff
Tão bonitinho.	Ortopé
O sabor da nova geração.	Pepsi
Tem coisas que só a Philco faz pra você.	Philco
Faz do leite uma alegria.	Quick
As amarelinhas.	Ray-O-Vac
Sempre cabe mais um quando se usa Rexona.	Rexona
Abra a boca é Royal.	Royal
Legítimas, só Havaianas.	Sandálias Havaianas
Terrível contra os insetos. Contra os insetos.	SBP
Desperte o tigre em você.	Sucrilhos
O sol na medida certa.	Sundown
Fresquinho porque vende mais. Vende mais porque é fresquinho.	Tostines
O melhor amigo do carro e do dono do carro.	Turbogás Cofap
Sensível diferença.	Vinólia
Você conhece, você confia.	Volkswagen
752 é da Vulcabrás.	Vulcabrás

Cabe, portanto, ao *slogan* explicitar de modo engenhoso a inclinação ideológica de uma marca anunciante e traduzi-la sob a forma verbal. Assim como cabe ao logotipo fazer o mesmo, sob a forma visual. Geralmente, os *slogans* são inscritos no rodapé dos anúncios, *outdoors*, *busdoors*[22] etc., próximos aos logotipos das marcas que assinam, e alocados de forma visível, mas discreta, não grandiloquente, quase sempre em tipologias pequenas, mas legíveis ao público-alvo.

Formação verbal do anúncio

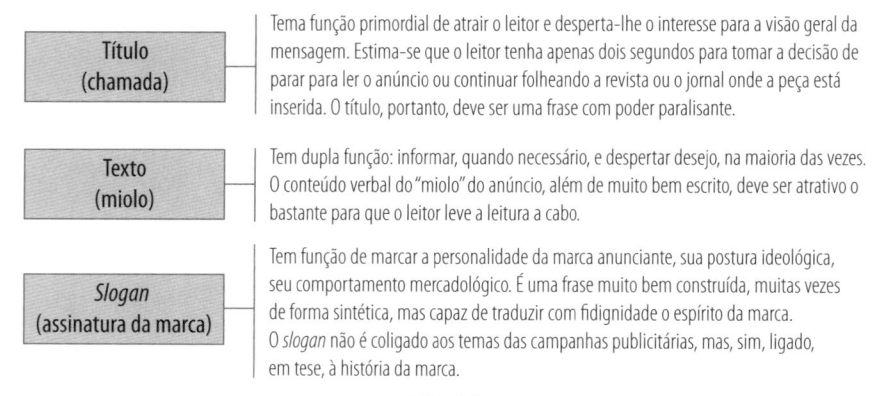

Título (chamada)	Tem a função primordial de atrair o leitor e desperta-lhe o interesse para a visão geral da mensagem. Estima-se que o leitor tenha apenas dois segundos para tomar a decisão de parar para ler o anúncio ou continuar folheando a revista ou o jornal onde a peça está inserida. O título, portanto, deve ser uma frase com poder paralisante.
Texto (miolo)	Tem dupla função: informar, quando necessário, e despertar desejo, na maioria das vezes. O conteúdo verbal do "miolo" do anúncio, além de muito bem escrito, deve ser atrativo o bastante para que o leitor leve a leitura a cabo.
Slogan (assinatura da marca)	Tem função de marcar a personalidade da marca anunciante, sua postura ideológica, seu comportamento mercadológico. É uma frase muito bem construída, muitas vezes de forma sintética, mas capaz de traduzir com fidelidade o espírito da marca. O *slogan* não é coligado aos temas das campanhas publicitárias, mas, sim, ligado, em tese, à história da marca.

Gráfico 3.5

As funções da linguagem

Em sala de aula, é relativamente comum aos docentes da área ser inquiridos sobre a validade da teoria que referenda e explica as funções da linguagem. Em geral, estudantes de Comunicação Social demonstram, em um primeiro momento, certas reservas a essa abertura expositiva e chegam a questionar a pertinência de tal conteúdo em cursos que deveriam ensinar Redação Publicitária, e não Português, segundo a expectativa de alguns. Isso ocorre, não por acaso, apenas até virem a conhecê-la melhor e compreenderem que estão diante de uma ferramenta de base para a produção escrita de qualquer natureza.

Mas, afinal, por que alguém que deseja atuar com Criação Publicitária deveria se preocupar em saber quais as funções que a linguagem pode desempenhar dentro de um texto?

Em tese, porque, no caso de esse alguém vir a trabalhar diariamente e de perto com a linguagem, ser-lhe-á imperativo saber muito sobre os possíveis comportamentos (ou funções) que ela pode assumir no escopo de um texto, a fim de direcionar seus propósitos e escrever norteado por eles. Esse conhecimento prévio garante maior fluidez à escritura, melhor tessitura do texto, e é capaz de promover melhor organização do raciocínio do Emissor.

Na realidade, a linguagem pode exibir seis diferentes maneiras de se comportar (ou de funcionar) que poderão operar isolada ou concomitantemente em um texto. Essa multiplicidade comportamental deverá ser de domínio dos Redatores, pois atuará como um diapasão na moldagem de um texto. Assim, denomina-se função a um determinado comportamento regente que a linguagem manifesta dentro de uma mensagem emitida.

Função seria a face nítida desse comportamento, ou seja: uma vez dada uma mensagem de qualquer natureza, para se perceber qual é a função ou o comportamento que a rege, deve-se reparar para qual (ou quais) objetivo(s) tende o texto.

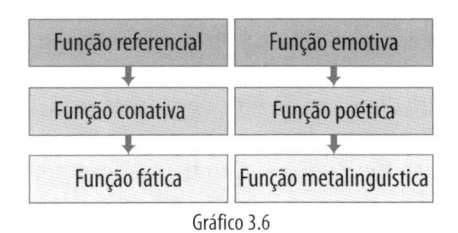

```
Função referencial      Função emotiva
        ↓                      ↓
Função conativa         Função poética
        ↓                      ↓
Função fática           Função metalinguística
```
Gráfico 3.6

Seis possibilidades de comportamento da linguagem

Função referencial

Se a intenção do autor for enfatizar o conteúdo de determinado assunto ou referente, ele escreverá em 3ª pessoa singular (ele, ela), e esse referente será o principal objeto, foco ou preocupação do texto, desde o início até seu final. Sobre esse referente serão feitas considerações em tese, e a abordagem se circunscreverá unicamente a ele.

> **Exemplos:** *folders*[23], manuais instrucionais, manuais de aparelhos eletrodomésticos, editoriais de jornais e boletins de ocorrência.
>
> Quando uma mensagem se direciona ao referente, classifica-se o comportamento que a rege como função referencial da linguagem.
>
> **Exemplo de sua aplicação em Redação Publicitária:**
>
> Existem coisas que o dinheiro não compra. Para todas as outras, existe MasterCard.
> (*Slogan* do cartão de crédito MasterCard/2002)

Função emotiva

Talvez o autor possa, em outra oportunidade, ter como enfoque suas próprias impressões sobre si mesmo, sobre algum tema ou sobre qualquer objeto em questão, e, então, o texto será elaborado com base nesses sentimentos do emissor, sendo escrito em sua totalidade em 1ª pessoa do singular, (eu), ou mesmo em 1ª pessoa do plural (nós). A base de apoio desse tipo de mensagem é o próprio emissor ou remetente. Seu ponto de vista sobre si mesmo, ou sobre qualquer tema, norteará, então, o comportamento adotado pela linguagem para esse modelo.

> **Exemplos:** textos poéticos que mostram emoções pessoais do autor; textos em prosa, sempre em 1ª pessoa do singular, reveladores do estado emocional do autor; reportagens autorais; artigos; ensaios; anúncios publicitários de natureza testemunhal.
>
> Quando uma mensagem se direciona ao Emissor, classifica-se o comportamento que a rege como: função emotiva da linguagem.
>
> **Exemplo de sua aplicação em Redação Publicitária:**
>
> Mc Donald's. Amo muito tudo isso.
> (*Slogan* da cadeia de lanchonetes Mc Donald's/2003)

Função conativa

Se a preocupação máxima do autor de determinada mensagem for direcionada ao Receptor ou Destinatário dela, se estará, agora, diante de um novo comportamento regente de tal mensagem, precisamente aquele que prioriza o entendimento e a adesão de quem faz a recepção. Obter esses dois resultados simultaneamente é a preocupação central da linguagem quando apresenta um comportamento dessa natureza. O tempo verbal preferencial utilizado é o imperativo, e alusões ao próprio receptor são feitas intermitentemente ao longo desse tipo de mensagem.

> **Exemplos:** anúncios publicitários que buscam, por meio de verbos no imperativo/discurso fechado, a persuasão do público-alvo; panfletos de cunho político; anúncios publicitários em geral; folhetos religiosos.
>
> Quando uma mensagem se direciona ao receptor, classifica-se o comportamento que a rege como função conativa da linguagem.
>
> **Exemplo de sua aplicação em Redação Publicitária:**
>
> Você nasceu para voar. TAM.
> (*Slogan* da companhia de aviação TAM/2005)

Função estética

Algumas vezes, a ênfase do autor de um enunciado direciona-se à beleza aparente de sua forma, mais do que a seu conteúdo ou a qualquer outro aspecto. A escolha vocabular utilizada é esmerada, a formação frasal e o encadeamento do percurso textual revelam-se sofisticados, incomuns e chamam a atenção exatamente por isso. Esses elementos, todos de difícil manipulação e grandes enriquecedores da estética da mensagem, tornam-na atrativa e relembrada, por conta do requinte do arranjo final que a compôs.

> **Exemplos: textos em prosa poética com escolha vocabular acurada; certos exemplos de poesia concreta; poemas com rimas aliterantes, com efeitos sonoros sibilantes.**
>
> Quando uma mensagem se direciona ao seu aspecto formal, classifica-se o comportamento que a rege como função estética da linguagem.
>
> **Exemplo de sua aplicação em Redação Publicitária:**
>
> Natura. Bem estar bem.
> (*Slogan* da empresa de cosméticos Natura/2005)

Função fática

O linguajar do cotidiano, na maioria das sociedades, é formalizado com o uso de inúmeras expressões orais, que concluem falas produzindo um efeito de sentido que denota aproximação, simpatia ou mera cordialidade, e expressam de alguma forma o respeito a regras básicas do convívio social.

Ao comportamento da linguagem em mensagens informais e reveladoras de uma conexão trivial entre os interlocutores, é atribuída a expressão "cimento social". Ele ocorre no momento em que se emitem falas com pouco nexo lógico, sem compromisso; com ausência de conteúdo consistente; para preenchimento de vazios no tempo e no espaço; para solidificar ou reiterar contratos íntimos e pessoais em relacionamentos; sublinhar preocupação exagerada, em certos casos; pontuar diálogos tautológicos e assuntos corriqueiros em geral.

> **Exemplos:**
> - Tá legal?; Certo?; Ok?; Lindo dia, hein?; Tá ligado?; Sabe como é, né?
> - Deu duro? Tome um Dreher. Desce macio e reanima! (*Slogan* do Conhaque Dreher/2000)

Função metalinguística

Um determinado código ou linguagem pode vir utilizar-se de si mesmo para se autoexplicar, para se exemplificar, para mostrar bastidores da elaboração de trabalhos técnicos, artísticos, por exemplo. Pode-se verificar esse comportamento da linguagem, quando, por exemplo: um filme revela todo o trabalho realizado para a concretização de um filme cinematográfico, situação que é obviamente oculta ao público. Nesse caso, o Cinema falou sobre Cinema. Ou seja, o código (linguagem) falou sobre si mesmo. Essa é a chamada metalinguagem.

> **Exemplos:** um livro explicando, em Português, as origens da Língua Portuguesa ou as regras gramaticais que a normatizam; um filme cinematográfico mostrando os bastidores da filmagem, ou o seu próprio *making of*[24]; um poeta falando de poesia em um poema.
>
> Quando uma mensagem é expressa no próprio código que a representa, classifica-se o comportamento que a rege como função metalinguística da linguagem.
>
> **Exemplo de sua aplicação em Redação Publicitária:**
>
> Com tanto escândalo na mídia, pelo menos o intervalo tem que ser bom. (Título de anúncio institucional da agência de Publicidade Leo Burnett Brasil).

Em Publicidade, o conhecimento das funções de linguagem como ferramental básico de comunicação constitui-se em fonte de enriquecimento para a produção verbal, uma vez que se configura em recurso de fundo, indutor de boa condução redacional para cada uma das respectivas solicitações de trabalho apresentadas. De acordo com cada objetivo, a organização de uma mensagem pode enfatizar uma única função de linguagem isoladamente ou mais funções em coexistência. As funções da linguagem respaldam o direcionamento da concepção verbal escrita ou oral, e, por conta disso, proporcionam melhor articulação do percurso textual.

Esquema básico da comunicação publicitária

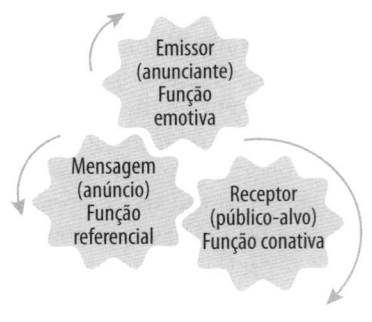

- Emissor (anunciante) — Função emotiva
- Mensagem (anúncio) — Função referencial
- Receptor (público-alvo) — Função conativa

Gráfico 3.7

Ilustrações de aplicação isolada e conjunta das funções da linguagem em diferentes modalidades de expressão

- Uso isolado da função conativa da linguagem em texto publicitário/publicidade estrangeira adaptada para o Brasil.

    Faça o que ele manda
    Ouça o que ele diz
    Confie nele
    Não o entregue tão facilmente
    Mas coloque-o em tudo o que você faz.
    Deixe-o bater forte
    Mantenha quem você ama perto dele
    Seja ele mole ou feito de pedra
    Cuide bem dele

Ele é a coisa mais importante que você possui
Ame seu coração.

Locução – áudio para rádio e televisão e fotograma de filme 30 segundos – Campanha Margarina Becel/2008[25.]

- Uso conjunto das funções emotiva e conativa da linguagem/letra de música brasileira.
- Uso isolado da função estética da linguagem em poemas/Literatura Brasileira.

Vozes veladas, veludosas vozes,
volúpias dos violões, vozes veladas,
vagam nos velhos vórtices velozes
dos ventos, vivas, vãs, vulcanizadas.

(João da Cruz e Souza, poeta simbolista, em "Violões que choram".)

Na paisagem do rio
difícil é saber
onde começa o rio;
onde a lama
começa do rio;
onde o homem,
onde a pele
começa da lama;
Onde começa o homem
naquele homem.

(João Cabral de Melo Neto – poeta neo-modernista, em "O cão sem plumas" in: *O cão sem plumas*. Alfagura © by herdeiros de João Cabral de Melo Neto.)

- Uso isolado da função fática da Linguagem em texto literário:

Bárbara interrogou-as; Natividade disse ao que vinha e entregou-lhe os retratos dos filhos e os cabelos cortados, por lhe haverem dito que bastava.
– Basta, confirmou Bárbara. Os meninos são seus filhos?
– São.
– Cara de um é cara de outro.
– São gêmeos; nasceram há pouco mais de um ano.
– As senhoras podem sentar-se.

(Machado de Assis, *Esaú e Jacó*, 1904, p. 3)[26]

- Uso conjunto das funções estética, emotiva e conativa da linguagem em poema/Literatura Brasileira.
- Uso isolado da função referencial da linguagem em texto jornalístico/jornalismo brasileiro.
- A maturidade do internetês: a grafia popularizada pela internet vai além das abreviações e consolida estilo informal e afetivo da comunicação escrita.
- Uso conjunto das funções conativa e referencial da linguagem em anúncio publicitário/publicidade brasileira.

Qual é a sua? Anunciar em um portal tradicional?
Ou anunciar no portal inovador em multimídia e projetos especiais?

A sua é falar com vários tipos de pessoa em um só lugar? A sua é anunciar no Terra. O Terra é visitado por mais de 9 milhões de internautas por mês. Tem mais de 2 milhões de assinantes, sendo 1,7 milhão só em banda larga. Isso significa não só liderança, mas também uma alta penetração nas classes A/B. Pense nisso na hora de programar sua mídia. Anuncie no Terra. A maior empresa de internet do Brasil.

(Anúncio impresso do Portal Terra/Telefonica. Revista *About*, n° 880, de julho de 2007.)

- Uso isolado da função referencial da linguagem em nota jornalística/jornalismo brasileiro.

O Plenário do Conselho de Ética do Conar, em sessão realizada aos 8 de fevereiro de 2007, aplicou ao anunciante Nestlé a medida de divulgação pública em razão de expressões e ilustrações empregadas na campanha e embalagem do produto Purina Beneful, alimento para cães. O caso foi submetido ao CONAR em 2004 por denúncia de anunciante concorrente, que questionou a veracidade da informação de texto sobre a presença de carne nobre na composição do produto, reforçada por ilustração de carne fresca. Esgotada a discussão do caso, em decisão irrecorrível, o Conselho de Ética recomendou a correção da campanha e da embalagem.

(Revista *About*, n° 892, de janeiro de 2008, p. 72.)

- Uso isolado da função emotiva da linguagem em poema/Literatura Portuguesa.

Saiba morrer o que viver não soube

Meu ser evaporei na lida insana
do tropel de paixões que me arrastava.
Ah! Cego eu cria, ah! mísero eu sonhava
em mim quase imortal a essência humana.
De que inúmeros sóis a mente ufana
existência falaz me não dourava!
Mas eis sucumbe Natureza escrava
ao mal, que a vida em sua origem dana.
Prazeres, sócios meus e meus tiranos!
Esta alma, que sedenta e si não coube,
no abismo vos sumiu dos desenganos.
Deus, ó Deus!... Quando a morte à luz me roube
ganhe um momento o que perderam anos
saiba morrer o que viver não soube.

Manuel Maria Barbosa du Bocage (1765-1805)[27]

- Uso isolado da função conativa da linguagem em *slogans* publicitários/publicidade brasileira e estrangeira.

Just do it [28]. Nike.
Keep walking. Johnnie Walker.[29]
Acredite na beleza. O Boticário.
Viva o amanhã. Avon.

- Uso isolado da função referencial da linguagem em *slogans*/publicidade brasileira.

Banco Safra. Tradição secular de segurança.
Se a marca é Cica, bons produtos indica.
O importante é ter Charm. Cigarros Charm.

O importante é ter saúde. Golden Cross.
Se é Bayer, é bom. Bayer.

- Uso conjunto das funções conativa e referencial da linguagem em anúncio publicitário impresso/publicidade brasileira.

    Anúncio página dupla impresso, com o título:
    "Sua família costuma falar pouco durante o jantar? A tendência é piorar."
    (Campanha Azeite Gallo/1991[30].)

- Uso isolado da função metalinguística da linguagem em poema/Literatura Portuguesa.

    O poeta é um fingidor
    Finge tão completamente
    Que chega a fingir que é dor
    A dor que deveras sente.
    E os que leem o que escreve,
    Na dor lida sentem bem,
    Não as duas que ele teve
    Mas só a que eles não têm.
    E assim nas calhas de roda
    Gira, a entreter a razão,
    Esse comboio de corda
    Que se chama coração.

    (Fernando Pessoa, "Ortônimo do poeta", em *Autopsicografia*[31].)

- Uso isolado da função referencial da linguagem em texto normativo oficial/Carta Magna.

    É dever da família, da sociedade e do Estado assegurar à criança e ao adolescente, com absoluta prioridade, o direito à saúde, à alimentação, à cultura, à dignidade, ao respeito, à liberdade e à convivência familiar e comunitária, além de colocá-los a salvo de toda forma de negligência, discriminação, crueldade e opressão.
    (Artigo nº 227 – Constituição Federal Brasileira/1988.)

- Uso conjunto das funções conativa e estética da linguagem em poema/Literatura Brasileira

    Tu, ontem,
    Na dança
    Que cansa
    Voavas
    Co'as faces
    Em rosas
    Formosas
    De vivo
    Lascivo
    Carmim;
    Na valsa
    Tão falsa,
    Corrias,
    Fugias,
    Ardente,
    Contente,
    Tranquila,

Serena,
Sem pena
De mim!

(Casimiro de Abreu, poeta romântico, em "A valsa".)

- ♦ Uso da função estética da linguagem em poema/Literatura Brasileira.

    Todos esses que aí estão
    Atravancando meu caminho,
    Eles passarão...
    Eu passarinho!

(Mário Quintana, poeta modernista, em "Poeminha do contra" in *Caderno H*, de Mario Quintana, São Paulo: Ed. Globo. © Elena Quintana.)

- ♦ Uso conjunto das funções conativa, emotiva e referencial da linguagem em discursos históricos antológicos dos acervos: italiano, português, brasileiro e norte-americano.

    Marco Túlio Cícero – filósofo e cônsul romano, em discurso de 63 a.C.

    "Até quando, oh, Catilina, abusarás da nossa paciência? Por quanto tempo ainda há de zombar de nós essa tua loucura? A que extremos se há de precipitar a tua audácia sem freio?

    (...) Oh, tempos, oh, costumes! Oh, deuses imortais! Em que país estamos nós, afinal? Que governo é o nosso? Em que cidade vivemos nós?

    Estão aqui, aqui dentro de nosso número, venerandos senadores, neste Conselho mais sagrado e mais respeitável da face da Terra, aqueles que meditam a morte de todos nós, aqueles que trazem no pensamento a destruição desta cidade e até a do mundo inteiro.

    É a estes que eu, como cônsul, tenho na minha frente, e lhes peço conselho acerca dos interesses do Estado, a eles, que deveriam ser passados a fio de espada, e que eu, nem com a palavra atinjo ainda".

(Marco Túlio Cícero – 1º cônsul de Roma, em excerto de: "Já não podes viver mais tempo conosco!" – primeiro de uma série de discursos contra Lúcio Sérgio Catilina, político considerado conspirador – proferido aos 8/11/63 a.C., no Templo de Júpiter, local para onde havia sido convocado o Senado de Roma, em caráter de emergência. Tradução de Padre Antonio Joaquim Vieira, in *Orações principais de Marco Túlio Cícero*, Lisboa: Réggia Off Typ. 1779, 1780). Disponível em: http//www.culturabrasil.org/cotilinaria.htm

Marques Rebelo – escritor brasileiro e membro da Academia Brasileira de Letras, em discurso de 1908

"Eu quase não sei dizer mais, nem sei que mais se possa dizer, quando as mãos que se apertavam no derradeiro encontro, se separam desta para a outra parte da eternidade.

Nunca ergui a voz sobre um túmulo, parecendo-me sempre que o silêncio era a linguagem de nos entendermos com o mistério dos mortos. Só o irresistível de uma vocação como a dos que me chamaram para órgão desses adeuses, me abriria a boca ao pé deste jazigo. (...)

Mestre e companheiro, disse eu que nos íamos despedir. Mas disse mal.

A morte não extingue: transforma; não aniquila: renova; não divorcia: aproxima".

(Marques Rebelo – em excerto do discurso fúnebre por ele proferido aos 29/9/1908, diante do caixão de Machado de Assis, seu grande amigo, em nome da Academia Brasileira de Letras/ABL, da qual Machado fora fundador e presidente, in *Antologia escolar brasileira*, 1975, "Despedida da Academia a Machado de Assis/Casa de Ruy Barbosa", p. 213.)

Martin Luther King – Pastor protestante e ativista político norte-americano, em discurso de 1963

"Eu tenho um sonho.

Apesar das dificuldades e frustrações do momento, ainda tenho um sonho. É um sonho profundamente enraizado no sonho americano. Tenho um sonho de que meus quatro pequenos filhos viverão um dia em uma nação onde não serão julgados pela cor de sua pele, mas pela qualidade de seu caráter. (…)

Esta é a nossa esperança. Esta é a fé com a qual regresso ao Sul. Com esta fé poderemos trabalhar juntos, orar juntos, lutar juntos, ir para a prisão juntos, ficarmos juntos em posição de sentido pela liberdade, sabendo que um dia seremos livres."

(Reverendo Martin Luther King – líder negro norte-americano, ícone da luta contra o racismo, em excerto de: "Que a liberdade ressoe!" – marcante pronunciamento dele, ocorrido diante de 250.000 pessoas, nas escadarias do Monumento a Abraham Lincoln, em Washington D.C., Estados Unidos da América, aos 28/8/1963, in KING JR., *The peaceful warrior*. Nova York: Pocket Books, 1968.)

EUA – Eleições
Texto completo do discurso de Obama após o anúncio de sua vitória eleitoral

Washington, 5 nov (EFE).– O presidente eleito dos Estados Unidos, Barack Obama, fez hoje seu discurso de vitória como uma nova demonstração de que em seu país "tudo é possível" e afirmou que "a mudança chegou aos EUA".

A seguir reproduzimos o texto completo de seu discurso, pronunciado diante de mais de 100 mil pessoas no Grant Park de Chicago (Illinois) por volta das 23h locais (3h, horário de Brasília):

"Olá, Chicago!

Se alguém aí ainda dúvida de que os Estados Unidos são um lugar onde tudo é possível, que ainda se pergunta se o sonho de nossos fundadores continua vivo em nossos tempos, que ainda questiona a força de nossa democracia, esta noite é sua resposta.

É a resposta dada pelas filas que se estenderam ao redor de escolas e igrejas em um número como esta nação jamais viu, pelas pessoas que esperaram três ou quatro horas, muitas delas pela primeira vez em suas vidas, porque achavam que desta vez tinha que ser diferente e que suas vozes poderiam fazer esta diferença.

É a resposta pronunciada por jovens e idosos, ricos e pobres, democratas e republicanos, negros, brancos, hispânicos, indígenas, homossexuais, heterossexuais, incapacitados ou não-incapacitados.

Americanos que transmitiram ao mundo a mensagem de que nunca fomos simplesmente um conjunto de indivíduos ou um conjunto de estados vermelhos e estados azuis.

Somos, e sempre seremos, os EUA da América.

É a resposta que conduziu aqueles que durante tanto tempo foram aconselhados por tantos a serem céticos, temerosos e duvidosos sobre o que podemos conseguir para colocar as mãos no arco da História e torcê-lo mais uma vez em direção à esperança de um dia melhor.

Demorou um tempo para chegar, mas esta noite, pelo que fizemos nesta data, nestas eleições, neste momento decisivo, a mudança chegou aos EUA.

Esta noite, recebi um telefonema extraordinariamente cortês do senador McCain.

O senador McCain lutou longa e duramente nesta campanha. E lutou ainda mais longa e duramente pelo país que ama. Aguentou sacrifícios pelos EUA que sequer podemos imaginar. Todos nos beneficiamos do serviço prestado por este líder valente e abnegado.

Parabenizo a ele e à governadora Palin por tudo o que conseguiram e desejo colaborar com eles para renovar a promessa desta nação durante os próximos meses.

Quero agradecer a meu parceiro nesta viagem, um homem que fez campanha com o coração e que foi o porta-voz de homens e mulheres com os quais cresceu nas ruas de Scranton e com os quais viajava de trem de volta para sua casa em Delaware, o vice-presidente eleito dos EUA, Joe Biden.

E não estaria aqui esta noite sem o apoio incansável de minha melhor amiga durante os últimos 16 anos, a rocha de nossa família, o amor da minha vida, a próxima primeira-dama da nação, Michelle Obama.

Sasha e Malia amo vocês duas mais do que podem imaginar. E vocês ganharam o novo cachorrinho que está indo conosco para a Casa Branca.

Apesar de não estar mais conosco, sei que minha avó está nos vendo, com a família que fez de mim o que sou. Sinto falta deles esta noite. Sei que minha dívida com eles é incalculável.

A minha irmã Maya, minha irmã Auma, meus outros irmãos e irmãs, muitíssimo obrigado por todo o apoio que me deram. Sou grato a todos vocês. E a meu diretor de campanha, David Plouffe, o herói não reconhecido desta campanha, que construiu a melhor campanha política, creio eu, da história dos EUA da América.

A meu estrategista chefe, David Axelrod, que foi um parceiro meu a cada passo do caminho.

À melhor equipe de campanha formada na história da política. Vocês tornaram isto realidade e estou eternamente grato pelo que sacrificaram para conseguir.

Mas, sobretudo, não esquecerei a quem realmente pertence esta vitória. Ela pertence a vocês. Ela pertence a vocês.

Nunca pareci o candidato com mais chances. Não começamos com muito dinheiro nem com muitos apoios. Nossa campanha não foi idealizada nos corredores de Washington. Começou nos quintais de Des Moines e nas salas de Concord e nas varandas de Charleston.

Foi construída pelos trabalhadores e trabalhadoras que recorreram às parcas economias que tinham para doar US$ 5, ou US$ 10 ou US$ 20 à causa.

Ganhou força dos jovens que negaram o mito da apatia de sua geração, que deixaram para trás suas casas e seus familiares por empregos que os trouxeram pouco dinheiro e menos sono.

Ganhou força das pessoas não tão jovens que enfrentaram o frio gelado e o ardente calor para bater nas portas de desconhecidos, e dos milhões de americanos que se ofereceram como voluntários e organizaram e demonstraram que, mais de dois séculos depois, um Governo do povo, pelo povo e para o povo não desapareceu da Terra.

Esta é a vitória de vocês.

Além disso, sei que não fizeram isto só para vencerem as eleições. Sei que não fizeram por mim.

Fizeram porque entenderam a magnitude da tarefa que há pela frente. Enquanto comemoramos esta noite, sabemos que os desafios que nos trará o dia de amanhã são os maiores de nossas vidas - duas guerras, um planeta em perigo, a pior crise financeira em um século.

Enquanto estamos aqui esta noite, sabemos que há americanos valentes que acordam nos desertos do Iraque e nas montanhas do Afeganistão para dar a vida por nós.

Há mães e pais que passarão noites em claro depois que as crianças dormirem e se perguntarão como pagarão a hipoteca ou as faturas médicas ou como economizarão o suficiente para a educação universitária de seus filhos.

Há novas fontes de energia para serem aproveitadas, novos postos de trabalho para serem criados, novas escolas para serem construídas e ameaças para serem enfrentadas, alianças para serem reparadas.

O caminho pela frente será longo. A subida será íngreme. Pode ser que não consigamos em um ano nem em um mandato. No entanto, EUA, nunca estive tão esperançoso como estou esta noite de que chegaremos.

Prometo a vocês que nós, como povo, conseguiremos.

Haverá percalços e passos em falso. Muitos não estarão de acordo com cada decisão ou política minha quando assumir a presidência. E sabemos que o Governo não pode resolver todos os problemas.

Mas, sempre serei sincero com vocês sobre os desafios que nos afrontam. Ouvirei a vocês, principalmente quando discordarmos. E, sobretudo, pedirei a vocês que participem do trabalho de reconstruir esta nação, da única forma como foi feita nos EUA durante 221 anos, bloco por bloco, tijolo por tijolo, mão calejada sobre mão calejada.

O que começou há 21 meses em pleno inverno não pode acabar nesta noite de outono.

Esta vitória em si não é a mudança que buscamos. É só a oportunidade para que façamos esta mudança. E isto não pode acontecer se voltarmos a como era antes. Não pode acontecer sem vocês, sem um novo espírito de sacrifício.

Portanto façamos um pedido a um novo espírito do patriotismo, de responsabilidade, em que cada um se ajuda e trabalha mais e se preocupa não só com si próprio, mas um com o outro.

Lembremos que, se esta crise financeira nos ensinou algo, é que não pode haver uma Wall Street (setor financeiro) próspera enquanto a Main Street (comércio ambulante) sofre.

Neste país, avançamos ou fracassamos como uma só nação, como um só povo. Resistamos à tentação de recair no partidarismo, na mesquinharia e na imaturidade que intoxicaram nossa vida política há tanto tempo.

Lembremos que foi um homem deste estado que levou pela primeira vez a bandeira do Partido Republicano à Casa Branca, um partido fundado sobre os valores da auto-suficiência e da liberdade do indivíduo e da união nacional.

Estes são valores que todos compartilhamos. E enquanto o Partido Democrata conquistou uma grande vitória esta noite, fazemos com certa humildade e a determinação para curar as divisões que impediram nosso progresso.

Como disse Lincoln a uma nação muito mais dividida que a nossa, não somos inimigos, mas amigos. Embora as paixões os tenham colocado sob tensão, não devem romper nossos laços de afeto.

E àqueles americanos cujo apoio eu ainda devo conquistar, pode ser que eu não tenha conquistado seu voto hoje, mas ouço suas vozes. Preciso de sua ajuda e também serei seu presidente.

E a todos aqueles que nos vêem esta noite além de nossas fronteiras, em Parlamentos e palácios, a aqueles que se reúnem ao redor dos rádios nos cantos esquecidos do mundo, nossas histórias são diferentes, mas nosso destino é comum e começa um novo amanhecer de liderança americana.

A aqueles que pretendem destruir o mundo: vamos vencê-los. A aqueles que buscam a paz e a segurança: apoiamo-nos.

E a aqueles que se perguntam se o farol dos EUA ainda ilumina tão fortemente: esta noite demonstramos mais uma vez que a força autêntica de nossa nação vem não do poderio de nossas armas nem da magnitude de nossa riqueza, mas do poder duradouro de nossos ideais: democracia, liberdade, oportunidade e firme esperança.

Lá está a verdadeira genialidade dos EUA: que o país pode mudar. Nossa união pode ser aperfeiçoada. O que já conseguimos nos dá esperança sobre o que podemos e temos que conseguir amanhã.

Estas eleições contaram com muitos inícios e muitas histórias que serão contadas durante séculos. Mas uma que tenho em mente esta noite é a de uma mulher que votou em Atlanta.

Ela se parece muito com outros que fizeram fila para fazer com que sua voz seja ouvida nestas eleições, exceto por uma coisa: Ann Nixon Cooper tem 106 anos.

Nasceu apenas uma geração depois da escravidão, em uma era em que não havia automóveis nas estradas nem aviões nos céus, quando alguém como ela não podia votar por dois motivos - por ser mulher e pela cor de sua pele.

Esta noite penso em tudo o que ela viu durante seu século nos EUA – a desolação e a esperança, a luta e o progresso, às vezes em que nos disseram que não podíamos e as pessoas que se esforçaram para continuar em frente com esta crença americana: Podemos.

Em uma época em que as vozes das mulheres foram silenciadas e suas esperanças descartadas, ela sobreviveu para vê-las serem erguidas, expressarem-se e estenderem a mão para votar. Podemos.

Quando havia desespero e uma depressão ao longo do país, ela viu como uma nação conquistou o próprio medo com uma nova proposta, novos empregos e um novo sentido de propósitos comuns. Podemos.

Quando as bombas caíram sobre nosso porto e a tirania ameaçou ao mundo, ela estava ali para testemunhar como uma geração respondeu com grandeza e a democracia foi salva. Podemos.

Ela estava lá pelos ônibus de Montgomery, pelas mangueiras de irrigação em Birmingham, por uma ponte em Selma e por um pregador de Atlanta que disse a um povo: "Superaremos". Podemos.

O homem chegou à lua, um muro caiu em Berlim e um mundo se interligou através de nossa ciência e imaginação.

E este ano, nestas eleições, ela tocou uma tela com o dedo e votou, porque após 106 anos nos EUA, durante os melhores e piores tempos, ela sabe como os EUA podem mudar.

Podemos.

EUA avançamos muito. Vimos muito. Mas há muito mais por fazer. Portanto, esta noite vamos nos perguntar se nossos filhos viverão para ver o próximo século, se minhas filhas terão tanta sorte para viver tanto tempo quanto Ann Nixon Cooper, que mudança virá? Que progresso faremos?

Esta é nossa oportunidade de responder a esta chamada. Este é o nosso momento. Esta é nossa vez.

Para dar emprego a nosso povo e abrir as portas da oportunidade para nossas crianças, para restaurar a prosperidade e fomentar a causa da paz, para recuperar o sonho americano e reafirmar esta verdade fundamental, que, de muitos, somos um, que enquanto respirarmos, temos esperança.

E quando nos encontrarmos com o ceticismo e as dúvidas, e com aqueles que nos dizem que não podemos, responderemos com esta crença eterna que resume o espírito de um povo: Podemos.

Obrigado. Que Deus os abençoe. E que Deus abençoe os EUA da América".

Devolutiva sugerida nº 1:
* Selecione quatro anúncios veiculados no país, em mídia impressa, criados com base no uso isolado de quatro das funções de linguagem estudadas neste capítulo: referencial, conativa, emotiva e estética. Em seguida, altere a função de linguagem que regeu a criação original de cada um dos anúncios selecionados e recrie as peças.

Objetivos:
* Verificação dos direcionamentos das mensagens mediante o uso das funções da linguagem.
* Familiarização com a teoria das funções da linguagem aplicada em Redação Publicitária.

Devolutiva sugerida nº 2:
* A partir da observação de anúncios em veiculação no país, selecione três que apresentem, a seu ver, a inscrição de *slogan* adequado ao perfil da marca anunciante, e três que apresentem *slogans* incompatíveis com a natureza da marca anunciante. Em seguida, crie uma marca fictícia e um *slogan* adequado a seu perfil.
* Justifique suas respostas.

Objetivos:
* Estímulo ao estudo do perfil e da ideologia de marcas e avaliação de sua compatibilidade com os *slogans* criados.
* Familiarização com a teoria que diferencia: título/texto/*slogan* na redação publicitária impressa.

Notas

11 *Job* significa "ordem de serviço"; trata-se de uma solicitação formal escrita e referendada de trabalho, com delimitação do prazo de entrega, vinda do anunciante para a agência de Publicidade. Uma vez entregue, o *job* parte do Departamento de Atendimento da agência de Publicidade para o Setor de Criação, onde o trabalho será executado. Nele, estão predefinidos os pedidos e procedimentos a serem adotados pelos profissionais de Criação e é a partir daí que se elaboram as tarefas a serem apresentadas ao cliente *a posteriori*.

12 "Viúva tira o atraso no supermercado". A recorrência à linguagem popular ou à gíria, neste caso, uma estratégia baseada em humor, nos moldes da redação do antigo jornal sensacionalista *Notícias Populares*. A expressão "tira o atraso" seria uma alusão aos preços baixos praticados pelo estabelecimento. (PLATÃO; FIORIN. *Lições de texto: leitura e redação*. São Paulo: Ática, 1996.)

13 "Maconha. O que é verdade e o que é viagem". A utilização da gíria "viagem" no lugar da palavra "imaginação", neste exemplo, é uma provável tentativa de aproximar a linguagem do anúncio ao jargão utilizado pelos jovens, por ocasião do tema abordado. Acessado em 10/1/2009: http://www.fnazca.com.br.

14 A redução da palavra "para" ("pra"), embora seja expediente usual na linguagem publicitária, ocorre neste exemplo com muita proximidade, o que desvaloriza a forma verbal aplicada.

15 Figura 3.1: anúncio com ênfase visual, parte da campanha publicitária das Sandálias Havaianas, da São Paulo Alpargatas. Criação da agência de Publicidade ALMAP-BBDO, de São Paulo. Acessado em 10/8/2008: http://www.anuariodecriacao.com.br e http://www.almapbbdo.com.br.

16 Figura 3.2: anúncio com ênfase totalmente voltada ao código imagético, componente da campanha publicitária das Sandálias Havaianas, da São Paulo Alpargatas. Criação da agência de Publicidade ALMAP-BBDO, de São Paulo. Acessado em 22/12/2008: http://www.metaanalise.com.br.

17 *Target*, terminologia também mantida em inglês e bastante usual no jargão publicitário, significa literalmente "público-alvo".

18 *Prospect* é mais um termo mantido em inglês, amplamente disseminado no jargão publicitário. Significa "cliente/anunciante de interesse" a ser conquistado por uma agência de Publicidade. O verbo "prospectar" é uma derivação coloquial dele, aplicada com certa regularidade apenas em circuito profissional,

para designar a ação de "conquistar". É também um neologismo/anglicismo em vias de estabelecimento dicionarizado no Brasil.

9 *Broadside* é uma peça publicitária de porte médio, semelhante a um catálogo paginado, feita pelo anunciante e dirigida especificamente ao revendedor de seu produto, e não ao grande público. Nele, é explicitada a caracterização do produto a ser comercializado, bem como todo o esforço comunicacional previsto para sua sustentação no mercado. É uma peça preparatória, que antecede a comunicação do anunciante com o público-alvo.

10 *Mix* significa hibridização, associação ou conjunção de elementos concretos ou abstratos, expressa a um só tempo.

11 Extraído de http://quasepublicitarios.wordpress.com/2010/07/01/um-breve-estudo-sobre-titulos-publicitarios/

12 Acessado em 10/2/2009, http://www.samsungexperience.com.br.

13 Os anúncios assinalados foram criados, respectivamente, pelas agências de Publicidade: Full Jazz e F/Nazca Saatchi & Saatchi, de São Paulo. Acessado em 11/2/2009: http://www.meioemensagem.com.br – *Newsletter*.

14 O anúncio citado é criação da agência de Publicidade Media Contacts, de São Paulo. Acessado em 11/2/2009: http://www.meioemensagem.com.br – *Newsletter*.

15 Disponível em: *CENP Em Revista* nº 15, de outubro 2008.

16 *Déjà-vu* é uma expressão da língua francesa, que significa "excessivamente visto".

17 Ambos os filmes, respectivamente intitulados "Pensamentos" e "Perguntas", são criações da agência de Publicidade F/Nazca Saatchi & Saatchi, de São Paulo, e encontram-se disponíveis em: http://www.fnazca.com.br

18 O filme de Natura Chronos se intitula "Rostos" e é criação da agência de Publicidade Taterka, de São Paulo. Disponível em: http://lopoliti.com/2010/05/31/filme-da-semana-natura-kronos-rostos/

19 Matéria intitulada "*Uma epopeia na propaganda*", escrita por Nelson Cadena; e anúncio de Bromil disponíveis na página de abertura do *website*: http://www.net.propaganda.com.br/materia/id/?=631

20 *Link* significa "conexão". Trata-se de uma nomenclatura comum no universo da Publicidade, empregada em seu cotidiano simples. A coligação entre as peças de uma campanha publicitária é condição fundamental para que esta seja reconhecida como organismo unificado de expressão. A quebra ou a não manutenção do *link* origina, entre outros prejuízos, a perda da unicidade temática das peças de uma campanha e o não reconhecimento delas em paralelismo, por parte dos *targets*. Sua ocorrência, portanto, é temível e indesejável em qualquer circunstância.

21 A seleção apresentada dos 50 *slogans* mais memorizados do país, em *100 anos de propaganda*, foi feita pela equipe da Estação da Propaganda e publicada em 6/12/2006. Disponível em: http://www.ifd.com.br/blog Acessado em 20/11/2007.

22 *Busdoor* significa "cartaz de médio porte acoplado em partes externas de ônibus". Destina-se a divulgar mensagens preferencialmente publicitárias. O *busdoor* pode estar colocado na traseira ou nas laterais exteriores dos ônibus. Tem a função de apresentar mensagens sintetizadas certeiras, para serem lidas pelo público com o veículo em movimento, dentro de um cenário adverso, carregado de ruídos, poluição aérea e sonora, pessoas e carros em trânsito, e toda a composição feérica, própria do ambiente instável em que está inserido.

23 *Folder* é uma peça impressa muito utilizada na Publicidade chamada direta, quando o objetivo da mensagem é ser endereçada individualmente ou entregue em mão ao público-alvo. *Folders*, para serem caracterizados como tal, devem ter mais de uma dobra em sua formatação final, e não apenas uma. A peça que

é formatada com uma única dobra é denominada folheto, que, por sinal, tem as mesmas função e destinação do *folder*.

24 *Making of* significa "maneira de se fazer" ou "forma como foi feito". Trata-se de uma expressão da língua inglesa não traduzida e de uso corrente e mais notável em universos culturais e comunicacionais, incluindo-se neles o Cinema, a Televisão, o Teatro, a Publicidade, por exemplo. Ela se presta a nomear o processo de registro dos bastidores durante a montagem de espetáculos, documentários, filmagens, eventos artísticos ou culturais de porte considerável. O *making of* não obedece necessariamente a uma progressão temporal cronológica, nem encadeia ações com coesão; antes, é composto pela seleção editada de cenas e momentos interessantes, sejam eles positivos, negativos, engraçados, surpreendentes, ocorridos por ocasião do processo concreto de produção de determinado evento.

25 A campanha citada é criação da agência de Publicidade BBH, de Londres, Inglaterra, e adaptada no Brasil pela agência Neogama/BBH, de São Paulo. Acessado em 20/10/2008: http://vounessa.terra.com.br.

26 Este é o penúltimo romance escrito por Machado de Assis, e reflete com maestria sua ambígua posição política. A obra pode ser acessada por completo em: http://www.dominiopublico.gov.br/download/texto/bn000030.pdf

27 Disponível em http://www.releituras.com/bocage_morrer.asp.

28 A tradução ao Português do *slogan* da marca Nike, construído com a função conativa da linguagem, é: Apenas faça.

29 A tradução ao Português do *slogan* da marca Johnnie Walker, construído com a função conativa da linguagem, é: Continue caminhando.

30 Anúncio de campanha do Azeite Gallo/2003. Acessado em 10/1/2009. http://www. mundodasmarcas.blogspot.com.

31 *Autopsicografia*, de Fernando Pessoa, publicado em 4/10/2008 por Alcir de Vasconcelos Alvarez Rodrigues em http://www.webartigos.com. Fonte: http://www.webartigos.com/articles/9836/1/Autopsicografia-E-Fernando-Pessoa/pagina1.html#ixzz0slgzQmy7

Capítulo 4

Tipificação de padrões

De forma dicionarizada, ao termo "estrutura" relacionam-se os sinônimos: armação, esqueleto, disposição, arcabouço, entre outros. Para explicação de seu significado, define-se estrutura como organização das partes de um sistema que o caracteriza permanentemente[1].

Com isso, pode-se entender "estrutura" como conjunto dos fundamentos formadores de determinado sistema. Uma vez atribuído o qualificador "discursiva" ao substantivo concreto "estrutura", circunscreve-se o enfoque da matéria a textos verbais.

Tem-se então, em resumo, que estrutura discursiva é o que se compreende por base organizacional de textos verbais.

Admitem-se e distinguem-se três padrões estruturais discursivos, ou estruturas discursivas, abaixo tipificadas, cada uma com suas próprias características e funções, as quais serão predefinidas e exemplificadas ao longo deste capítulo.

São elas:

- *Estrutura discursiva formal descritiva;*
- *Estrutura discursiva formal narrativa;*
- *Estrutura discursiva formal dissertativa.*

O domínio das peculiaridades de cada uma delas, a fim de se reconhecer com segurança a mais indicada para basear o manifesto publicitário, caso a caso, é uma das competências esperadas do bom redator.

Embora exista uma presença mais intensificada da estrutura formal discursiva dissertativa em Redação Publicitária, esta é uma iniciativa que se propõe a demonstrar que as três, igualmente, podem ter uso capitalizado em anúncios direcionados à divulgação de quaisquer produtos, serviços ou causas.

Estabelecer as distinções conceituais e funcionais entre elas, por meio do detalhamento dos mecanismos e particularidades de cada uma, é o propósito especial desta abordagem.

```
            Padrões
           estruturais
     ┌─────────┼─────────┐
 Descritivo  Narrativo  Dissertativo
```
Gráfico 4.1

Estruturas discursivas formais

Estrutura discursiva formal descritiva: elementos dispostos em situação de estaticidade e simultaneidade

> *O sertanejo é, antes de tudo, um forte. Não tem o raquitismo exaustivo dos mestiços neurastênicos do litoral. A sua aparência, entretanto, ao primeiro lance de vista, revela o contrário. Falta-lhe a plástica impecável, o desempenho, a estrutura corretíssima das organizações atléticas. É desgracioso, desengonçado, torto. Hércules-Quasímodo, reflete no aspecto a fealdade típica dos fracos. O andar sem firmeza, sem aprumo, quase gingante e sinuoso, aparenta a translação dos membros desarticulados. Agrava-o a postura normalmente acurvada, num manifestar de displicência que lhe dá um caráter de humildade deprimente. É o homem permanentemente fatigado. Reflete a preguiça invencível, a atonia muscular perene em tudo.*
> (Euclides da Cunha, *Os sertões*, 1898, p. 12.)

A pergunta deflagradora do discurso descritivo pode ser resumida a: "Como é?"

A descrição produz uma representação do mundo. Por meio de palavras, ela constrói a imagem de um objeto e a transporta à mente do leitor. Trata-se de um discurso figurativo, isto é, um manifesto verbal que trabalha com figuras pertencentes ao plano concreto do entendimento humano. Trata-se, também, de um discurso notadamente estático, uma vez que não depende de um eixo temporal em progressão cronológica ou psicológica para se consolidar. Entre os enunciados de uma descrição não há, portanto, relações que remetam a um tempo passado nem a um futuro.

Concentrada pontualmente num objeto[2] inserido em determinados contexto e momento, a descrição presta-se a arrolar traços caracterizadores com real poder de individualizá-lo, para, então, projetá-lo na mente de quem não o vê ou não o conhece. A simultaneidade entre esses traços é a característica-mestra da descrição.

Assim, por meio de pertinente seleção de qualificadores, é possível descrever objetos tangíveis e também intangíveis, como: uma pessoa, um ambiente, uma família, um sentimento, um animal, um estado de alma, uma doença, uma tendência arquitetônica, uma reação humana, uma corrente artística, um desempenho, uma notícia, um relacionamento (...), por exemplo, em igual escala de precisão, de modo a esclarecê-los e aproximá-los da compreensão do receptor.

Uma interferência de Othon M. Garcia (1973) simplifica a noção: "Descrição é a representação verbal de um objeto sensível (ser, coisa, paisagem), através da indicação dos seus aspectos mais característicos, dos pormenores que o individualizam, que o distinguem"[3].

Por recriar com palavras a imagem de determinado objeto no imaginário do leitor, o discurso descritivo é conhecido informalmente como uma fotografia verbal, expressão bastante difundida e compartilhada pelos professores Maria Margarida Andrade e João Bosco Medeiros, ao se referirem a ele: "(...) a Descrição é o tipo de discurso em que o escritor se vale de determinada estrutura fraseológica para transmitir a sensação de uma fotografia". (ANDRADE; MEDEIROS, 1997, p. 130)

Porém, essa fotografia verbal, assim como qualquer outra, pode ser revelada de duas formas: uma, em estado puro; outra, com retoques, ambas, em seguida, expandidas.

Descrição objetiva: representação do objeto em estado puro

Majestoso e astuto, o tigre é o animal de maior porte, o mais pesado da família dos felinos e muito temido por outros animais e humanos. O Tigre de Bengala possui o clássico pelo cor de laranja e preto, maxilares poderosos, armados com dentes caninos afiados, patas enormes e garras retráteis com poder letal. É atento, patrulha o seu próprio território e gosta de caçar sozinho, com premeditação e frieza, perseguindo furtiva e silenciosamente sua presa, ou matando-a em emboscada. De uma força imensurável, consegue derrubar e abater predadores maiores do que ele próprio com um só golpe.

(O fascinante mundo animal –
Adaptação, São Paulo, IMP, v. I / Mamíferos terrestres, p. 1)

A descrição, quando se torna manifestação expressa, pode se apresentar de maneira clara e objetiva ao entendimento do Receptor, caso o sujeito enunciador fique resguardado, limite seu julgamento de valor e enfoque o objeto, por si, como princípio do discurso.

Neste caso, será elaborada, então, uma descrição objetiva, modelo que orienta, por meio de traços visíveis e consensuais, a formação de uma imagem racional e indiscutível de determinado objeto. Prevalecerá, então, o objeto descrito, e não o sujeito que o descreve. Prevalecerá, também, uma retórica lógica, isenta e denotativa em relação ao objeto em questão.

Exemplo de descrição objetiva de ambiente: a cidade de Nova York/EUA, em 11/9/2001:

- Prevalência do objeto descrito em estado puro;
- Texto jornalístico.

Um cheiro embrulha o estômago

A ponte que ligava as duas torres está a dez metros de distância, sobre dois carros da polícia e quatro caminhões dos bombeiros. Enfermeiros carregam uma maca com o corpo de um bombeiro decapitado. O ar está tomado por uma mistura de pó branco com fumaça preta. É meio-dia, mas está escuro como a noite. No que sobrou do asfalto, um tapete de papel picado. Há um cheiro doce de queimado, que embrulha o estômago. Os alarmes se juntam às sirenes. Não há ordem aparente.
(Sérgio Dávila, de Nova York. Jornal *Folha de S.Paulo*, 12/9/2001, 1ª página)

Na descrição objetiva ocorre o padrão: objeto pelo objeto.

Não apenas com o auxílio do recurso gramatical adjetivação, como provedor dos qualificadores selecionados, a descrição também pode ser bem arquitetada por meio de breves ações isoladas atribuídas ao objeto, com a finalidade de transmitir uma noção mais fidedigna de seu comportamento, em alguns contextos.

Consideram-se ações isoladas quaisquer movimentos que não obedeçam a uma progressão temporal, mas que sejam mencionadas, apenas, como atitudes caracterizadoras circunstanciais, gestos repetitivos, por exemplo, tais como se estivessem congelados no tempo. Elas não progridem, não regridem nem se alteram, apenas fazem parte do *modus vivendi*[4] ou do *modus operandi*[5] do objeto descrito.

Assim, quando se diz algo como: "Ele *fala muito alto* e *gesticula demais* para um padre"...; "Os passageiros *andavam de um lado para outro* no aeroporto lotado"...; "Era uma criança que, frente ao pai, *torcia as mãos* e *virava o rosto* o tempo todo"..., produziu-se o discurso descritivo por meio de *ações isoladas, próprias do comportamento* de determinado objeto, e não por meio de *traços formadores* desse objeto.

Exemplo de descrição objetiva de ambiente: a capital americana Washington, em 11/9/2001:

- Prevalência de ações isoladas sobre traços caracterizadores do objeto descrito;
- Texto jornalístico.

Washington sente-se vulnerável

Uma sensação inédita de vulnerabilidade atingiu o centro político e militar dos EUA, nação mais poderosa do mundo. Pessoas andavam a esmo com crachás. Outras tentavam, sem sucesso, usar seus celulares. O trânsito, restrito por dezenas de bloqueios, ficou caótico. Ninguém podia chegar a menos de três quarteirões da Casa Branca. Turistas, atônitos, pediam ajuda a policiais portando metralhadoras. A fumaça preta vinda do Pentágono misturava-se à imagem do obelisco de Washington.
(Márcio Aith, de Washington. Jornal *Folha de S.Paulo*, 12/9/2001, 1ª página)

O exemplo a seguir facilita uma melhor verificação desse mecanismo. Quando se leem os trechos: "Pessoas andavam a esmo com crachás"; "Outras tentavam, sem sucesso, utilizar seus celulares"; "Turistas, atônitos, pediam ajuda a policiais portando metralhadoras (...)", percebe-se nas ações isoladas neles contidas uma clara relação de ocorrência simultânea, porém não encadeada ou interdependente. Há várias ações concomitantes registradas no fragmento jornalístico que descreve parte do cenário de Washington no atentado terrorista de 11 de setembro de 2001, logo após a queda dirigida de um avião civil norte-americano sobre o Pentágono, zona militar de segurança máxima. É possível notar que tais ações são efetuadas em simultaneidade e poderiam perfeitamente estar dispostas em ordem diferente da original, sem que fosse ocasionada qualquer deturpação, ruptura ou perda do nexo lógico do quadro descrito.

Se, porventura, em uma delas tivesse havido maior desdobramento, ou mesmo discreta continuidade, ocorreria uma alteração, e se configuraria então, outro discurso, denominado narrativo, e não mais o descritivo, uma vez que a linha do tempo cronológico ou psicológico teria sido ativada. A tessitura do texto, então, modificar-se-ia em definitivo, registrando esses dois tipos de estruturas discursivas – descrição e narração – operando em complementaridade.

A descrição objetiva, por fim, não deve ser confundida com a simples dicionarização de um termo ou objeto. A dicionarização tem cunho descritivo em sua gênese, mas se presta à definição técnica, à entrega exata do significado, é mais fria que a descrição objetiva e obedece a um padrão oficial normativo.

Equivocadamente, em muitos casos, tanto a descrição objetiva como a dicionarização fazem as vezes de texto publicitário, quando, na verdade, quase nunca conseguem cumprir essa função com a eficiência esperada. Por serem denotativas, insípidas e terem natureza racional, não são capazes de reproduzir o apelo à fantasia, ao sonho, campos de projeção vitais no universo da Publicidade.

> **Exemplo de dicionarização:**
>
> - Natureza: capa de livro;
> - Livro: *Sugar Blues: o gosto amargo do açúcar*, de William Dufty. Ground.
>
> **Reprodução do texto inscrito na capa do livro:**
>
> Sugar. Açúcar. (Do sânscrito çarkara, "grãos de areia", prácrito sakkar, atr. do árabe as-sukkar) S.m. Sacarose refinada, $C_{12}H_{22}O_{11}$, produzida pelo múltiplo processamento químico do suco da cana-de-açúcar ou da beterraba e pela remoção de toda a fibra e proteína, que representam 90% da planta.
> Blues. Um estado de depressão ou melancolia revestido de medo, ansiedade, desconforto físico (frequentemente expresso liricamente como uma crônica autobiográfica de um desastre pessoal).
> Sugar Blues. Múltiplas penúrias físicas e mentais causadas pelo consumo de sacarose refinada, comumente chamada açúcar.
> (William Dufty. *Sugar Blues: o gosto amargo do açúcar*, 1975 – capa.)

Mesmo assim, em anúncios de alguns produtos, a exemplo de automóveis e telefones celulares, essas estruturas têm tido presença marcante, fazendo o papel de Redação Publicitária, especialidade que se funda na plataforma da subjetividade com mais ênfase do que na da objetividade e faz incursões maiores na esfera emocional do entendimento humano do que na racional. Por essa razão, a descrição objetiva e a dicionarização pura e simples são consideradas resoluções verbais pouco rentáveis e muitas vezes contraproducentes para uso nesse sentido.

A descrição objetiva, no entanto, responde bem no âmbito do planejamento, como linguagem indicada a *briefings*, catálogos e fichas técnicas de produtos e serviços, por conta de seu perfil neutro e impessoal, recomendável aos propósitos de tais documentos.

Descrição subjetiva: representação do objeto pelo olhar do sujeito

> *A Rua do Ouvidor, a mais passeada e concorrida, e mais leviana, indiscreta, bisbilhoteira, esbanjadora, fútil, noveleira, poliglota e enciclopédica de todas as ruas da cidade do Rio de Janeiro, fala, ocupa-se de tudo; até hoje, porém, ainda não referiu a quem quer que fosse a sua própria história.*
> (Joaquim Manuel de Macedo, memórias da Rua do Ouvidor, 1844, p.1)

Sob outro prisma, o discurso descritivo poderá estar comprometido com o crivo opinativo do sujeito enunciador, que, se o compuser de forma notadamente pessoal, retratará o objeto de modo subjetivo, conferindo-lhe sua visão particular. Esta tanto pode ser coerente como tendenciosa, imprecisa ou até mesmo distorcida, já que concebida de acordo com suas emoções e por meio de uma seleção de traços não visíveis a qualquer pessoa, não consensuais e, portanto, discutíveis em relação à sua exatidão.

A esse tipo de descrição, mais voltada para uma ótica pessoal e emocional, dá-se o nome de descrição subjetiva, aquela que está diretamente ligada à opinião do enunciador sobre o objeto. Nesse caso, haverá a prevalência do sujeito que descreve, e não do objeto descrito. Prevalecerá, também, uma retórica implicativa, associativa e interpretativa em relação ao objeto descrito.

Assim, na descrição subjetiva ocorre o padrão: objeto pelo sujeito.

> **Exemplo de descrição subjetiva de ambiente: a cidade de Nova York/EUA, em 11/9/2001:**
> - Prevalência do ponto de vista do sujeito sobre o objeto descrito;
> - Texto jornalístico.
>
> **Império estilhaçado**
> A mega ponte, outrora imponente, marca ostensiva do imperialismo norte-americano, que antes ligava as duas imensas torres envidraçadas, abrigo de corporações capitalistas selvagens, agora está destroçada. É paradoxal e impressionante a paisagem caótica que se vê hoje em todos os cantos da cidade de Nova York em relação à cultura egocêntrica do povo americano, sempre seguro da invulnerabilidade de seu país.
> (Material didático autoral - Maio/2008)

Como já visto, a adjetivação é o recurso gramatical mais recorrente na composição do discurso descritivo. Contudo, é oportuno lembrar que não é por conta da profusão nem do uso indiscriminado de adjetivos que se processará a boa descrição, mas sim pela escolha inteligente de cada um deles, a qual, mesmo sendo econômica, pode produzir o efeito de fidelização ao objeto descrito, entregando-o com eficiência ao leitor.

Machado de Assis, em uma de suas mais célebres obras, *Dom Casmurro*, constrói uma concisa, mas inesquecível descrição subjetiva da antológica personagem Capitu, valendo-se de expressões, como: "olhos de ressaca"; "cigana oblíqua e dissimulada", na intenção de retratar a profunda complexidade da personagem, um tanto incomum para a época em que se dá a história que ela coprotagoniza.

Ao final da narrativa, o leitor absorve bem essa intrigante definição de Capitu, quando se depara com o desfecho inesperado da história, motivo de discussões e controvérsias até os dias de hoje.

> **Exemplo de descrição subjetiva de pessoa/personagem:**
> - Prevalência da ótica do sujeito sobre o objeto descrito;
> - Texto em prosa literária.
>
> Tinha me lembrado da definição que José Dias dera deles, "olhos de cigana oblíqua e dissimulada". (...) Retórica dos namorados, dá-me uma comparação exata e poética para dizer o que foram aqueles olhos de Capitu. Não me acode imagem capaz de dizer sem quebra da dignidade do estilo, o que eles foram e me fizeram. Olhos de ressaca? Vá, de ressaca. É o que me dá idéia daquela feição nova. Traziam não sei que fluido misterioso e enérgico, uma força que arrastava para dentro, como a vaga que se retira da praia nos dias de ressaca.
> (Machado de Assis. *Dom Casmurro*, 1986, p. 46)

Existem ainda descrições que, uma vez tendo seu objeto enquadrado em correntes de pensamento, ideologias, filosofias, movimentos sociais, políticos, religiosos, são tipificadas como subjetivas por revelarem, em uma ótica amplificada, *a visão de mundo do contexto* em que estão inscritas, e não propriamente *a visão de mundo do enunciador* que a produz.

Para ilustrar essa possibilidade, foi selecionada uma ilustração extraída da Bíblia. Nos versículos reproduzidos, a descrição subjetiva de "amor" está vinculada, em primeira análise, aos preceitos do Cristianismo, macroestrutura do contexto Bíblia, e não apenas ao ponto de vista de um indivíduo, no caso, Paulo, o apóstolo de Jesus Cristo, que a proferiu em uma pregação aberta do Evangelho ao povo de Corinto, na Grécia, sua primeira epístola dirigida àquela cidade.

> O amor é sofredor, é benigno. O amor não é invejoso, não trata com leviandade, não se ensoberbece, não se porta com indecência, não busca seus próprios interesses, não se irrita, não suspeita mal, não folga com a injustiça, mas folga com a verdade. Tudo sofre, tudo crê, tudo espera, tudo suporta. O amor jamais acaba.
> (Bíblia sagrada – Novo Testamento/I Coríntios – 13: 4-7)

Em Publicidade, o discurso descritivo está bem indicado para situações de lançamento de produtos no mercado, por exemplo, quando é necessário que eles sejam "desenhados", ou apresentados em maiores detalhes ao público-alvo, e assim lhe estimulem o desejo de compra, seja essa sensação produzida pelo arrolamento de características informacionais do produto ➙ repercussão racional; seja pela imagem projetada desse produto ➙ repercussão emocional.

O recente lançamento da Linha Tododia Verão, da Natura Cosméticos, veiculação 2010, foi realizado mediante uma campanha de cunho implicativo/emocional, moldada na estrutura descritiva subjetiva que busca associar, de forma poética, o produto Tododia Verão à atmosfera dessa estação. A locução dos filmes, atraente em relação à escolha vocabular e à sonoridade das rimas, é inteiramente firmada na figura de linguagem metáfora e descreve as sensações próprias do verão. Sugestiva, foi muito bem recebida e lembrada pelo público-alvo.

> **Exemplo de descrição subjetiva – Filme 30 segundos**
>
> Anunciante: Natura Cosméticos – Produto: Tododia Verão
> Agência de Publicidade: Taterka Comunicações – SP
> Título: Sensações
>
> A alegria é a rotina do verão
> A ousadia é a rotina da invenção
> A brisa é a rotina da carícia
> A rotina da água é a delícia
> O encontro é a rotina da esquina
> A rotina dos olhos é a menina
> A sensação é a rotina do calor
> A rotina do corpo é o frescor
> A rima é a rotina da poesia
> A rotina da folga é o meio-dia
> A liberdade é a rotina de ser
> A rotina dos sentidos é o prazer
> Natura Tododia Verão
> Hidrata 24 horas e refresca[6]

A descrição pode igualmente funcionar como ferramenta de reafirmação de algo já conhecido pelo *target*, no intuito de reativar-lhe sinestesicamente a lembrança e, mais uma vez, despertar nele o desejo de consumo, sendo estratégia verbal aplicada na Publicidade de marcas consagradas.

A cadeia de lanchonetes *fast food*[7] norte-americana McDonald's há algum tempo recorreu à descrição objetiva para nortear a confecção da redação inteira da trilha de um comercial para televisão e um *jingle* para rádio. A base textual oral do áudio das peças eletrônicas, devidamente suplementada por recursos audiovisuais *hi-tech*[8], resumia-se à simples discriminação cantada dos ingredientes que compunham um famoso prato de seu cardápio: o sanduíche Big Mac, uma quase metonímia da empresa.

O *jingle*, embora de simples execução como peça verbal, trouxe excelentes resultados à marca, especialmente quanto à sua memorização em nível coletivo, vindo a se tornar instantaneamente um bordão nacional, disseminado e repetido entre consumidores e não consumidores do produto, por longo período de tempo.

Ele simplesmente entregava a receita do sucesso.

Exemplo de descrição objetiva do hambúrguer Big Mac, aplicada em Redação Publicitária:

Prevalência do objeto em estado puro
Texto publicitário eletrônico – Anunciante: McDonald's/2000

Dois hambúrgueres, alface, queijo, molho especial, cebola e picles num pão com gergelim.
McDonald's![9]

A anunciante Brastemp também marcou época com uma estrutura verbal construída na plataforma descritiva, no caso, subjetiva, em famosa campanha publicitária veiculada maciçamente no final da década de 1990, arrematada pelo *slogan:*

Brastemp. Não tem comparação.

o qual, por haver sido idealizado sob a forma de negação, tencionava criar uma conexão às avessas entre beleza e qualidade (atributos presumíveis dos eletrodomésticos anunciados) e o nome da empresa. Tanto esse *slogan,* como sua variante:

Não é assim... uma Brastemp...[10]

conforme aconteceu com o de McDonald's, acima ilustrado, transformaram-se em bordões recitados durante bom tempo no país quando se queria fazer referência a algo ou a alguém não tão atraente, confiável ou bem qualificado.

Semelhantemente ao sucedido com o xarope Bromil (comentado em capítulo anterior), no início do século XX, o episódio também evidenciou um claro deslocamento de elementos que migraram do microuniverso publicitário para o macrouniverso social. O alcance de tal índice de memorização tem repercussão benéfica à imagem de qualquer marca, por permitir que ela se aproxime do imaginário coletivo e se transporte da frieza do núcleo de produção para o cotidiano simples da sociedade.

É esse um resultado ambicionado, porém, não tão fácil de ser atingido.

Devolutiva sugerida nº 1:
- Reescreva o primeiro texto jornalístico da *Folha de S.Paulo*, estudado neste capítulo – "Um cheiro embrulha o estômago", em ordenamento frasal diferente do original.

Objetivo:
- Demonstração de que, mesmo com novo arranjo frasal, a captação mental do objeto (neste caso, um ambiente) na descrição se processará de igual maneira para o leitor, não importando a ordem em que as frases se apresentem no texto.

> **Devolutiva sugerida nº 2:**
> - Reescreva o segundo texto jornalístico da *Folha de S.Paulo*, estudado neste capítulo – "Washington sente-se vulnerável", com manutenção do ordenamento frasal apresentado no original, porém, com nova adjetivação e sob a visão do sujeito enunciador que agora descreve o mesmo cenário.
>
> **Objetivos:**
> - Demonstração de que, mesmo com novo arranjo frasal, a captação mental do objeto (neste caso, um ambiente) na descrição se processará de igual maneira para o leitor, não importando a ordem em que as frases se apresentem no texto.
> - Demonstração de que, elaborada sob ótica pessoal, a descrição se altera em termos de ponto de vista e se enquadra no padrão subjetivo do entendimento humano.

Estrutura discursiva formal narrativa: elementos dispostos em situação de anterioridade e posterioridade

> *Momentos depois, voltou a moça com uma xícara de café. Enquanto o irmão, soerguendo o busto, sorvia aos goles a aromática bebida dos poetas sibaritas, ela ia à alcova buscar um charuto de marca perola, e acendia um fósforo.*
> (José de Alencar, *Senhora*, p. 43)[11]

A pergunta deflagradora do discurso narrativo pode ser resumida a: "O que aconteceu?"

Como a descrição, a narração é um discurso figurativo, porém, de natureza dinâmica, evolutiva, o qual prevê em sua base formadora a ocorrência de um fato, denominado conflito, gerador de uma instabilidade ou quebra na rotina de um contexto prestabelecido. É essa a marca principal de uma narração, precisamente o que a diferencia de um mero relato.

Tal diferenciação é crucial e foi bem demarcada por João Hilton S. de Siqueira, quando ele afirma: "Para uma narrativa deixar de ser um simples relato de acontecimentos e passar a ter um valor ficcional, é necessário que ela tenha um conflito. (...) A característica principal da narrativa é a criação de um conflito". (SIQUEIRA, 1990, p. 11, 12, 15)

Em tese, relatos constituem-se no registro do andamento de um fluxo de ações, que chegam sem qualquer índice de dramaticidade a um termo, por não registrarem em seu decorrer a presença de um conflito detonador. Depoimentos burocráticos, alguns tipos de anúncios publicitários e relatórios profissionais, por exemplo, são tipos de textos verbais formalizados como relatos, uma vez que encadeiam ações, mas não caracterizam nenhum tipo de tensão em seu desenvolvimento nem uma mudança de situação determinante em sua finalização.

Já no caso da narração, há um entreato instaurado no desenrolar de uma situação para outra que começa a se desenhar, ao qual se nomeia conflito. É condição obrigatória para a configuração de uma narrativa a presença de um conflito em dada circunstância, evento esse que precipitará um consequente desencadear de ações e atitudes por parte dos personagens nele envolvidos, dentro de um espaço e em um eixo temporal cronológico ou psicológico, que culminarão num desfecho. O desfecho ou solução, por sua vez, encerrará esse ciclo de ações, conduzindo todos os elementos da trama a um final que estabelecerá um estado diferente do inicial, corporificando, então, o que se reconhece por narratividade.

A constatação da narratividade, que significa transformação de estado ou de situação, é a condição que cataloga um texto como narrativo, sendo essa a responsável pela criação e intensificação de expectativa no leitor na narração, e também em outros tipos de texto. Nas palavras dos professores Francisco Platão Savióli e José Luiz Fiorin: "A narratividade é um componente que pode existir em textos que não são narrações. A narratividade é a transformação de situações". (PLATÃO; FIORIN, 1996, p. 229)

Não obstante o relato seja uma possibilidade textual até certo ponto aplicável em Redação Publicitária, sua natureza fria e monótona não é impulsionadora de emoções, podendo oferecer o risco de passar despercebida pelo Receptor. Tem destaque, logo a seguir, a reprodução parcial de um anúncio publicitário exemplificador desse pressuposto.

Elaborado de acordo com o modelo relato – modalidade de texto que, conforme já posto, sugere semelhança e algum alinhamento com a estrutura narrativa por registrar ações transcorridas em evolução cronológica –, ele de fato não a configura. Na verdade, trata-se de formulação verbal que apresenta uma sucessão de movimentos sequenciais levados a um termo, mas que não conseguem ativar o interesse nem gerar expectativa no leitor,

---

Exemplo de relato, 3ª pessoa do singular, aplicado em Redação Publicitária:

Texto publicitário impresso – Anunciante: Cerveja Bohemia/2004

(...) O processo de fabricação aqui é muito lento, a Bohemia é a melhor amiga da perfeição. Tudo começa com o malte moído sendo misturado à água até formar um mosto, um tipo de chá de malte. Esse material é filtrado, fervido e depois resfriado.

A etapa seguinte é chamada de fermentação, em que entra a levedura, e os açúcares se transformam em álcool e gás carbônico. Daí vem a maturação, quando a Bohemia é armazenada a baixas temperaturas para refinamento do aroma e do sabor. Depois das últimas filtrações, quando a Bohemia ganha sua cor dourada, a cerveja é engarrafada e pasteurizada.

Tudo isso é feito sem pressa, sob o olhar do Mestre Cervejeiro, que, assim como você, merece uma cerveja perfeita.

Bohemia, o mesmo prazer desde 1853.

---

por não estarem baseados em um impasse/conflito.

A fim de elucidar as diferenças estruturais entre um tipo de texto e outro (narração *versus* relato), seguem algumas contraprovas colhidas ao cabo da leitura desse exemplo.

- As ligeiras etapas cronológicas do episódio relatado sucedem-se de forma encadeada e chegam ao final mostrando discreta alteração no padrão dos elementos, se comparados com o que eram em estado inicial. Entretanto, as ações, por não terem qualquer índice de dramaticidade, não produzem expectativa nem causam emoções no leitor.
- Nenhuma das ações relatadas é instaurada por uma válvula detonadora, conforme se entende propriamente o conflito ➤ elemento – condição fundamental da narração.
- Não há qualquer indício de tensão, instabilidade ou quebra de alguma rotina ao longo de todo o texto.
- O desfecho dos acontecimentos não traz relevante percepção, aprendizado, significação polissêmica explícita ou subliminar, nem algum entendimento de nível profundo, todos esses resultados presumíveis em uma narração.

Se a descrição pode ser entendida como uma fotografia verbal/*flash*[12] momentâneo na trajetória de dado objeto, a narração pode ser encarada como um filme verbal, uma história com carga emocionante a ser contada passo a passo, não importando a ordem em que se dispõem os fatos.

Há na narração, portanto, claras relações de anterioridade e de posterioridade nos eventos contados.

Vale a pena ser incorporada aqui uma visão romanceada de narração; insólita definição construída sob a forma metalinguística. Ela procede do curioso Agiulfo Emo Bernardino dos Guidiverni e dos Altri de Corbentraz e Sura – personagem protagonista do livro ficcional *O cavaleiro inexistente*, escrito por Ítalo Calvino:

> Assim, tanto sobre o amor como sobre a guerra, direi de boa vontade aquilo que consigo imaginar: a arte de escrever histórias consiste em saber extrair daquele nada que se entendeu da vida, todo o resto; mas, concluída a página, retoma-se a vida, e nos damos conta de que aquilo que sabíamos é realmente nada. (CALVINO, 1990, p. 59)

Composto fundamentalmente por cinco elementos essenciais, e no esquema seguinte, todos respectivamente posicionados, o discurso narrativo sustenta-se e depende de cada um deles para se estruturar como tal e poder se desenvolver com verossimilhança[13].

```
1. Narrador: observador/personagem/onisciente → é quem conta a história.
2. Personagem(ns): protagonista/secundário/antagonista → quem vive a história.
3. Conflito: externo/interno → é a ocorrência de forças opostas em confronto.
4. Tempo: cronológico/psicológico → é o período datado ou memorizado em que decorre a história.
5. Espaço: físico demarcado/emocional imaginado → é o ambiente onde ocorre a história.
                              ↓
         Enredo: linear/alinear → é o corpo da narrativa.
```

Gráfico 4.2

Cada um desses elementos formadores tem seu grau de importância na trama, e sobre todos eles serão abertas, em seguida, explicações sintetizadas relativas ao papel individual que desempenham na conjuntura do discurso narrativo.

Narrador

Existem três catalogações distintas, previstas para definir o elemento narrador:

- Narrador personagem → 1ª pessoa do singular/1ª pessoa do plural;
- Narrador observador → 3ª pessoa do singular;
- Narrador onisciente → 3ª pessoa do singular.

Narrador personagem: visão de um integrante da trama

Os comprimidos e o vinho começavam a agir. Engoli cinco comprimidos de Valium-10, dois de Mandrix e quase esvaziei uma garrafa de vinho. O suficiente para abater um cara normal por muitos dias. Meu organismo, porém, mal reagiu, tal era o meu grau de intoxicação. Ao menos aquele coquetel acalmou-me. Deitei na cama. Pusemos uma caminha ao lado da minha e Detlef veio deitar-se. Nós não nos tocávamos. Cada um estava absorvido em si mesmo. Caí numa espécie de sonolência. Dormia, mas não percebia meu sono...

(Christiane F., em Depoimentos recolhidos por Kai Hermann e Horst Rieck. *Eu, Christiane F., 13 anos, drogada, prostituída...*, 2001, p. 157)

A narrativa centrada nos pronomes retos "eu" (1ª pessoa do singular) ou, em casos menos regulares, em "nós" (1ª pessoa do plural), tem como narrador alguém que vive a história de alguma forma e participa dela como ator, sendo, portanto, a designação desse elemento atuante: narrador personagem. Ele contará a história de modo não isento ou descomprometido, pois atua como integrante dela e tem algum grau de envolvimento na trama em geral.

Normalmente, narradores personagens captam sobremaneira a atenção do leitor/espectador em narrativas literárias, teatrais e cinematográficas quando são carismáticos. Ao contar a história sob seu próprio ponto de vista, criam conexão e podem vir a estabelecer uma espécie de cumplicidade com esse interlocutor, fazendo que o desenrolar das ações pareça atrativo.

Esse vínculo inusitado entre narrador personagem e leitor/espectador pode vir a se aprofundar e a ocasionar algum desvio das expectativas presumidas em uma narrativa, dependendo de sua natureza. Em algumas tramas, o espectador/leitor passa ao largo da moral e se põe a torcer por um narrador personagem possuidor de traços discutíveis de caráter, provavelmente motivado por razões de fundo que os justifiquem e pela dramaticidade com que são contados.

Em Publicidade, é recorrente a utilização de nomes em evidência contextualizada para participar como narradores personagens em anúncios. Embora forte, é essa uma estratégia de persuasão que precisa ser analisada com responsabilidade antes de ser aplicada. Uma decisão impulsiva ou de pouca certeza pode custar caro ao anunciante e reverberar negativamente, a exemplo do ocorrido com a marca Nike, em 2008.

Para unificação do conceito da campanha, foram selecionados jovens desportistas brasileiros, de alta notoriedade, para figurarem como exemplos atuais de trajetórias luminosas. Sob uma aura quase mística de vencedores, eles apareciam nas peças fazendo declarações pungentes sobre suas vidas, encarando o público em poses enigmáticas.

A presença do medalhista olímpico Jadel Gregório como narrador personagem de um dos anúncios ocasionou um resultado compensador, dado o fato de que sua história, de contornos tristes, caminhou para um desfecho comprovadamente vitorioso, tendo sido formalizada pelo testemunho real do atleta.

Mas, no caso do jogador de futebol Pato, os elementos se precipitaram.

Escolhido para coestrelar a campanha em momento duvidoso de sua carreira, o narrador personagem Pato assume posição de risco no texto, parecendo estar certo de que será convocado oficialmente para integrar o elenco da Seleção Brasileira, à época em fase de formação para a Copa do Mundo de 2010.

No entanto, como isso não se confirmou, a mensagem esvaziou-se de sentido, trincou o nexo lógico entre os anúncios, e a veiculação da peça teve de ser suspensa, provocando constrangimentos à marca Nike.

Exemplos de utilização de narrador personagem/1ª pessoa do singular, aplicados em Redação Publicitária:

Transcrição dos textos dos anúncios:

Eu nasci pobre.
Fui criado sem pai.
Fui pedreiro, fui sorveteiro.
Eu andava na rua e as pessoas mudavam de calçada.
Eu me converti ao Islamismo num país católico.
Escolhi o Salto Triplo na terra do Futebol.
Eu poderia ter desistido.
Pare de arrumar desculpas.
Apenas faça.
Just do it.
(Jadel Gregório – velocista)

Quando eu nasci, a Seleção já tinha ganhado quase tudo.
Quando comecei a jogar bola, a Seleção já tinha ganhado quase tudo.
Quando virei profissional, a Seleção já tinha ganhado quase tudo.
Agora é a minha vez de buscar a medalha que falta.
Só falta uma.
Just do it.
(Pato – jogador de futebol)

Exemplo de utilização de narrador personagem/1ª pessoa do singular:

Texto em prosa literária

Senhora

Amanhã faz um mês, ai não, a Senhora longe de casa. Primeiro dia, na verdade, falta não senti. Bom chegar tarde, esquecido na conversa de esquina. Não foi ausência por uma semana: o batom ainda no lenço, o prato na mesa por engano, a imagem de relance no espelho. Com os dias, Senhora, o leite primeiro vez coalhou. A notícia de sua perda veio aos poucos: a pilha de jornais ali no chão, ninguém os guardou debaixo da escada. Toda a casa um corredor vazio, até o canário ficou mudo. Não dar parte de fraco, ah, Senhora, fui beber com os amigos. Uma hora da noite eles se iam. Ficava só, onde o perdão de sua presença, última luz na varanda, a todas as aflições do dia? Sentia falta da pequena briga pelo sal no tomate – meu jeito de querer bem. Acaso é saudade, Senhora? Às suas violetas, na janela, não poupei água e elas murcharam. Não tenho botão na camisa. Calço a meia furada. Que fim levou o saca-rolha? Nem um de nós sabe, sem a Senhora, conversar com os outros: bocas raivosas mastigando. Venha pra casa, Senhora, por favor. (TREVISAN, *Mistérios de Curitiba*. Rio de Janeiro: Record, 1996, p. 76-7)

Já a narrativa centrada nos pronomes retos "ele", "ela" (3ª pessoa do singular) poderá ter como narrador alguém que atua de duas diferentes maneiras: uma, como mero conhecedor dos aspectos factualmente observáveis da história, não tendo nela participação direta nem indireta → o narrador observador.

Outra, como modulador onipresente de todos os aspectos visíveis e invisíveis da história, tendo presença intermitente e significativa nela, sabendo mais sobre os fatos do que sabem os próprios personagens ➤ o narrador onisciente.

Narrador observador: visão de um espectador externo da trama

Em breve o capitão viu o campo livre, incitou o cavalo e precipitou-o a todo o galope. O vento batia-lhe na cara, revolvia-lhe os cabelos, fazia-lhe ondular a camisa como uma bandeira, "amo, zaino velho" – gritava ele, acicatando o animal com esporas imaginárias. O zaino galopava e Rodrigo aspirava com força o ar, que cheirava a capim e distância. Quero-queros voaram, perto, guinchando. Longe, uma avestruz corria, descendo uma coxilha. O capitão começou a gritar um grito sincopado e estrídulo, bem como faziam os carreiristas ao auge da corrida.
(*Um certo Capitão Rodrigo* (trechos), de Érico Veríssimo, São Paulo: Ed. Cia. das Letras; by herdeiros de Érico Veríssimo)

O primeiro tipo de narrador expresso em 3ª pessoa do singular é denominado narrador observador. Ele comporta-se de maneira isenta frente ao receptor e é capaz de contar-lhe com objetividade os fatos, mas *apenas em relação ao que é literalmente visível a ele e a qualquer pessoa*, não mantendo qualquer relação, interferência ou comprometimento com a história. É o chamado narrador confiável, aquele que transmite com fidelidade a problemática alheia e não privilegia qualquer dos lados da trama, apenas revela imparcialmente o que se passou.

Exemplo de utilização de narrador observador/3ª pessoa do singular:

O doente tombou a cabeça cansada sobre a caneca reluzente, molhou os bigodes ralos e caídos na água escura e bebeu sem forças. A barba emaranhada estava suja; os olhos fundos, embotados, levantaram-se com dificuldade para o rosto do rapaz. Depois de beber, ele afastou a água e quis levantar as mãos para enxugar os lábios úmidos, mas não conseguiu e enxugou-as na manga da samarra. Calado e respirando com dificuldade pelo nariz, olhava o rapaz direto nos olhos, reunindo forças.
(Leon Tolstói, *O Diabo e Outras Histórias*, 1858 – p. 29)[14]

Exemplo de utilização do narrador observador/3ª pessoa do singular, aplicado em Redação Publicitária:

Anunciante: Unilever – Margarina Becel/2000
Anúncio página simples impresso com base redacional narrativa e presença de narrador observador.
Título: "Ele passou anos combatendo o colesterol e agora conseguiu um nível saudável em apenas três semanas"[15].

Figura 4.1

Em narrativas publicitárias fílmicas ou impressas, o narrador observador, mesmo contando uma história que não é a sua, não deve ser interpretado como um elemento inócuo, imperceptível no conjunto ou sem importância maior. Em realidade, ele é capaz de angariar para si toda a atenção da mensagem, especialmente da sonora, por meio de suportes diversos: entonação da voz do locutor, dos recursos próprios de oratória e requintes de atuação dramática.

Narrador onisciente: visão do que é visível e invisível na trama

> *O convite era poético, mas só o convite. Rubião ia devorando a moça com os olhos de fogo, e segurava-lhe uma das mãos para que ela não fugisse. Nem os olhos nem o gesto tinham poesia alguma. Sofia esteve a ponto de dizer alguma palavra áspera, mas engoliu-a logo, ao advertir que Rubião era um bom amigo da casa. Quis rir, mas não pôde; mostrou-se então arrufada, logo depois resignada, afinal suplicante; pediu-lhe pela alma da mãe dele que devia estar no céu...*
> *Rubião não sabia do céu, nem da mãe, nem de nada.*
> (Machado de Assis, *Memórias póstumas de Braz Cubas*, 1975, p. 67)

A narrativa ainda centrada nos pronomes retos "ele", "ela" (3ª pessoa do singular), de outro modo, poderá ter como narrador alguém que incide com onipresença e onisciência na vida dos personagens e em toda a dinâmica da trama; alguém com capacidades sobrenaturais, como, por exemplo, a de detectar processos emocionais internos dos personagens, só conhecidos por eles ou de antever suas sensações, ações e reações expressas ou sufocadas, antecipando-as e compartilhando-as de vez em quando com o leitor.

Quando essas características fazem parte do perfil do contador de uma história, pode-se tipificá-lo como narrador onisciente.

Essa tipificação, de maior complexidade, tem força para produzir expressiva carga emocional na trama, conferindo-lhe grau elevado de intensidade dramática. O narrador onisciente tem como leme de seu *modus operandi* o pleno conhecimento das nuanças da história, bem como as idiossincrasias de todos os personagens nela envolvidos, e atua como se fosse Deus, sendo *capaz de ver e entender tudo aquilo que não é visível aos demais.*

Onisciente, ele vislumbra os meandros da alma dos personagens, seus enigmas escondidos, pensamentos, planos não confessados, vitórias silenciosas, arrependimentos, esperanças dissipadas ou renovadas, vacilações, alegrias disfarçadas, frustrações e quaisquer outras complexidades subjetivas, entregando-as vez por outra ao leitor. Paralelamente, pode proceder como simples observador, mantendo-se à margem da trama, em alguns momentos. Em outros, pode agir como participante dela e, então, alternar esses comportamentos distintos ao longo da narrativa.

Trata-se, portanto, da mais sofisticada categoria de narrador, que ora aparenta ser personagem, comportando-se como tal; ora aparenta ser Deus, mostrando controle sobre tudo; ora aparenta ser somente o contador da história. Ele age metamorfoseado nos três tipos de narrador, a um só tempo.

Em narrativas com presença de narrador onisciente, há, necessariamente, o registro de falas ocasionais, cuja autoria se mostra incerta e ambígua no texto. Essas falas, todas expressas em discurso indireto livre, ou seja, de procedência não seguramente identificada, podem reivindicar a autoria tanto do narrador como de um personagem da trama, conforme se verifica nos exemplos extraídos da Literatura e da Publicidade, selecionados a seguir.

> **Exemplo de utilização de narrador onisciente/3ª pessoa do singular:**
>
> Texto em prosa literária
>
> Camilo quis sinceramente fugir, mas já não pôde. Rita, como uma serpente, foi-se acercando dele, envolveu-o todo, fez-lhe estalar os ossos num espasmo, e pingou-lhe o veneno na boca. Ele ficou atordoado e subjugado. Vexame, sustos, remorsos, desejos, tudo sentiu de mistura; mas a batalha foi curta e a vitória delirante. Adeus, escrúpulos!
> (Machado de Assis, A Cartomante, 1884)[16]

A incerteza quanto à procedência de certas falas e determinados comportamentos é ingrediente adicional à qualidade e à densidade próprias de Narrativas elaboradas com Narrador Onisciente. No caso do fragmento de texto acima, embora o breve ciclo de ações pareça ter sido contado por um Narrador Observador, na realidade, tem-se, de fato, o pronunciamento de um Narrador Onisciente, por conta de alguns indicadores, a saber:

◆ *'Vexame'; 'remorsos; 'desejos; 'tudo sentiu de mistura'...* são sensações humanas que eclodem na esfera interior / emocional, não sendo necessariamente externadas ou perceptíveis. O registro demonstra que o enunciador tem conhecimento do íntimo dos personagens, não podendo, portanto, ser atribuído a um Narrador Observador, o qual teria visão limitada a manifestações, ações e reações visíveis.

A autoria da sentença: *"Adeus, escrúpulos"!...* não tem procedência definida, enquadrando-se na categoria de Discurso Indireto Livre, requinte que acompanha o Narrador Onisciente na trama narrativa, e o sobrevaloriza. Momentos instáveis como esse, insinuantes de tensões não expressas pelos personagens, intensificam sobremaneira o grau de dramaticidade da Narrativa, produzem forte expectativa e induzem o leitor a refletir, e até a retomar trechos lidos, ato que se traduz informalmente por 'mergulhar na leitura'.

Ao contrário do que se possa pensar, não é impossível nem descabida a aplicação do elemento Narrador Onisciente em Redação Publicitária. Talvez, por conta de seu difícil manuseio, esse sofisticado procedimento verbal tem capitalização minimizada em anúncios publicitários narrativos. Mas, corretamente trabalhado, pode proporcionar mensagens tocantes, com doses acertadas de emoção, como a que agora se apresenta.

> **Exemplo de utilização de narrador onisciente/3ª pessoa do singular, aplicada em Redação Publicitária:**
>
> Texto publicitário impresso – Anunciante: Shopping Center Iguatemi – São Paulo – SP/1993
> Relógio do Shopping Iguatemi.
> Ele se perguntava por que nunca tinha tempo para ficar com o filho.
> Pai, como funciona este relógio?...
> Tá vendo a água em cima daquela bola?... Ele ia explicando, e o garoto, maravilhado com o relógio.
> Mas, para que serve o tempo, pai?
> Como é que as crianças conseguem fazer esse tipo de pergunta?
> Tempo serve para medir as coisas que a gente faz. A hora de acordar, de dormir. Daqui a pouco, por exemplo, eu tenho que te deixar na casa da sua mãe.
> Ele esperava o tradicional por quê? Mas o garoto não fez a pergunta. Devia estar se acostumando. Devia estar crescendo. Engraçado como as crianças crescem rápido.
> Do telefone celular, ligou primeiro para a ex-mulher, depois para a empresa. Comprou dois sorvetes, e ficaram horas sentados, sem pressa, olhando o relógio d'água do Shopping Iguatemi.

> Componentes da narração:
> 1. Narrador: 3ª pessoa do singular – Natureza: onisciente.
> 2. Personagens: pai e filho presentes na trama; mãe ausente na trama.
> 3. Conflito: pai descobre que precisa passar mais tempo com o filho, que está crescendo e se modificando.
> 4. Enredo: natureza alinear ➤ Desenvolvimento psicológico das ações.
> 5. Tempo: 1993.
> 6. Espaço: microambiente ➤ Shopping Center Iguatemi; macroambiente ➤ São Paulo – SP.

Personagem(ns)

Personagens são os tipos humanos ou não humanos sobre quem recaem as ações encadeadas da história. Eles vivem propriamente o conflito deflagrador da narrativa e se subdividem em três categorias de base: o protagonista, o antagonista e os secundários.

É também considerada por alguns autores uma subcategoria de personagem, a que se entende por: "Personagem que rouba a cena"; alguém que, em um dado momento na narrativa, aparece na trama e, em alguns casos, atrai para si todo o potencial dramático da história, alterando o rumo dos fatos e surpreendendo tanto o leitor, como os próprios personagens.

Personagem protagonista: centralização das ações na trama

O(s) personagem(ns) ao(s) qual(quais) for dado maior destaque na narrativa recebe(em) o *status* de protagonista ou central. Em torno dele(s) giram os aspectos principais da trama. O protagonista não é obrigatoriamente um modelo de virtude apenas por conta de encarnar o papel principal dentro de uma narrativa. Muitas vezes, ao contrário, ele poderá ser um bem acabado exemplo de desqualificação moral, um covarde, um contraditório ou mesmo um omisso, um traidor, (...) e tais traços de seu caráter modularão toda a história.

> **Exemplo de personagem protagonista:**
>
> Natureza: publicitária – Anunciante: Sanofi-Aventis – Produto: Cepacol/1983
>
> Em Publicidade, personagens ilustrados e criados com base em humor leve costumam protagonizar filmes para anunciantes de alta visibilidade, como o enxaguante bucal Cepacol, que teve em Bond Boca um protagonista de boa aceitação popular. Isso se deveu não exatamente ao fato de ele reunir qualidades heroicas em sua personalidade, mas por encarnar um típico galanteador, vaidoso e simpático, que, de maneira picaresca, tem sucesso no trato com as mulheres.
> Bond Boca é um personagem concebido sob a forma de paródia, neste caso, do agente secreto britânico James Bond, ícone cinematográfico da década de 1960 e ainda hoje em atuação repaginada.

Personagem antagonista: oposição ao protagonista da trama

O(s) personagem(ns) que oferece(em) resistência ao protagonista, ou não compactua(am) nem partilha(am) de suas prerrogativas, de seu comportamento e de sua visão de mundo, é(são) o chamado(os) antagonista(as) ou opositor(es) dentro da trama.

É verdadeiro afirmar que em narrativas, de certo modo, mais previsíveis, o/a protagonista representaria o bem, e o/a antagonista, o mal, como ilustrado na cinebiografia "Amadeus".

Exemplo de personagem antagonista com forte presença na narrativa:

Natureza: cinematográfica: Amadeus/1984
Direção: Milos Forman/Roteiro: Peter Schaeffer
Mozart: músico oficial da corte de Viena. Mozart: no leito de morte, assistido por Antonio Salieri.

Na narrativa fílmica "Amadeus", que revive a trajetória do compositor austríaco Wolfgang Amadeus Mozart, um dos maiores nomes da música clássica de todos os tempos, o personagem antagonista do músico, neste caso, um vilão de personalidade doentia e ações premeditadas, é a verdadeira estrela do filme, atuando subliminarmente como protagonista. Toda a trama é concentrada na visão de mundo desse antagonista, o maestro da corte imperial Antonio Salieri, posicionado como narrador personagem.
Imagina-se que o próprio Mozart deveria ser o personagem central do filme que se propõe a contar sua vida, no entanto, há uma inversão dessa ordem, e quem rouba a cena e produz a centralidade das ações é seu pior adversário – foco narrativo da história.
Dono de um talento musical mediano, esse ferrenho opositor de Mozart inveja sua genialidade despretensiosa e se aproveita de sua notável insegurança e fraqueza moral para camufladamente envenenar-lhe a vida, papel que desempenha com êxito.
Mozart, que jamais desconfiou de suas intenções, morre em seus braços, compondo e ditando-lhe um magistral Réquiem, vindo a ser enterrado em vala comum, como indigente.

Todavia, essa não é uma regra inquebrável.

Mesmo colocado em situação de franca divergência com o protagonista, o antagonista não deve ser inadvertidamente confundido nem classificado como vilão, mas sim como adversário do protagonista, por situar-se em polo oposto ao dele em quesitos como caráter, ideologia, *modus operandi*, classe social, ambições e crenças de toda natureza.

Personagens secundários: suporte das ações na trama

Os personagens que circundam o protagonista e participam em segundo plano de importância de toda a história, seja nos núcleos familiar, afetivo, profissional, racial ou qualquer outro, são nomeados coadjuvantes ou secundários. Eles compõem os grupos que dão sustentação ao protagonista e têm importância crucial tanto na formação do contexto geral da trama como na capacidade de conferir a sensação de verossimilhança aos fatos. Personagens secundários, quando muito bem construídos psicologicamente, podem chegar a desviar a atenção do Receptor para si, reduzindo o interesse dele pelo desempenho do protagonista.

Em Criação Publicitária, existe um barateamento, talvez desnecessário, na tarefa de criação de personagens, sejam protagonistas ou secundários, para estrelar anúncios impressos e filmes comerciais – as narrativas fílmicas. Grande parte das histórias criadas para a Publicidade desenvolve-se a partir de proposições simplificadas e se encontra envolta por uma atmosfera de ingenuidade, tendo origem em conflitos previsíveis e quase sempre infantilizados. A adesão a um produto/serviço miraculoso conforma os desfechos, sempre positivos.

Em enredos leves, às vezes os protagonistas são forjados a exemplo de heróis de aspecto pouco convincente, como o Super 15, da anunciante

Telefonica, um super-herói que "deu errado", por assim dizer, e acabou se consolidando mais como um anti-herói na mentalidade do Receptor.

Antagonistas em geral apresentam-se como representações estilizadas do mal, concretizados em animações de bactérias, insetos, sujeira, detritos e monstros, entre outros, na tentativa de dramatizar ações ➤ enredo, nas quais produtos/serviços são oferecidos como soluções ➤ desfechos, a problemas ➤ conflitos do cotidiano social simples.

A figura de linguagem prosopopeia é uma das mais empregadas nesses casos e, como recurso de estilo e ferramenta de persuasão, será devidamente explorada à frente, quando forem estudadas as figuras de linguagem semânticas e sua aplicação em Redação Publicitária.

Alguns poderão justificar a manutenção desse padrão midiático fugaz por conta da rapidez com que se veiculam os comerciais em meio eletrônico (as inserções em televisão têm entre 30 e 45 segundos, em média, para transmissão de toda a mensagem do anunciante). Mas isso não explicaria convincentemente a queda de qualidade na elaboração das peças publicitárias em estrutura narrativa, riquíssima em possibilidades criativas para inserção em qualquer meio.

No entanto, há o contraponto: não se podem esquecer as narrativas publicitárias sensíveis e bem realizadas, porém veiculadas em menor incidência do que as tecnicamente menos elaboradas, tratadas há pouco.

Filmes emocionantes feitos recentemente para marcas respeitáveis, como: McDonald's, Johnnie Walker, MasterCard, O Boticário, Canal Futura, Avon, WWF e Greenpeace, por exemplo, são respostas criativas encorajadoras, roteiros inteligentemente articulados, com dosagens bem medidas de emoção, textos cativantes e ótimos *slogans*, alguns já citados em exemplificações de tópicos anteriores.

Conflito

Conflito, intriga, turbulência, distúrbio, impasse ou desestabilização são algumas das variações sinonímicas com as quais se pode denominar o motivo real da existência de uma narração no plano concreto.

É o conflito que faz uma história ser contada a alguém, na busca de captar sua total atenção e causar-lhe emoção. Admite-se como significado de conflito a ocorrência simultânea de forças opostas em confronto, em dois níveis de operação:

- ♦ No nível exterior ➤ **conflito externo**: o personagem estará confrontado com situações ou com outros personagens, formalizando um embate dele com a vida, com o mundo exterior, com o sistema em que está inserido.

- ♦ No nível interior ➤ **conflito interno**: o personagem se defrontará consigo mesmo, configurando tensão frente a um quadro adverso em sua intimidade, como uma luta psicológica, um dilema, uma crise existencial, um trauma, por exemplo.

Possibilidades para a armação de um conflito:

- **Conflito em plano externo** → Personagem 1 x Personagem 2
  → Personagem 1 x Personagens
  → Personagem 1 x Mundo
- **Conflito em plano interno** → Personagem 1 x Personagem 1

Tais dicotomias, em etapas cronológicas ou psicológicas, desencadeiam-se a partir de uma situação de quebra na estabilidade de determinado contexto. Esse seria o gatilho/ponto deflagrador, que se intensifica em dramaticidade com o passar do tempo, atinge um clímax, ao qual se denomina tecnicamente *turning point*[18] e, finalmente, encaminha-se a um desfecho que encerra as ações instauradas e pré-inaugura uma situação diferente da inicial.

Desfechos não devem ser encarados necessariamente como finalizações felizes ou ideais para resolução de conflitos. Na verdade, são soluções possíveis para levá-los a cabo, tanto por bem como por mal, se a trama se desenrolar no plano da realidade aparente. Desfechos podem ser também prosaicos, róseos, inesperados, previsíveis, imprevisíveis, decepcionantes, piegas, improváveis, injustos e até mesmo incríveis na visão do leitor, mas, de qualquer forma, devem lhe transmitir a sensação de encerramento para o conflito.

É viável a construção de uma narrativa que não registre de fato a presença do desfecho, e se conclua com o conflito em pleno andamento. Essa técnica pode apontar para objetivos indistintos, como sugerir a noção de novidade, fazer denúncias, despertar a atenção para fatos com aparente manutenção de situações insustentáveis, entre outras.

O filme de ação *Pulp Ficcion*, dirigido pelo norte-americano Quentin Tarantino, sucesso na década de 1990, é uma mostra da utilização desse estratagema. Nele, várias breves (mas contundentes) histórias transcorrem ao mesmo tempo; subjazem umas às outras; cruzam-se e explodem em violência, mas aparentemente nenhuma delas se conclui de fato, o que perturba o espectador. Talvez lhe atraiam muito mais a atenção, justamente por isso.

O que se poderia assimilar como recado final desses não finais para tramas tão eloquentes como as expostas no filme citado?

Provavelmente, deixar iluminado um alerta sobre o descontrole social, o caos urbano, o tráfico e o consumo de drogas, ou a hipocrisia humana, pilares das tramas e tópicos reincidentes nos trabalhos desse diretor.

Pode-se entender, salvaguardando proporções, que a ausência do desfecho em uma narrativa seja, por si, o próprio desfecho dela.

Tempo

O elemento tempo, dentro do discurso narrativo, pode ser determinado cronológica ou psicologicamente, de acordo com a *intenção* fundamental de cada história (que nas linguagens televisiva e cinematográfica se denomina *argumento* da história). O tempo, se bem trabalhado, colabora grandemente para a intensificação do índice de dramaticidade da história.

- Tempo cronológico: datado e trabalhado linearmente na narrativa. Caso a sucessão dos fatos se faça de modo cronológico, o eixo temporal é mensurável, se datará a partir do começo e se dirigirá linearmente para o fim da narrativa. O tempo, neste caso, é delimitado pontualmente pela marcação do relógio.

> **Exemplo de narrativa elaborada sobre o eixo temporal cronológico:**
>
> Texto em prosa literária
>
> Uma longa viagem de dois meses por mar me trouxe de volta ao Chile, em 1932. Publiquei então "El hondero entusiasta", que andava extraviado entre meus papéis, e "Residencia en la tierra", que tinha escrito no Oriente. Em 1933 me designaram cônsul do Chile em Buenos Aires, onde cheguei no mês de agosto. Quase ao mesmo tempo chegou a essa cidade Federico García Lorca para dirigir e estrear sua tragédia teatral "Bodas de sangre" na companhia de Lola Membrives. Ainda não nos conhecíamos, mas ficamos nos conhecendo em Buenos Aires, e muitas vezes fomos homenageados juntos, por escritores e amigos. É certo que não nos faltaram incidentes. Federico tinha contestadores; a mim também acontecia e continua acontecendo o mesmo.
> (Pablo Neruda, fragmento de *Confieso que he vivido*, © Fundación Pablo Neruda, 2010)

- Tempo psicológico: lembrado e trabalhado aleatoriamente na narrativa. Se as ações se apresentarem em uma história de modo aparentemente aleatório, parecendo desvinculadas, o tempo, nesse caso, é psicológico; ou seja, o eixo temporal é imprevisível e dependerá da mente do enunciador da narrativa: este pode começar a contar a história talvez a partir de seu fim, para dali dirigir-se ao começo ou ao meio dela, e, então, encadear os fatos como melhor lhe aprouver. Pode, também, iniciar a narrativa a partir de sua metade e, dali, partir para o encerramento, e, então, para o início dela... e assim por diante.
O grau de relevância dos eventos registrados na mente do enunciador reacende sua memória e é o fator decisivo para tornar psicológico o tempo de uma narrativa. O tempo, dessa maneira, é marcado a partir de recordações do passado e de projeções para o futuro.

Em 2010, por conta do fracasso da Cop 15 – Conferência sobre o Clima, realizada em Copenhague (Dinamarca), a Organização Não Governamental (ONG) Greenpeace assinou uma campanha global que valorizou muito bem o elemento Tempo, trabalhado em projeção cronológica. Em mensagens premonitórias e devastadoras, as peças impressas, eletrônicas e digitais, mostravam os atuais líderes políticos mundiais participantes do evento, entre eles, o presidente Lula, em pleno ano de 2020, envelhecidos, apáticos e supostamente arrependidos de sua pífia contribuição no evento.

> **Exemplo de narrativa elaborada sobre eixo temporal psicológico:**
>
> Texto em prosa literária
>
> A mudança
>
> O homem voltou à terra natal e achou tudo mudado. Até a igreja mudara de lugar. Os moradores pareciam ter trocado de nacionalidade, falavam língua incompreensível. O clima também era diferente. A custo, depois de percorrer avenidas estranhas, que se perdiam no horizonte, topou com um cachorro que também vagava, inquieto, em busca de alguma coisa. Era um velhíssimo animal sem trato, que parou à sua frente. Os dois se reconheceram: o cão Piloto e seu dono.
> Ao deixar a cidade, o homem abandonara Piloto, dizendo que voltaria em breve, e nunca mais voltou. O animal, inconformado, procurava-o por toda parte. E conservava uma identidade que talvez só os cães consigam manter na Terra mutante.
> (*Contos plausíveis* – trechos – de Carlos Drummond de Andrade. Rio de Janeiro: Ed. Record. Carlos Drummond de Andrade © Graña Drummond www.carlosdrummond.com.br)

Espaço

Ambientar espacialmente uma narrativa é tarefa que pode ser realizada também de duas maneiras diferentes.

- Espaço concreto: princípio de realidade.
  O lugar (ou lugares) onde se passam os fatos narrados pode ser real ou fictício, porém possível de ser descrito, ou seja, é um espaço concreto, um local definido, na medida em que o leitor é capaz de imaginá-lo e de se transportar a ele.

  > E o fato é que aquelas três casinhas, tão engenhosamente construídas, foram o ponto de partida do grande cortiço de São Romão. Hoje, quatro braças de terra, amanhã seis, e depois mais outras, ia o vendeiro conquistando todo o terreno que se estendia pelos fundos de sua bodega; e à proporção que conquistava, reproduziam-se os quartos e o número de moradores.
  > (Aluísio de Azevedo, *O cortiço,* 1890, p. 8)[19]

- Espaço não concreto: princípio de abstração.
  O ambiente da história pode também ser um espaço não concreto, como, por exemplo, um local imaginário, ou, ainda, o coração/a mente do enunciador, bem mais difícil de ser descrito e de conseguir efetivar o transporte do leitor. Pode uma narrativa de nível mais complexo se desenrolar em um ambiente dessa natureza e provocar boa dose de curiosidade e de emoção no leitor, senha para que ele permaneça na leitura.

  > Vejam como Deus escreve certo por linhas tortas, pensa ele.
  > Se mana Piedade tem casado com Quincas Borba, apenas me daria uma esperança colateral. Não casou: ambos morreram, e aqui está tudo comigo; de modo que o que parecia uma desgraça...
  > (Machado de Assis, *Obra completa,* 1979, p. 643)

Todos os elementos básicos da narração têm grau de importância variável e adequado a cada história em si e atuam sempre em interdependência e complementaridade. A essa operação conjunta dá-se o nome de enredo, malha ou corpo da narrativa.

Enredo

Enredo é o desdobramento sequencial dos fatos, considerando-se todos os elementos da narrativa em operação conjunta. Ele pode ser concebido também de duas maneiras: a linear, ou plano uniforme, e a alinear, plano disforme.

- Enredo linear: tempo do relógio
  Para que o enredo se enquadre no padrão linear ou uniforme de desenvolvimento, as ações devem se passar sempre em ordem cronológica, no tempo do relógio, e a história será contada na forma clássica, com início/meio/fim, possibilitando fácil entendimento ao leitor.

Exemplo de narrativa com enredo linear e narrador observador/3ª pessoa do singular, aplicada em Redação Publicitária:

Texto publicitário impresso – Anunciante: ANEEL (Agência Nacional de Energia Elétrica) – Governo Federal do Brasil/2002

A história do dia em que o Brasil Novo viu o Brasil pela primeira vez.

Dona Maria Bezerra Dias nasceu em Serrita, no sertão de Pernambuco, onde não havia luz elétrica. Depois, mudou-se com a família para a Amazônia, vivendo sempre em áreas rurais isoladas, onde também não havia eletricidade.

Terminou indo parar em Brasil Novo, pequeno município do Pará às margens da rodovia Transamazônica, onde a energia gerada através de motores a diesel era insuficiente para atender a toda a população. Durante os seus 67 anos, o sonho de Dona Maria sempre foi o de ter um ferro elétrico e uma televisão. Coisas simples, que até um ano atrás eram impossíveis.

Graças ao novo contrato de concessão feito pela ANEEL, a CELPA está levando energia elétrica a 20 localidades isoladas do estado. Foi assim que um novo sistema de distribuição, interligado ao linhão de Tucuruí, ligou de vez a cidade de Brasil Novo ao restante do Brasil. Hoje, Dona Maria se aposentou, instalou energia elétrica em casa e já conseguiu, mesmo ganhando pouco, economizar o suficiente para comprar uma televisão e aposentar o velho ferro de passar roupa a carvão. Agora, ela passa suas noites vendo tevê com a família e fazendo planos para comprar uma geladeira e um aparelho de som.

Exemplo de narrativa com enredo linear e narrador onisciente/3ª pessoa do singular:

Texto em prosa literária

Chegou à casa já de noite; estivera fora seis horas, ao todo. Por onde e como é que regressou não seria capaz de dizer. Depois de se despir, todo tremente, como um cavalo esfalfado, deitou-se no divã, puxou o sobretudo e ficou imediatamente amodorrado... Despertou em plena escuridão, por causa de um grito espantoso. Santo Deus, mas que grito aquele! Um alvoroço tão grande como aquele, gritos, soluços, ranger de dentes, choros, pancadas e insultos como aqueles jamais até então ouvira nem presenciara.
(Fiódor M. Dostoiévsky, *Crime e castigo*, 1866, p. 138)

Componentes da narração:

1. Narrador: 3ª pessoa do singular – Natureza: observador.
2. Personagem: D. Maria Bezerra Dias.
3. Conflito: limitação de oportunidades de vida por conta da falta de energia elétrica e da pobreza.
4. Enredo: natureza linear ➤ Desenvolvimento cronológico das ações.
5. Tempo: 2003.
6. Espaço: microambiente ➤ Cidade de Brasil Novo/Pará; macroambiente ➤ Brasil.

♦ Enredo alinear: tempo da alma.

Já, para que o enredo se enquadre no padrão alinear ou disforme de desenvolvimento, os fatos deverão encadear-se em ordem psicológica, no tempo das lembranças da alma: a história é contada sob o ponto de vista emocional do enunciador, que, sendo interno, pode se desdobrar de várias maneiras: fim/início/meio; meio/início/fim; meio/fim/início etc., com recorrências a *flashbacks*[20] e a prolepses[21]. O padrão Alinear de enredo exige alta concentração e uma leitura mais acurada da história por parte do Receptor, e nem sempre é compreendido imediatamente, demandando prováveis releituras para sua real captação.

> **Exemplo de narrativa com enredo alinear e narrador onisciente/3ª pessoa do singular:**
>
> Texto em prosa literária
>
> Winston sonhava com sua mãe. Devia estar com uns dez ou onze anos quando a mãe desaparecera, pensou. Era uma mulher alta, majestosa, mais para calada, de movimentos lentos e cabeleira clara magnífica. Do pai, lembrava-se com menos clareza: moreno, magro, sempre vestindo roupas escuras impecáveis (Winston se lembrava vivamente das solas finas dos sapatos do pai), e usava óculos. Os dois deviam, evidentemente, ter sido tragados num dos grandes expurgos de 1950-60.
> Naquele momento, porém, usa mãe estava sentada à frente dele, num lugar fundo, com a filhinha nos braços. Ele não se lembrava da irmã senão um nenezinho fraco, sempre calado, de olhos grandes e vigilantes. Ambas o fitavam. Encontravam-se no fundo de um poço, ou numa tumba muito profunda – mas era um lugar que, apesar de já ser muito mais baixo, submergia ainda e cada vez mais.
> (1984/George Orwell, tradução de Alexandre Hubner e Heloísa Jahn, São Paulo: Companhia das Letras, 2009)

Com todos esses aspectos revistos, reitera-se que a pré-condição que fundamenta um discurso reconhecido como narrativo é a alteração visível que deve acontecer entre a situação inicial e a final de seus elementos formadores, a já mencionada narratividade ou transformação de bases.

A justificativa precípua para a instauração de uma narração é justamente a intenção de compartilhar com o leitor, de forma sensível, os passos dessa transformação, que afetará em algum nível todos os componentes da história.

Na maior parte dos episódios narrativos, essa transformação é constatável, mas ainda que, em outros, tudo pareça terminar da mesma forma como começou, é possível atinar subliminarmente, que, ao final, pelo menos no plano profundo dos personagens, as coisas já não são mais como eram antes.

O conflito deflagrado pode ser capaz de causar mudanças externas e bem visíveis nos personagens, como também pode ocasionar neles mudanças internas às vezes sutis, às vezes definitivas e assimiladas apenas por leitores atentos.

> Mudam-se os tempos, mudam-se as vontades,
> Muda-se o ser, muda-se a confiança;
> Todo o Mundo é composto de mudança,
> Tomando sempre novas qualidades.
> (Luiz Vaz de Camões, *Obra completa*, 1988, p. 284)

Deve-se pontuar, finalmente, que, conforme aqui já colocado, a Desnarração (tanto a Objetiva como a Subjetiva) é parte integrante da Narração, uma vez que tem o atributo de caracterizar e qualificar os elementos desse discurso, agora estudados, facilitando ao leitor a absorção mental do ambiente, da época e de traços dos personagens.

Não será possível engendrar uma narração sem a participação da descrição como forma de complementaridade discursiva, de acordo com o que se confirma no fragmento seguinte:

> **Exemplo de uso em complementaridade de descrição objetiva de ambiente e de pessoas e narração com enredo linear e narrador observador/3ª pessoa do singular:**
>
> Texto em prosa literária
>
> A pregação dos pastores protestantes, que oferecem o caminho do céu pelo conhecimento da Bíblia e de uma divisão clara entre o Bem e o Mal, obtém mais sucesso do que a dos padres católicos.
> Entre os crentes da detenção, o grupo mais coeso é o da Assembleia de Deus, que congrega perto de mil homens – mais de 10% da população da Casa.
> Só no Pavilhão Nove, há duzentos; no quinto andar, do Cinco, vizinho do Amarelo, cento e oitenta. Andam de manga comprida, colarinho abotoado, e para onde vão carregam o livro santo. Chamam-se de irmãos, proclamam-se tementes a Deus e repetem jargões bíblicos em tom monocórdio.
> (Drauzio Varella, Trecho do texto da página 117, in: *Estação Carandiru*. São Paulo: Cia. das Letras, 1999)

> **Devolutiva sugerida nº 3:**
> ♦ Reescreva o texto publicitário "A história do dia em que o Brasil Novo viu o Brasil pela primeira vez", estudado neste capítulo, com: presença de narrador personagem (1ª pessoa do singular), tempo psicológico e novo encadeamento das ações.
>
> **Objetivos:**
> ♦ Alteração do padrão linear de enredo para o alinear, com vistas à obtenção de maior força dramática para essa cadeia de pequenas ações, com captação do ponto de vista do personagem em relação a ela.
>
> **Devolutiva sugerida nº 4:**
> ♦ Releia com atenção o fragmento extraído do clássico da literatura universal *Crime e castigo*, escrito pelo russo Fiódor M. Dostoiévsky, aberto neste capítulo, e dê livre continuidade a ele, mantendo suas características formadoras originais, mas criando um novo encadeamento de ações, que culminem em um desfecho verossímil.
>
> **Objetivos:**
> ♦ Familiarização com os elementos componentes do discurso narrativo.

Estrutura discursiva formal dissertativa: elementos dispostos em situação de correspondência lógica

> *A destruição do passado, ou melhor – dos mecanismos sociais que vinculam nossa experiência pessoal à das gerações passadas – é um dos fenômenos mais característicos e lúgubres do final do século XX. Quase todos os jovens de hoje crescem em uma espécie de presente contínuo, sem qualquer relação orgânica com o passado público da época em que vivemos.*
> (Eric Hobsbawn, *A era dos extremos*, 1994, p. 13)

A pergunta deflagradora do discurso dissertativo pode ser resumida a: Qual é o meu ponto de vista sobre esta questão?

Antes de tudo, é preciso assinalar um diferencial importante entre o fato de se ter pensamentos e o de se ter um ponto de vista sobre uma dada questão. Os pensamentos de alguém sobre algo são fruto de suas inclinações, reflexões, vivência, conhecimento, consideração paralela de opiniões alheias e arsenal de informações obtidas. Já, o ponto de vista de alguém sobre algo é a opinião principal que ele elege para o caso, aquela que lhe parece fazer mais sentido e que preside todas as outras.

A ideia-mestra de um indivíduo sobre determinada questão é produto de seus pensamentos admitidos e refletidos, ou seja, de argumentos ou justificativas que lhe emitam noções de fundamentação e pertinência suficientes para ocasionar seu próprio convencimento e consequente posicionamento frente a ela.

Só assim alguém pode assumir uma determinada posição como convicção ou tese e, a partir de então, colocá-la eventualmente em debate, a fim de que outros percebam a lógica formal nela contida e sejam incitados ou convencidos a aceitá-la como plausível.

Seria oportuno um entendimento ampliado sobre "ponto de vista" para se compreender que ele não é prerrogativa exclusiva da dissertação, mas extensiva também à descrição e à narração, de modos diferentes.

> Não é correto pensar que somente a dissertação apresenta um ponto de vista crítico da realidade. O que distingue esse ponto de vista é o modo como é exposto. Na dissertação, o ponto de vista vem expresso explicitamente por meio de conceitos abstratos. Na descrição, o autor transmite sua posição pela adjetivação (positiva ou negativa) e seleção da realidade. Na narração, ele transmite suas ideias pela ação que atribui às personagens, caracterizações e condições em que vivem, e comentários que expõem. Assim, ao narrar as ações de uma autoridade, estarão implícitas crítica ou aceitação de suas ações. A par do significado de superfície há significados profundos: as figuras levam aos temas. (ANDRADE; MEDEIROS, 1997, p. 162)

Ao contrário do discurso descritivo e do narrativo, que, uma vez figurativos, objetivam produzir uma recriação do mundo por meio de figuras em um plano concreto do entendimento humano, o discurso dissertativo é temático e se formaliza em um plano abstrato do entendimento humano, o universo dos chamados temas. Ele se configura por meio de análise, interpretação, explicação, avaliação e posicionamento de um sujeito sobre dados da realidade.

Há uma conexão lógica entre as ideias expostas no percurso dissertativo, mas não *crono*lógica, necessariamente. Na dissertação, um enunciado antecede ou se sucede a outro não por conta de uma progressão temporal, mas sim pela correspondência racional que deve existir entre eles. Uma vez bem estabelecidas, essas relações vinculadas proporcionarão dois efeitos desejáveis e necessários a esse tipo de discurso:

- A aparência de coesão interna e externa entre enunciados – qualidade informalmente conhecida como "costura" ou conexão entre as frases e os parágrafos de um texto –, e em relação ao conteúdo que expressam.
- A sensação de coerência nas ideias ordenadas, sua capacidade de evocar pertinência.

Ambos os efeitos funcionam como produtores de sentido no discurso dissertativo. A presença de coesão e de coerência entre os enunciados apresentados em uma dissertação é condição fundamental para que o sujeito enunciador obtenha o convencimento do Receptor enunciatário, resultado almejado na elaboração desse discurso.

É necessário asseverar que a conferência de persuasão não significa esforço direcionado para mudar o ponto de vista original do receptor ou para alinhá-lo com o do enunciador. Significa apenas fazer que o Receptor admita como lógico o sistema de pensamento do enunciador, por conta da legitimidade e da propriedade de seu raciocínio.

Estão selecionados, a seguir, trechos de dois textos escritos por autores contemporâneos, com posicionamentos convergentes (ambos amargos) sobre um mesmo tema – a crise da Modernidade –, para demonstração das estratégias verbais que eles adotaram no intuito de assegurar as relações lógicas, condição prevista entre os enunciados de uma dissertação.

> **Exemplo de dissertação – Texto jornalístico:**
>
> Fome em abundância
>
> Não só indivíduos, mas também Estados e sistemas sociais tendem a se iludir. O recorde mundial, nesse ponto, foi estabelecido pelo sistema reprodutor de mercadorias da modernidade, que se tem com o apogeu insuperável da história humana. Não há dúvida de que o desenvolvimento técnico de hoje é inaudito, mas, mesmo as maiores – ou as mais absurdas – descobertas técnicas, não refletem o bem-estar real das pessoas, e isso tanto hoje em dia quanto na época das pirâmides.
> Há um padrão bem simples para se poder avaliar a verdadeira qualidade de uma época: o panorama da alimentação. Comidas e bebidas dão a exata medida do cotidiano das pessoas. Nesse assunto, uma cultura revela a sua capacidade mais elementar de satisfazer suas necessidades. A modernidade, é claro, também se vê no auge do progresso quando se trata de alimentação: em todas as sociedades anteriores, assim diz a lenda, as pessoas teriam vivido de cascas emboloradas de pão, à beira da fome constante; apenas a miraculosa economia de mercado teria solucionado o problema da provisão de alimentos em abundância e de ótima qualidade.
> Esse quadro faz pouco da realidade, pois exatamente o contrário disso é verdadeiro". (...)
> (Robert Kurz, *Folha de S.Paulo*, Série Autores/Caderno Mais! – Trad. de José Marcos Macedo, 31/8/08, p. 6.)

Se forem enfileiradas algumas palavras e expressões das quais os escritores se valeram (rede de significantes) e, a partir delas, se formar seu arcabouço semântico (rede de significados), haverá condições de se identificar tanto as intenções norteadoras como também as táticas de persuasão por eles empregadas em busca da concordância e do convencimento dos leitores.

Nesse recorte de artigo do sociólogo alemão Robert Kurz, depara-se de imediato com uma recorrência à ironia, através da presença de claro paradoxo aplicado a partir do título "Fome em abundância". Trata-se de uma figura de linguagem derivada da antítese, que enfatiza uma oposição entre elementos ocorrida a um só tempo. O recurso dissemina-se na continuação do texto, aliado ao ingresso de outra figura – a hipérbole – atuante no aspecto de grandiloquência da mensagem, por meio de expressões e termos, como: "iludir", "apogeu insuperável da história humana", "desenvolvimento técnico inaudito", "auge do progresso", "provisão de alimentos em abundância e de ótima qualidade".

Toda a linha de pensamento de Kurz é externada uniformemente com o uso estratégico de oposições (paradoxo) e exageros (hipérbole), na intenção de dramatizar sua visão sombria sobre progresso, frontalmente contrária à concepção de progresso institucionalizada na Modernidade.

> **Exemplo de dissertação – Prosa literária:**
>
> (...)
> Ao que parece, a dignidade da vida humana não estava prevista no plano da globalização. A angústia é a única coisa que prosperou até níveis nunca vistos. É um mundo que vive na perversidade, onde uns poucos contabilizam seus ganhos à custa da amputação da vida da imensa maioria.
> Fizeram algum pobre-diabo acreditar que pertence ao Primeiro Mundo só porque tem acesso aos inúmeros produtos de um supermercado. E, enquanto esse pobre infeliz dorme tranquilo, confinado em sua fortaleza de aparelhos e quinquilharias, milhares de famílias têm de sobreviver com um dólar diário. São milhões os excluídos do grande banquete dos economistas. (...)
> (Sábato – Antes do fim/Ernesto Sábato, trad. Sérgio Molina/Cia. das Letras/2000/p. 94)

No fragmento de livro do segundo analista, Ernesto Sábato, a ironia também se mostra presente, neste caso aliada à figura de linguagem metáfora – comparação aproximada entre elementos por similaridade –, quando ele se refere à pobreza como "amputação da vida", aos produtos industrializados como "quinquilharias", ao consumidor e ao cidadão como "pobre-diabo" e "pobre infeliz", ao Capitalismo como "banquete dos economicistas".

As associações negativas reiteradas (metáforas), assim como ocorreu no texto anterior com outras figuras de linguagem, aqui também são mantidas uniformemente ao longo de toda a escritura, a fim de ratificar o ponto de vista do emissor sobre o tema em questão. À sua maneira, ele desconstrói a noção corrente de progresso e chega perto de satirizá-la.

A decisão dos autores pelo uso de tais estratagemas redacionais emprestou consistência às suas opiniões e colaborou para o encaminhamento coeso de seu raciocínio ao desenvolvimento argumentativo e à conclusão das dissertações aqui exemplificadas, enquadrando-as no modelo estrutural ortodoxo.

Subestrutura dissertativa formal ortodoxa: introdução/desenvolvimento/conclusão

Existem algumas subestruturas formais para hierarquizar a exposição de ideias em discurso dissertativo. As mais conhecidas e recorrentes são a ortodoxa e a socrática, que serão estudadas a seguir.

A subestrutura formal ortodoxa possibilita um ordenamento de algum modo, simplificado dos enunciados de uma dissertação. Trata-se de um modelo em que se distinguem três etapas consecutivas de exposição. Para cada uma delas, há um compromisso esperado do enunciador, que, uma vez cumpridos, viabilizam o poder persuasivo do texto.

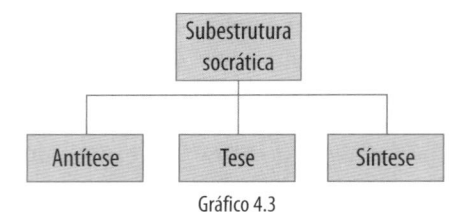

```
                    Subestrutura
                     socrática
                         |
         ┌───────────────┼───────────────┐
      Antítese         Tese           Síntese
```
Gráfico 4.3

De acordo com o linguista francês Patrick Charaudeau, "toda relação dissertativa argumentativa é composta por: uma afirmação de partida (premissa introdutória); uma ou várias afirmações de passagem (argumentação); uma afirmação de chegada (conclusão)". (CHARAUDEAU, 1992, p. 785)

As dissertações exemplificadas a seguir pertencem a campos diferentes: à Publicidade e à prosa literária. Ambas estão inseridas na estrutura formal ortodoxa, segundo muitos autores, aquela que possibilita melhor apresentação do pensamento do enunciador.

Exemplo de dissertação estabelecida na subestrutura formal ortodoxa aplicada em Redação Publicitária:

Texto publicitário impresso – Anunciante: Danone/1997

Se o seu corpo é um templo, não se esqueça de rezar todos os dias.
Um Iogurte Natural Danone por dia pode não mover montanhas, mas faz o seu organismo se mover muito mais saudável por aí. Ele contém lactobacilos vivos e ativos que contribuem para o bom funcionamento do aparelho digestivo. É leve, equilibrado e fonte natural de cálcio, fósforo, vitaminas e proteínas. Quanto mais você enriquece o seu interior, mais bonito fica o seu exterior.
Danone. Sua dose diária de saúde.

Subestrutura formal ortodoxa:

- Introdução/Tese ➤ Exposição da ideia central;
  Um Iogurte Natural Danone por dia pode não mover montanhas, mas faz seu organismo se mover muito mais saudável por aí.

- Desenvolvimento/Argumentação ➤ Fundamentação da tese;
  Ele contém lactobacilos vivos e ativos que contribuem para o bom funcionamento do aparelho digestivo. É leve, equilibrado e fonte natural de cálcio, fósforo, vitaminas e proteínas.

- Conclusão/Fechamento do raciocínio ➤ Persuasão.
  Quanto mais você enriquece o seu interior, mais bonito fica o seu exterior.

Exemplo de Dissertação estabelecida em subestrutura formal ortodoxa

(...)
Talvez, no entanto, por trás desse otimismo tecnológico delirante, por trás desse encantamento messiânico do virtual, sonhamos justamente com o limite crítico e com essa inversão de fase da esfera da informação – na impossibilidade de viver esse acontecimento considerável, essa implosão geral em nível do universo, teremos o gozo experimental em nível de micromodelo. Dada a aceleração do processo, o intercâmbio pode estar bastante próximo. É preciso, portanto, encorajar vivamente essa superfusão da informação e da comunicação.
Em todo o caso, resta uma hipótese alternativa: trata-se do quadro que nos apresentam da potência das tecnologias do virtual, da promoção irresistível da realidade virtual até a potência incontrolável dos novos donos do mundo (*Le monde diplomatique*, de maio 1995) que são os senhores da Microsoft e do telecapitalismo; esse quadro depende fortemente da intoxicação midiática repercutindo a auto-intoxicação desses meios (assim todo o processo se alimenta em espiral).
De duas, uma: ou os dados estão lançados, o mundo inteiro já está dependente desse feudalismo tecnológico que concentraria em suas mãos toda espécie de poder real, e então só nos resta desaparecer, pois nós já estamos – nessa perspectiva – virtualmente riscados do mapa, como do território. Ou então, não é nada disso e tudo isso também é virtual. A potência do virtual nada mais é do que virtual. Por isso, aliás, pode intensificar-se de maneira alucinante e sempre mais longe do mundo dito real, perder ela mesma todo o princípio da realidade. Para que essas potências técnicas estendam seu império sobre o mundo seria preciso que tivessem uma finalidade – não há potência sem finalidade da potência. Ora, elas não a têm. Só podem transcrever-se indefinidamente nas suas próprias redes, nos seus próprios códigos.
(...)
(Jean Baudrillard, em trecho extraído do livro *Tela total*, 1997, p. 26)[22]

Etapa de introdução: problematização do tema e oferecimento da tese

A fim de que o Receptor seja conscientizado sobre o que se discorrerá, na abertura do texto é instaurada a problematização do tema em parágrafo único, ou subdividida em dois ou mais breves parágrafos de iniciação. Isso pode ser feito de inúmeras maneiras, entre as quais serão recomendadas algumas das mais eficazes.

Todas as sugestões aqui ordenadas para a conformação da introdução na subestrutura dissertativa ortodoxa têm total aplicabilidade em textos publicitários e propiciam boas condições de desdobramento à sua redação.

A abordagem introdutória pode ser elaborada por meio de estratagemas simples, que seguem discriminados em cinco sugestões iniciais:

- Um recuo temporal histórico/de contextualização histórica/de contextualização geográfica/de contextualização histórico-geográfica + tese;
- Simples apresentação do tema exposto com: uma afirmativa preparatória ou contundente/uma negativa instigante/uma grande pergunta + tese;
- Uma comparação inusitada, mas pertinente, de uma comparação real + tese;
- Uma ideia consensualmente aceita e disseminada + tese;
- Uma construção frasal afirmativa, negativa ou interrogativa, baseada em: máximas populares/citações autorais referendadas/versículos bíblicos referendados/hinos nacionais, esportivos oficiais/citações documentais de parágrafo, inciso, artigo, emenda, lei, códigos oficiais/falas, declarações, entrevistas, pronunciamentos, midiaticamente veiculados e, quando em idioma estrangeiro, vertidos ao Português + tese.
- Uma pergunta estigante + tese.

Etapa do desenvolvimento: fundamentação da tese com a exposição da linha argumentativa

Há um ditado popular que garante: "Contra fatos não há argumentos". Ao que se poderia emendar, expandindo-se o pressuposto, com: ... E contra argumentos sólidos não há refutação aceitável.

A tudo aquilo que explica, fundamenta e ratifica a admissão de um ponto de vista por parte de um indivíduo denomina-se argumentação. Argumentos são os motivos sólidos, legítimos e consistentes que um indivíduo tem para justificar sua opinião sobre determinado tema. A linha argumentativa constitui-se no resultado das elucubrações, conjecturas e reflexões desse indivíduo sobre uma questão específica, que, convencendo em primeiro lugar a ele próprio, se converterão em geradoras de seu posicionamento frente a um tema. Em outras palavras, elas serão precisamente a base de sua tese sobre um tema.

Depreende-se, assim, que, na subestrutura dissertativa formal ortodoxa, embora a exposição escrita da tese principal ocorra na etapa de introdução, sendo seguida pelo desenvolvimento, etapa da argumentação, em realidade, na mente do enunciador, enquanto pensamentos ainda não escritos, as coisas se passam em ordem inversa.

Em princípio, ele arrola as razões/argumentos que o fariam pensar desta ou daquela maneira sobre a questão em pauta; em um segundo passo, após sentir-se convencido, toma uma posição e elabora uma opinião/tese sobre ela.

Para melhor circunscrição desse aspecto, é pertinente a incorporação de nova contribuição de Patrick Charaudeau, que ressalta:

> Argumentar é uma atividade que inclui numerosos procedimentos, mas o que distingue tais procedimentos de outros modos de discurso é precisamente que eles se inscrevem num propósito racionalizante, e representam o jogo do raciocínio, que é marcado por uma lógica e um princípio de não-contradição. (CHARAUDEAU, 1992, p. 788)

Existe uma vasta gama de recursos argumentativos, que pode tanto reforçar afinidades como embasar discordâncias possíveis no processo de formação de uma tese dedicada a textos dissertativos de qualquer natureza, como os jornalísticos, os técnicos, os acadêmicos, incluindo-se nestes a monografia, a dissertação realizada em programas de mestrado, e a tese, em programas de doutorado, por exemplo.

No que diz respeito à Publicidade, a utilização desses recursos é estratagema forte, que beneficia a Redação Publicitária de peças que se enquadram na estrutura discursiva dissertativa, pois, nessa especialidade, deseja-se basicamente a persuasão e a adesão do público-alvo.

Na próxima etapa, a abordagem ampliada e dirigida de tais recursos se circunscreverá ao âmbito da Publicidade, por conta da inclinação deste livro.

Recursos argumentativos aplicados em Redação Publicitária: formas variadas de persuasão do público-alvo

A utilização dos recursos argumentativos em Redação Publicitária tem se mostrado uma ferramenta teórica eficaz na dura tarefa de persuadir consumidores de todas as classes sociais, tanto nas fases de lançamento e relançamento de produtos e serviços, como nos intervalos de flutuação, manutenção e sustentação de marcas no mercado. Com produtos e promessas cada vez mais assemelhados, tais recursos são indistintamente considerados fundamentais e quase imbatíveis, por conta de sua capacidade de impossibilitar refutações no escopo da criação verbal das peças publicitárias impressas, eletrônicas ou digitais que deles se utilizaram; pelo seu poder de alcance em públicos-alvo diferentes; e pela obtenção de altos índices de *recall*[23]/memorização das peças concebidas por meio deles.

Serão distinguidos aqui seis grupos principais de recursos argumentativos, cujo emprego, de uso corrente em Língua Portuguesa, pode ser amplamente direcionado à Redação Publicitária.

- ♦ Argumento de autoridade
  É a apropriação de fala, depoimento, declaração eventual ou empréstimo do prestígio, fama, reputação, sucesso ou valor maior de uma pessoa que tenha alguma relação com o produto/serviço anunciado, a fim de conferir-lhe credibilidade e promover a identificação desejada com o Receptor. Largamente utilizado em Criação Publicitária, é esse o tipo de recurso que atravessa o tempo, aparentemente incólume, sem vislumbre de desgaste.
  No início do século XX, uma peça construída com base no argumento de autoridade obteve grande aceitação por parte da sociedade; e o produto anunciado bateu recordes de venda. A liga se fez entre o mais uma vez citado xarope Bromil e a autoridade Olavo Bilac, neste caso atuando como modelo, mas que, na realidade, operava mais intensamente nos bastidores, como redator publicitário, conforme mostrado em capítulo anterior deste livro. O jovem e admirado Bilac sofria de bronquite

asmática renitente e se declarou curado após a ingestão do xarope, o que causou forte sensação de verossimilhança no público. Convincente e formal, Bilac criou o texto da peça.

> **Anúncio página simples para o xarope Bromil, com depoimento real do poeta Olavo Bilac: Autoridade reconhecida nacionalmente.**
>
> Reprodução do texto do anúncio:
>
> Olavo Bilac curou-se com Bromil
> Srs. Daudt & Oliveira – Tenho a maior satisfação em declarar que, sofrendo de uma bronchite pertinaz, fiquei radicalmente curado com o uso de Bromil.
> Olavo Bilac – Rio – Bromil cura tosse.

No entanto, o Argumento de Autoridade não é um estratagema persuasivo infalível, e há de se dedicar alguns cuidados com sua aplicação em Redação Publicitária:

a) A autoridade não deve ter mais destaque do que o produto/serviço no espaço de visão que ocupa na peça publicitária, a fim de não obscurecê-lo, e promover-se apenas a si própria.

b) A autoridade escolhida para figurar ao lado de um produto/serviço deverá transmitir sensação de fidedignidade para essa associação; passar credibilidade, caso venha a oferecer o produto como solução de alguma necessidade.

c) A relação entre autoridade e produto deve ser verossímil, cabível, e não fortuita, desgastada ou por demais previsível.
Em 2008, quatro *spots* de 30 segundos foram veiculados em rádio, coincidentemente divulgando quatro remédios contra dores e antigripais, construídos por meio de quatro argumentos de autoridade. Em nenhum deles, no entanto, verificou-se qualquer índice de ligação ou de pertinência das autoridades escolhidas com tais produtos. Nos episódios dos quais elas participavam, não ficava clara, também, a vinculação que manteriam com os produtos e por quais razões os recomendariam a estranhos, anônimos que teriam acabado de encontrar, ambientados em locais incertos, protagonizando tramas gratuitas.
Foram elas: Marieta Severo e Fluviral; Antonio Fagundes e Benegripe; Suzana Vieira e Sonridor; Pelé e Ísis Valverde e Mirador, este último, inclusive, com veiculação vetada pela Anvisa[24]. A Agência considerou impróprios tanto o *slogan*: "Mirador, o Pelé dos comprimidos", como as expressões utilizadas nos anúncios da campanha: "muito bom"; "remédio forte", por entendê-los capazes de induzir o consumidor a erro e risco.

d) A autoridade escolhida para atuar ao lado do produto/serviço deve ser reconhecida de forma positiva pelo grande público, ter boa interação com ele e apresentar um comportamento social aceitável, dentro de padrões éticos regulamentados enquanto for mantida a relação contratual.

e) A autoridade responderá pela marca com sua presença, por meio de falas, atitudes e aparência ao longo de eventos oficiais, e mesmo em simples e informais aparições públicas, devendo manter íntegra a imagem que a consagrou como porta-voz do anunciante.

f) A autoridade escolhida para atuar ao lado de um produto/serviço, como todo ser humano, é passível de erros eventuais cometidos no âmbito de sua vida pessoal, e possivelmente divulgados no exato período de veiculação da peça publicitária protagonizada por ela. A qualquer momento, a autoridade poderá envolver-se em escândalos, em acidentes fatais, negar inadvertidamente o uso do produto que ela mesma anuncia sob contrato, expressar-se mal em entrevistas gravadas, adoecer, desmerecer voluntária ou involuntariamente o uso do produto que anuncia, ser presa ou até morrer. Essas eventualidades embaraçosas e inesperadas conseguem rápida repercussão midiática, afetam o público e, com isso, a imagem da autoridade poderá sofrer abalos fortes e até irreversíveis, que trarão um alto preço para ambas as partes.

g) O risco de se lançar suspeitas à reputação da autoridade gera consequências imprevisíveis para a marca a ela associada, o que seria justificativa suficiente para inviabilizar o prosseguimento dessa conjunção. Episódios negativos se transformam em motivos determinantes também para ocasionar o rompimento definitivo de contratos milionários e duradouros, antes de seu término previsto.

Seguem referências noticiadas de três eventos de grandes proporções, que abalaram a imagem pessoal de astros do esporte mundial: o jogador de futebol brasileiro Ronaldo Fenômeno, o nadador norte-americano Michael Phelps, e o também americano golfista Tiger Woods, todos envolvidos em polêmicas pesadas, em pleno auge de suas carreiras.

Por conta de tais episódios desabonadores terem explodido sem controle à vista do grande público, algumas das marcas que patrocinavam essas autoridades, mesmo sendo elas nomes consagrados internacionalmente, rescindiram seus contratos.

Escândalo I:

O atacante Ronaldo Fenômeno versus Enrascada com Travestis → *Cancelamento de contrato com a Tim*
Tim deixa também de patrocinar Ronaldo

Operadora de telefonia optou por não renovar o contrato de US$ 4,8 milhões anuais mantido com o jogador de futebol, cujo prazo expirou em dezembro de 2008.
Ronaldo "Fenômeno", jogador do Corinthians desde dezembro passado, não é mais patrocinado pela Tim. A operadora decidiu não renovar o contrato mantido com o craque, que terminou em outubro de 2008 e que previa um pagamento ao atleta de US$ 4,8 milhões anuais. De acordo com informações obtidas junto à própria assessoria de imprensa da Tim, o contrato estava realmente previsto para terminar ao final do ano passado e a operadora italiana optou pela não renovação. Segundo a empresa, o fim do acordo com o Ronaldo não tem nenhuma ligação com os demais cancelamentos de patrocínio que a Tim anunciou recentemente. Nessa semana, a operadora confirmou o cancelamento dos eventos Tim Festival e do Prêmio Tim de Música, informando que a verba até então a eles destinada, será direcionada a outros projetos de comunicação da companhia.
Em maio de 2008, o contrato entre a operadora e o jogador de futebol estremeceu após o escândalo que envolveu Ronaldo e alguns travestis, em um motel do Rio de Janeiro. Logo após a publicação de reportagens que davam como certo o fim da parceria, em virtude da imagem negativa que o craque teria adquirido após o incidente, a Tim veio a público afirmar que não tinha motivos para romper o patrocínio e que manteria o contrato até o vencimento – leia matéria completa sobre o caso. Afora a Tim, o craque possui um contrato de patrocínio vitalício com a Nike e um outro acordo, com a Ambev. Depois de 13 meses fora dos gramados, o jogador fez sua estreia com a camisa corintiana nessa última quarta-feira, 11, em partida da Copa do Brasil, contra o Itumbiara.
(Revista Meio & Mensagem On-line – Coluna Em Pauta – Marketing & Negócios, 6/3/2009.)[25]

Escândalo II:

O campeão olímpico Michael Phelps versus *Maconha em público* → *Cancelamento de contrato com Kellogg's, Subway e AT&T*
Maconha causa dano à imagem de Phelps

O campeão mundial de natação Michael Phelps – EUA, em dois momentos de sua trajetória: nas Olimpíadas de Pequim/agosto 2008, com sete medalhas de ouro; e em uma festa na Carolina do Sul, fumando maconha com cachimbo especial/novembro 2008[26].

Patrocinado por marcas como Subway, Kellogg's e AT&T, o herói olímpico Michael Phelps é flagrado em foto publicada na imprensa britânica.

A capa do jornal britânico News of the World que trazia uma foto do nadador norte-americano Michael Phelps, ganhador de oito medalhas de ouro nos Jogos Olímpicos de Pequim, fumando maconha causa danos à reputação do nadador. A foto foi tirada durante uma festa na Universidade da Carolina do Sul, em novembro passado. Em comunicado, Phelps confirmou a autenticidade dela, afirmando: "Eu tive um comportamento do qual me arrependo e que demonstra mau julgamento. Tenho 23 anos e, apesar do sucesso que tive nas piscinas, agi de modo juvenil e desapropriado, longe daquilo que as pessoas esperam de mim. Por isso, peço desculpas. Prometo aos meus fãs e ao público que não acontecerá de novo".

A notícia chega em um momento em que Phelps nada em acordos de longo-prazo por causa das medalhas em Pequim, com marcas como Kellogg's, Subway, AT&T, Hilton e, mais recentemente, Mazda. Ele já teve problemas como garoto-propaganda, quando apareceu na CNN com uma caixa do produto Cheerios, da General Mills, em sua cozinha, quando ele é patrocinado pela rival Kellogg. E é sabido também de sua tão falada relação com os cheesebúrgueres do McDonald´s, no contexto de seu acordo com a Subway, que foca sua comunicação em como o corpo fica quando se consome produtos da rede. O caso das drogas é pior do que tudo isso, embora a história mostre que anunciantes continuam se beneficiando da imagem de um atleta problemático caso ele continue com uma performance de alto nível. Um exemplo é Michael Jordan, que nunca trouxe problemas às marcas apesar de notícias de infidelidade matrimonial. Kobe Bryant sobreviveu a uma acusação de estupro e manteve sua imagem. Mas caso a performance de Phelps decaia, as marcas devem prestar atenção.

Da AdAge. (Revista Meio & Mensagem On-line, Coluna: Em Pauta – Marketing & Negócios, 2/2/2009)

Phelps perde Kellogg's e é suspenso por três meses

A marca não renovará contrato com o campeão olímpico, que expira no final deste mês. A federação norte-americana da natação, por sua vez, decidiu suspender o astro das piscinas, que apareceu em fotos fumando maconha.

O nadador norte-americano Michael Phelps não terá mais o patrocínio da Kellogg. Tudo por conta do fato de ter aparecido em fotos fumando maconha.

A fabricante não renovará o contrato que tem com o atleta, que expira no final de fevereiro, por acreditar que o comportamento de Phelps não é mais compatível com a imagem da empresa, conforme nota oficial. A Kellogg informou ainda que não renovará o patrocínio com o time olímpico dos EUA, que se encerrou em dezembro. Phelps também foi suspenso por três meses pela federação norte-americana de natação. Em comunicado, a entidade afirmou que a punição é uma repreensão ao astro pelo mau exemplo a milhares de pessoas que o admiram.

Além de não poder participar de competições nesse período, Phelps sentirá as consequências no bolso, já que durante o tempo em que estiver suspenso, o atleta não receberá os repasses de verbas de patrocínio da federação.
(Revista Meio & Mensagem Online – Coluna Em Pauta: Marketing & Negócios, 9/2/2009.)

Escândalo III:

O esportista mais bem pago do mundo Tiger Woods versus *Adultério* → *Cancelamento de contratos com todas as marcas que o patrocinavam*
AT&T rescinde contrato com Tiger Woods
4 de janeiro de 2010

O jogador Tiger Woods: primeira celebridade do esporte a atingir a marca de US$ 1 bilhão.
Empresa de telecomunicações deixa de patrocinar o golfista mais bem pago do mundo

"A AT&T, empresa norte-americana de telecomunicações, rescindiu o contrato de patrocínio com Tiger Woods", noticia esta segunda-feira o «The Wall Street Journal». A AT&T junta-se, assim, à Accenture, Gatorade, que suspendeu a bebida Tiger Focus, e à Gillette, que cancelaram os contratos com o golfista, depois de terem vindo a público notícias de seus casos extra-conjugais. O golfista faz tratamento em clínica especializada para viciados em sexo.
(Extraído da coluna On-line Esporte Brasil Notícias/ESPBR: http://www.espbr.com em, 20/2/2010)

Escândalo Tiger Woods: patrocinadores perdem até US$ 12 bilhões
Empresas esportivas, como Nike e Gatorade, foram as que mais perderam com o escândalo, registrando perdas de 4,3%.

> Um estudo da Universidade de California Davis calcula que os acionistas das maiores companhias que patrocinam o jogador de golfe norte-americano Tiger Woods perderam uma quantia que pode variar entre US$ 5 bilhões e US$ 12 bilhões, devido ao escândalo envolvendo relacionamentos extra-conjugais. Woods tem entre seus patrocinadores empresas como Nike e Gatorade.
> As perdas não incluem os próprios ganhos de Tiger Woods. O estudo foi feito após acompanhamento do mercado acionário durante os 13 dias seguintes ao escândalo, que se tornou público em 27 de novembro, quando o jogador bateu seu carro e não quis dar explicações à polícia. No dia 17 deste mês, Woods anunciou que estava abandonando o esporte por tempo indeterminado. O estudo foi feito em cima dos ganhos acionários de oito patrocinadores: Accenture, AT&T, Tiger Woods PGA Tour Golf (Electronic Arts), Gillette (Procter and Gamble), Nike, Gatorade (PepsiCo), TLC Laser Eye Centers e Golf Digest (Conde Nast).
> (Extraído da coluna Marketing On-line – Revista Época Negócios Online: http://www.epocanegocios.globo.com, em 20/2/2010)

- Argumento de prova concreta

  Preciso, é esse um recurso baseado na utilização literal de números, dados, índices, estatísticas, gráficos e porcentuais, todos oriundos de fontes idôneas, catalogadas e reconhecidas, no intuito de oferecer certezas matemáticas sobre qualidade, formulação ou nível de aceitação do produto anunciado, em visão macroscópica de análise. Muitas marcas se beneficiam com a adoção específica desse recurso, que enfatiza a exatidão dos dados fornecidos ao público.

  - A anunciante Dove, quando lançou seu primeiro produto no mercado brasileiro, o sabonete cremoso, recorreu a um argumento de prova concreta, ao bater firmemente na tecla de que ele tinha em sua composição química "25% de creme hidratante".
  - A anunciante Yakult também fez uso do mesmo recurso argumentativo/prova concreta, ao divulgar o número dos consumidores do produto espalhados pelo mundo: "25 milhões de pessoas", estratégia de criação que deu força à marca. O mesmo se passou com a Avon, que, no anúncio de lançamento da Máscara para cílios Super Shock, garantiu a capacidade de alongamento dos cílios em "12 vezes".
  - Anúncio página dupla impresso, com utilização do argumento de prova concreta: "No mundo inteiro, mais de 25 milhões de pessoas tomam Yakult todos os dias". Campanha Yakult/2006.
  - Detalhe de anúncio página dupla impresso, com utilização do argumento de prova concreta: "Exclusivo aplicador em tamanho maior dá 12 vezes mais volume". Campanha Máscara para Cílios Super Shock Avon/2008.

- Argumento de comparação explícita ou aberta

  Essa variante consiste na exposição frente a frente de dois ou mais produtos/serviços, claramente nomeados, para que um se sobreponha ao outro em qualidade, aceitação e valor. A nomeação aberta de produtos é condição prevista em lei, o que, entretanto, não impede o ajuizamento de ações por parte do anunciante assim comparado, que venha a se sentir ofendido, minimizado, confrontado, desmentido ou humilhado publicamente pelo concorrente. Várias marcas fortes já estiveram em confronto aberto diante do público, tanto no Brasil como no exterior, para formalizar uma comparação clara e demonstrar superioridade uma sobre a outra.

Entre elas, estão as disputas mais provocativas: os sabões em pó Omo x Ariel; os jornais O Estado de S. Paulo x Folha de S.Paulo; os refrigerantes Pepsi x Coca-Cola e Dolly Guaraná x Coca-Cola; as companhias aéreas TAM x Varig; as pomadas Caladryl x Hipoglós; os tênis Reebok x Nike; as operadoras Telefonica x Net, e as cadeias de lanchonetes McDonald's x Burger King.

É possível elaborar outro estilo de argumentação com a utilização do sistema de comparação aberta, no caso, bem mais suave e, muitas vezes, até surpreendente, quando se compara um produto/serviço a outros elementos não comercializáveis.

Na década de 1990, por ocasião do lançamento do Ford Ka, a mensagem verbo-visual do anúncio dava conta de que, em comparação ao *carro*, todos os concorrentes pareciam *dinossauros*. Em 1968, a Volkswagen do Brasil anunciava o popular *Fusca*, metaforizando-o com uma *tartaruga*, a qual, na imagem da peça, estava pintada na carroceria do carro, em uma simulação ou sobreposição das formas arredondadas de seu casco. O mesmo se deu com a *gasolina* dos postos Esso, nos idos 1970, quando se fazia analogia direta de sua potência com a de um *tigre*.

No anúncio a seguir, pode-se verificar uma comparação aberta do hambúrguer McDonald's, avantajado em tamanho, com a fama da cidade de Itu, onde tudo seria maior do que em qualquer outro lugar.

Anúncio datado página simples impresso, com emprego de variante do argumento de comparação aberta:
"É bom ser como Itu". McDonald's em homenagem ao aniversário da cidade de Itu – SP/2008.

- Argumento de comparação implícita ou indireta
  Mais comedido do que seu antecessor, o argumento de comparação implícita expõe a condição de superioridade de um produto/serviço em relação a todos os outros, sem diretamente nomeá-los, a fim de marcar presença no segmento de mercado em que se inclui. Essa exposição se dá de forma genérica, não claramente endereçada, mas pode, ainda assim, também ocasionar o ajuizamento de ações por parte de qualquer um dos anunciantes que venha a se sentir atingido negativamente pela comparação apenas sugerida, mesmo que dissimulada.
  O automóvel Gol, da Volkswagen do Brasil, por ter repetidas vezes sido eleito "O carro mais vendido do país", permanecia anunciado com o argumento de comparação implícita. As mensagens apontavam para o fato de ele ser superior aos concorrentes em geral, por isso, "o mais querido do Brasil".

Mesmo não fazendo citação direta das marcas comparadas, existem casos em que o argumento de comparação implícita pode ser encarado como provocação e ensejar procedimentos judiciais, como se comprova com a documentação abaixo transcrita, extraída do Boletim do Conar, com uma resolução oficial arbitrada.

> **Boletim do CONAR – Nº 151 OUT./NOV. 2002**
>
> **PROPAGANDA COMPARATIVA**
>
> "Panelas de cerâmica Ceraflame"
> Representação nº 121/02
> Autora: Abal
> Anunciante: Ceramarte
> Relator: Carlos Eduardo Toro
> Decisão: Alteração
>
> Fundamento: Artigos 4, 24, 27 caput, par. 1º e 2º, 32 e 50, letra "b" do Código
>
> A Ceramarte, fabricante da panela cerâmica Ceraflame, em ação de *merchandising* inserida em programa Medicina e Saúde, da TV Guaíba de Porto Alegre, sugere que o uso de panelas confeccionadas em alumínio pode trazer graves danos à saúde.
>
> A Abal, Associação Brasileira do Alumínio, pediu abertura de representação ética visando a ação, por considerar que os argumentos não correspondem à verdade, juntando dados de pesquisas de diversas origens. Lembra que já veio ao Conar para pedir medidas contra o anunciante (representação 49/00). Houve concessão de medida liminar sustando a exibição do *merchandising* enquanto o relator examinava os argumentos das partes.
>
> Em sua defesa, a Ceramarte informa considerar um dever alertar ao consumidor dos perigos de absorção de metais pesados e tóxicos, como o alumínio. Cita declarações de especialistas, mas não junta os trabalhos ou cita claramente as fontes de informação.
>
> Para o relator, trata-se de um caso evidente de propaganda comparativa onde se atribui às panelas concorrentes malefícios à saúde. O relator ponderou o fato de persistirem sobre o tema muitas dúvidas científicas, além de ser reprovável do ponto de vista da ética publicitária apoiar-se em dados vagos para provocar ilações graves, como a de que cozinhar alimentos em panelas de alumínio é danoso à saúde. Por isso, recomendou alteração do *merchandising*, voto aceito por unanimidade.
>
> Referência extraída de: http://www.conar.org.br/images/boletim/Conar%20151.pdf

- Argumento de comparação antes e depois

  Trata-se do estabelecimento de um claro diferencial positivo entre a suposta má situação do consumidor *antes* do uso de determinado produto/serviço e a situação privilegiada que ele vive *após* tê-lo adotado, evidenciando uma notável satisfação, outorgada pela incorporação desse produto aos seus hábitos de vida.

  Esse argumento pode ser também uma forma de se demonstrar que o lançamento de um produto representaria um divisor de águas no mercado: *antes* dele, a resposta do consumidor era uma; e a partir dele, ou *depois* dele, ela é outra; o que sacudiria a concorrência, forçando-a a adaptar-se às novas exigências.

  - O filme inesquecível do xampu Colorama, da Bozzano, veiculado na década de 1970, é lembrado até os dias de hoje pelo bordão dito pela então usuária do produto: "Ei, ei... você se lembra da minha voz? Continua a mesma, mas os meus cabelos..."

    Aqui, depreende-se que os cabelos da moça eram indomáveis *antes* do uso do xampu Colorama, mas *depois* da adoção do produto, eles tornaram-se sedosos e brilhantes.

  - Mais uma vez utilizado como exemplificação, o lançamento do automóvel Ford Ka teve sua base de criação elaborada sobre o argumento antes e depois, fazendo o carro atuar como um marco, ao insinuar que seu *design* inédito fazia os modelos *anteriores* a ele parecerem dinossauros. Neste caso, entende-se que *depois* do Ka, todos os carros seriam antiquados. Aprende-se agora que, na campanha de lançamento desse produto, foram utilizados dois tipos de recursos argumentativos em associação: comparação direta com outros elementos, conforme visto anteriormente, e antes e depois.

♦ Argumento de exemplificação
Bastante usual e rico em possibilidades criativas, esse recurso faz a explicitação da versatilidade de uso de um produto/serviço diversificando a multiplicidade de ambientes, de estilos, de faixas etárias, de momentos, de espaços geográficos, (...) com os quais ele se compatibilizaria facilmente.

- Na tentativa de se solidificar como marca, o Guaraná Kuat, à época de seu lançamento, fez uso do argumento de exemplificação ao mostrar versatilidade num anúncio página dupla, no qual se dizia que a bebida combinava com comidas típicas de vários países, todas discriminadas e exemplificadas em texto e imagem, ao lado da lata de Guaraná.
- Os Relógios Citizen também já foram anunciados por meio desse tipo de argumentação na virada de 1999 para 2000, quando um anúncio página simples de revista mostrava o produto sendo usado por diversos estilos de pessoas, em várias cidades importantes do mundo, onde o *Réveillon* era comemorado em festas diferentes.

Etapa da conclusão: explicação racional para o tema e fechamento do raciocínio

O momento final da dissertação na subestrutura ortodoxa converge para um fechamento conclusivo da exposição aberta. Deve-se recuperar a tese inicialmente oferecida e reiterar o posicionamento do enunciador, disseminado ao longo do texto. Expedientes como ironia fina são pertinentes para inclusão nesta etapa, desde que livres da mordacidade exagerada e dimensionados com a devida parcimônia.

O fecho de um texto dissertativo pode se resolver com uma resposta, com explicação objetiva sobre a questão debatida, com o oferecimento de solução ou por meio de uma simples sugestão que tencione cooperar de alguma maneira com o entendimento de determinados tipos de tema.

No caso da Publicidade, o oferecimento de uma solução ou sugestão em um anúncio de natureza dissertativa argumentativa seria a indicação do uso de determinado produto, o próprio assinante da peça.

É equivocada para a conclusão de qualquer tipo de texto a implementação de medidas de risco, tais como a inclusão de dados novos relativos ao tema, exatamente no momento em que o texto deveria ser terminado, já que tais informações pediriam alongamento, uma abordagem que as desdobrasse e justificasse. Outro erro seria a formulação de uma pergunta como frase final da conclusão, pois esse método não apontaria para uma real convergência do raciocínio, mas deixaria o debate em aberto, não corroborando a tese nem provocando efeito persuasivo no interlocutor.

De igual modo, a citação autoral, argumento de autoridade explicitada sob as formas de: trechos de letras de músicas, códigos, documentos, livros e fontes verbais afins, não é estratagema conclusivo recomendável, uma vez que seu emprego despersonalizaria a autoria do trabalho, na hora em que o enunciador deveria assumi-la ou subscrevê-la.

No exemplo a seguir, vê-se um procedimento conclusivo muito bem executado.

> **Exemplo I de dissertação estabelecida na subestrutura formal ortodoxa:**
>
> Texto jornalístico/Editorial
>
> Editorial – *Jornal Folha de S. Paulo*
> São Paulo, terça-feira, 16 de março de 2010
>
> **Marina, boa surpresa!**
> O coordenador da pré-candidatura de Marina Silva (PV) à Presidência, Alfredo Sirkis, lançou mão de uma fórmula astuciosa para indicar o lugar da senadora no espectro ideológico: ela não se encontraria nem à esquerda, nem à direita do presidente Luiz Inácio Lula da Silva - mas à frente. A ideia de uma opção eleitoral "pós-Lula", que resiste à desgastada e por vezes enganosa oposição entre petistas e tucanos, é uma estratégia pertinente.
> Ajusta-se, antes de tudo, à marca da candidatura, que prescreve novas relações entre economia e ambiente – algo difícil de ser enquadrado nos surrados rótulos esquerda e direita. A pauta ambiental, aliás, desperta com frequência rejeições das duas alas, embora tenha-se tornado eleitoralmente vantajoso posar de defensor da natureza. Essa ambiguidade é nítida na súbita "conversão" ao discurso contra o efeito estufa da ministra Dilma Rousseff – a "mãe" do desenvolvimentismo estatal. De maneira análoga, na oposição é comum a transigência com agressões ao ambiente, embora o governador José Serra também tenha anunciado metas de redução de emissões em São Paulo.
> Mas se a presença de Marina cobra dos adversários mais atenção com a temática ecológica, sua candidatura, em sentido contrário, vê-se instada a apresentar propostas consistentes em outras áreas. É o que tem feito - e até aqui de modo mais claro do que os rivais. A entrevista com o possível vice da chapa, o empresário Guilherme Leal, que a Folha traz hoje, é prova disso.
> Sabe-se que a candidata dará ênfase à educação; que defenderá uma concepção moderna de Estado, mais leve e eficiente; que será favorável à racionalização tributária; que preservará a autonomia do Banco Central; e que manterá o Bolsa-Família.
> Para quem imaginava uma postulação confinada a clichês verdes, Marina Silva vai-se revelando uma boa surpresa.

Em seguida, inserem-se duas ilustrações diferentes de aplicação da subestrutura dissertativa ortodoxa: uma refere-se a um exame vestibular realizado pela Fuvest, nos anos 1990, no qual os três momentos (introdução, desenvolvimento e conclusão) são bem definidos; outra, utilizada em Redação Publicitária, mostra uma dissertação com conclusão formulada como pergunta que não se responde com facilidade – tática não aconselhável para um discurso dessa natureza, pois, conforme já ponderado, a dissertação presume um ponto de vista fundamentado e convergente, e não apenas debatido e deixado em aberto.

O discurso publicitário, no entanto, por estar vinculado em alto nível à plataforma conotativa, estudada no Capítulo 2 deste livro, vale-se muitas vezes de indagações retóricas como fechamento de raciocínios, uma vez que sua finalidade predominante, não está fixada em deixar demonstrado um ponto de vista, mas, é antes, a de provocar repercussão emocional no público-alvo.

No texto do anúncio do cartão de crédito Visa, a seguir transcrito, o questionamento final, utilizado como conclusão da abordagem, funciona exatamente dessa forma: a intenção é levar o Receptor (por meio de uma pergunta retórica) à concordância com a tese apresentada, precisamente a de que se deve aproveitar a vida enquanto se pode, para que não haja arrependimentos depois.

A *pergunta*: "O que você vai fazer com cada minuto de 2004?" sugere, na verdade, uma *afirmativa* subliminar, um convite ao interlocutor, instando-o a viver a vida no momento presente. Viver o momento presente, porém, não significaria aproveitar a vida de outra forma, a não ser gastando dinheiro; adquirindo-se todos os bens desejados; e associando-se mais uma vez *satisfação a consumo*, estratégia-chave da Publicidade, também já abordada em capítulo anterior.

A frase, inequivocamente, tem uma correlação com a esfera materialista, já que o cartão de crédito é um produto que permite a aquisição de bens com pagamento adiado, e, afinal... *a vida é agora.*

Exemplo II de dissertação estabelecida em subestrutura formal ortodoxa aplicada em Redação Publicitária:

Texto publicitário impresso – Anunciante: cartão de crédito Visa/2004

Dizem que a vida é curta, mas isso não é verdade. A vida é longa para quem consegue viver pequenas felicidades. E essa tal felicidade anda por aí disfarçada, como uma criança traquina brincado de esconde-esconde. Infelizmente, às vezes não percebemos isso e passamos nossa existência colecionando nãos: a viagem que não fizemos, o presente que não demos, a festa à qual não fomos. A vida é mais emocionante quando se é ator e não espectador, quando se é piloto e não passageiro, pássaro e não paisagem. E como ela é feita de instantes, não pode nem deve ser medida em anos ou meses, mas em minutos e segundos.
O que você vai fazer com cada minuto de 2004?
VISA. Porque a vida é agora.
(Anúncio do cartão de crédito Visa, 2004/Cortesia da agência Leo Burnett Publicidade.)

Exemplo III de dissertação estabelecida na subestrutura formal ortodoxa:

Exame Vestibular de Redação – FUVEST/1995

I. Andy Warhol, in Marilyn Monroe, óleo sobre tela – 81 x 55 ¾ – 1962.
II. "Em muitas pessoas já é um descaramento dizerem 'Eu'". (Theodore W. Adorno)
III. "Não há sempre sujeito ou sujeitos. (...) Digamos que o sujeito é raro, tão raro quanto as verdades". (A. Badiou)
IV. "Todos são livres para dançar e para se divertir, do mesmo modo que, desde a neutralização histórica da religião, são livres para entrar em qualquer uma das inúmeras seitas. Mas a liberdade de escolha da ideologia, que reflete sempre a coerção econômica, revela-se em todos os setores como a liberdade de escolher o que é sempre a mesma coisa". (Theodore W. Adorno)
Relacione os textos e a imagem acima e escreva uma dissertação em prosa, discutindo as ideias neles contidas e expondo argumentos que sustentem o ponto de vista que você adotou.

Figura 4.2

Sugestão de texto dissertativo para a prova acima transcrita:

Degustação rápida
"Ser ou não ser: eis a questão".
(William Shakespeare, in *Hamlet*)
Desde que a Psicanálise projetou no inconsciente coletivo a ideia de que as pessoas devem conhecer-se a si mesmas (Sigmund Freud) e assumir sua personalidade diante do mundo, a busca do Eu tornou-se um desafio. É bem verdade que, desde que o mundo é mundo, o homem continuamente buscou deixar sua marca pessoal como legado para as futuras gerações, o que, de certa forma, simbolicamente o individualizaria perante a delas. Mas talvez ele jamais se tenha empenhado tanto para conseguir isso, como nos tempos atuais. Entretanto, artistas polêmicos, como Andy Warhol, ícone da pop art, encarregaram-se de demonstrar com suas obras que a individualidade é mera ilusão. Nenhum projeto pessoal – digno ou indigno – consegue sobreviver neste planeta, imortalizando seu idealizador. Marilyn Monroe se reviraria no túmulo, caso viesse, a saber, que todo o seu esforço em vida para construir uma imagem e se tornar um mito teria fim idêntico ao de uma prosaica lata de Sopa Campbell's, a preferida de cinco entre seis norte-americanos. Estereótipo de consumo e de massificação, sua imagem jaz hoje dentro de uma moldura convencional, até old fashioned, numa galeria de arte qualquer.
Seria Marilyn mais verdadeira do que a lata amassada de sopa, celebrizada pelo ousado pintor? Ou mais sujeito do que todos os bens de consumo que a sociedade mercantilista adora e devora com insaciável apetite? Somos produto de um todo que nos amolda e nos faz reproduzir o que outros já disseram e fizeram, abrindo-nos caminho já trilhado. Pensamos e agimos em série. Somos inadvertidamente um pouco paródia, um pouco fotocópia. Nada pessoal.
(Material didático autoral/janeiro, 1995, 1)

Subestrutura dissertativa formal socrática: antítese/tese/síntese

Tanto na subestrutura socrática como na ortodoxa, o enunciador busca convencer o interlocutor acerca de um posicionamento admitido frente a um tema em debate. A diferença marcante entre uma postura e outra reside no grau de intensidade desse objetivo.

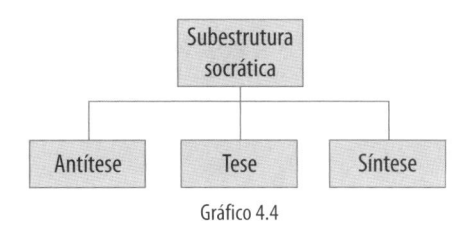

```
          Subestrutura
            socrática
          /     |      \
    Antítese  Tese   Síntese
```
Gráfico 4.4

Na subestrutura formal ortodoxa, o enunciador deseja o convencimento do leitor em relação ao seu ponto de vista e, ao longo do texto, trabalha o tema de forma notadamente unilateral, sempre na defesa explícita desse ponto de vista. Toda a linha argumentativa é definida com o propósito claro de sustentá-lo e mostrar sua fundamentação; posições contrárias a ele são refutadas; e a conclusão, por fim, recupera todo o raciocínio exposto para comprová-lo e obter, finalmente, a aceitação do interlocutor, em uma *metodologia assertiva*.

Já, na subestrutura formal socrática, embora o enunciador também tenha uma tese, sua meta pende mais para a contemporização do tema frente ao interlocutor. A exposição do raciocínio, quando estabelecida dessa forma, favorece a reflexão, procura externar dois lados da questão como aceitáveis e pertinentes, e não conduz o percurso a uma afirmação irrefutável.

Na verdade, mais do que convencer o Receptor sobre a superioridade da tese frente à antítese, ela o leva a refletir bilateralmente ou mesmo multilateralmente sobre o tema, e o induz a chegar ele próprio às suas conclusões, em uma *metodologia dialética*.

> **Exemplo I de raciocínio elaborado na subestrutura formal socrática:**
>
> Natureza: texto em prosa literária
>
> As máquinas são adoradas porque são belas, e apreciadas porque conferem poder; são odiadas porque são feias, e detestadas por imporem a escravidão. Não suponhamos que qualquer dessas atitudes seja "certa" ou "errada", pois seria o mesmo que ser certo afirmar que os homens têm cabeça, mas errado afirmar que têm pés, embora possamos imaginar facilmente os liliputianos a discutir este assunto em relação a Gulliver. A máquina é como um gênio das Mil e Uma Noites; bela e benéfica para o amo, mas feia e terrível para os seus inimigos.
> (Bertrand Russel, *Ensaios éticos*)
>
> **Exemplo II de dissertação estabelecida na subestrutura formal socrática:**
>
> Natureza: Texto jornalístico
>
> *Barack Hussein Obama Jr. – Primeiro Presidente mestiço eleito nos Estados Unidos da América.*
> *O último Messias*
> Há um velho debate acerca do papel da personalidade na história. Os teóricos da estrutura apontam para os processos sociais objetivos; não resta senão às grandes figuras tornarem-se sua expressão. Os teóricos da ação dizem contra isso: no início era a ação. Crença e vontade podem mover montanhas. Ambos só estão parcialmente corretos. Desenvolvimentos sociais não se realizam em si mesmos; eles necessitam da ação interventora. Por outro lado, a ação relaciona-se a condições estruturais preexistentes enquanto subjazer na sociedade uma dinâmica cega, como é o caso do Capitalismo.

> Por isso, é exatamente nas grandes crises que são requeridas personalidades carismáticas, que podem gerar uma atmosfera estimulante de despertar. O momento religioso desse mecanismo é inconfundível. As esperanças, desejos e medos ligam-se a um messias político quando uma ruptura balança a sociedade. A questão é se o carisma será capaz de suportar o novo ou se apenas dará uma forma de desenvolvimento à catástrofe do velho. O "Kennedy negro" Barack Obama não representa uma superação do Capitalismo global, mas sua renovação. Seu carisma não surgiu no contexto de um movimento social com fins emancipatórios, mas como máscara no contexto das atividades midiáticas e políticas dominantes.
> Se Obama tornou-se um depositário de simpatia no mundo inteiro e leva as pessoas nos EUA às lágrimas, isso ocorre porque representa a crença num retorno a um crescimento substancial e regrado pelo Estado, que cria bons postos de trabalho e salva o ambiente. Trata-se da crença, ao mesmo tempo, na superação de antigas concepções de inimigos, no equilíbrio do poder e na participação das raças, a maioria da humanidade. A força gravitacional dessas esperanças é produzida pela classe média mundial, que, em vista da crise, quer mudar tudo, a fim de que, fundamentalmente, tudo possa permanecer como está.
> (Robert Kurz, in *Folha de S.Paulo* – Caderno Mais!, 9/11/2008, p. 8)

Normalmente, a subestrutura formal socrática é disposta em paragrafação distintiva para correta alocação de antítese, tese e síntese na redação de textos acadêmicos, jornalísticos e publicitários, tal como o do anúncio verificado a seguir.

Exemplo III de Dissertação estabelecida em subestrutura formal socrática aplicada em Redação Publicitária:

Natureza: texto publicitário impresso – Anunciante: Danone/2008

Cuidado para não pecar contra o seu corpo
O stress do cotidiano, ao contrário do que se diz, pode ser benéfico ao corpo humano. Por causa do ritmo acelerado em que vivemos hoje, nossos corpos conseguiram se adaptar a muitas situações adversas, mantendo seu funcionamento e revelando capacidades que, sem essa agitação, desconheceríamos possuir. Por causa do stress, aprendemos a suportar horas a fio no trânsito, a trabalhar durante jornadas longas, a dormir pouco e até a comer mal. Pecamos contra nossos corpos na era da velocidade, e mesmo assim, eles parecem resistir bem a todas essas exigências.
Mas a alta pressão do dia a dia pode cobrar seu preço. Doenças novas surgem, e nunca se tomou tanto remédio como agora. São antidepressivos, soníferos, analgésicos, coquetéis de vitaminas... para tentarmos vencer o cansaço, a ansiedade e as noites mal dormidas. Afinal, todo pecado tem sua penitência.
Por isso, sem perder o ritmo, você pode dar alguns passos na direção de seu bem-estar. A começar pela alimentação, que pode se tornar saudável quando você muda alguns hábitos e introduz no seu cardápio alimentos que funcionam como doses diárias de saúde. Os Iogurtes Naturais Danone, por exemplo. Compostos à base de cálcio, ferro e nutrientes balanceados para manter você no ritmo de sempre, e ao mesmo tempo, livrar sua consciência do pecado.
Danone. Saúde todo dia.
(Material didático autoral – Outubro/2008)

Subestrutura formal socrática:

- Antítese → Contra-argumentação/um lado da questão: a refutação da opinião do enunciador.
  "O stress do cotidiano, ao contrário do que se diz, pode ser benéfico ao corpo humano". (...)

- Tese → Ideia central/outro lado da questão: a opinião do enunciador.
  "Mas a alta pressão do dia a dia pode cobrar seu preço". (...)

- Síntese → Consideração dos dois lados da questão, em equivalência/a conclusão fica a cargo do Receptor.
  "... sem perder o ritmo, você pode dar alguns passos em direção ao seu bem-estar". (...)

Etapa da antítese: exposição da ideia oposta à tese

A antítese é a virtual abertura da dissertação socrática, com a colocação (não convencional) da contra-argumentação, refutação ou posição contrária ao verdadeiro ponto de vista do enunciador. Ela está alocada já no primeiro parágrafo, quando é manifesto um raciocínio oposto à opinião preferencial do enunciador. Nesse momento inaugural, é exposto o lado B, o mais fraco de sua linha de pensamento.

Isso é feito na forma de ressalva, com as ponderações necessárias, em tom equilibrado, não absoluto nem tendencioso, com vistas a estimular a amplitude do pensamento do leitor e também de postular os dois ângulos que toda opinião tem.

No padrão dissertativo socrático, a antítese não deve ser elaborada com o objetivo de derrubar a tese nem de alardear seus pontos fracos, ou de afrouxar seu nível de pertinência e plausibilidade. Deverá, antes, validar o lado oposto da questão em debate, considerando-o também aceitável em determinados pontos.

Etapa da tese: exposição da ideia principal

Processa-se o desenvolvimento do texto, com a colocação da tese do enunciador em paralelismo com a antítese a princípio expressa, revelando o outro ângulo da questão em debate, na verdade, o real ponto de vista do enunciador. Nesse segundo movimento, o de explicitação da tese, ficará caracterizada, então, a dicotomia do tema.

A fim de que se evitem possíveis impressões de parcialidade ou de manipulação, a apresentação da tese deverá ocupar no texto espaço equivalente ao que se destinou à antítese e ter, por parte do enunciador, ênfase verbal proporcional em ambos os momentos.

Etapa da síntese: considerações sobre os dois lados da questão, em equivalência

É essa a fase terminal do texto, na qual se recuperam as duas faces da questão discutida. A finalização da dissertação enquadrada na subestrutura socrática configura-se na síntese das duas ponderações ofertadas, com a consideração dos coeficientes positivos e negativos de cada uma delas, ficando o tema analisado em situação de ambivalência no entendimento do receptor, que deverá, por si, concluí-lo.

Era essa a mecânica adotada na oratória de Sócrates em todos os pronunciamentos filosóficos que fazia publicamente em Atenas, a.C., quando era inquirido sobre os mais variados assuntos. Vem dessa metodologia o nome dado à tipificação do modelo estrutural ora estudado.

No memorável trecho, reproduzido a seguir, é possível se dimensionar as verdadeiras motivações de Sócrates em relação ao seu interlocutor, o fiel discípulo Críton, ao conduzir um tema árduo –, no caso o senso do dever –, a seu pleno entendimento, não por meio de um raciocínio determinista, ou apodítico[27], mas pela "justa medida"[28].

Exemplo do método dissertativo socrático/natureza documental histórica:

Dialética de Sócrates acerca de tema abstrato

Sócrates ladeado por seus discípulos na prisão, com a taça de cicuta.

O trecho abaixo é de autoria de Platão, um dos mais ilustres discípulos de Sócrates, que registrou toda a sua obra por escrito, sistematizando-a como legado inestimável às futuras gerações. Aqui, ele retrata trechos de um diálogo dramático entre Críton e Sócrates, ocorrido dentro da cela de prisão onde o filósofo cumpria pena por conta de duas graves acusações: corromper a juventude ateniense; e desrespeitar as leis da República, com suas ideias. Seria esta a última noite de Sócrates em vida, estando ele já sentenciado por ingestão do veneno cicuta. Naquela madrugada tensa, Críton, em desespero, tenta convencer seu mestre e amigo a deixá-lo pagar a fiança que poderia livrá-lo oficialmente da condenação; ou então, a fugir do cárcere para evitar a morte iminente, demonstrando que havia condições para se efetuar ambos os planos com segurança. Porém, Sócrates mantém a calma, e, a seu modo, procura mostrar dialogicamente ao discípulo a falibilidade dessas pretensas soluções.

(...) Críton: – Deves seguir, querido amigo Sócrates, pela última vez meus conselhos, e salvar-te. De minha parte, além da desgraça de ver-me privado para sempre de ti, de um amigo de cuja perda ninguém poderá consolar-me, temerei que muitos que não nos conhecem acreditem que, podendo eu salvar-te, pagando o que fosse necessário, preferi deixar-te morrer e te abandonei. Há coisa mais vergonhosa que ser reputado maior apreciador do dinheiro que dos amigos? Porque, finalmente, o povo poderá não acreditar que te tivesses negado a sair, quando tanto o desejávamos que o fizesses.

Sócrates: – Mas, excelente Críton, tanto nos deve preocupar a opinião da massa? Não basta que os mais racionais, os únicos daqueles de que devemos nos ocupar, saibam como se passaram as coisas? (...) Segundo o que dissemos, se ao sair daqui sem o consentimento da cidade, fazemos ou não fazemos o mal precisamente aos que não o merecem? Cumpriremos o que convencionamos ser justo ou não cumpriremos?

Críton: – Não posso responder ao que me perguntas, porque, na verdade, oh, Sócrates, não o entendo.

Sócrates: – Vejamos se assim o entendes melhor. Se chegado o momento de nossa fuga, ou, como queres chamar, de nossa saída, as leis da República, apresentando-se a nós, nos dissessem:

– "Sócrates, o que vais fazer? Levar teu projeto a cabo não implica destruir-nos completamente, uma vez que de ti dependem, para nós, as leis da República e a todo o Estado? Acreditas que um Estado pode subsistir quando as sentenças legais não têm força e, o que é mais grave, quando os indivíduos as desprezam e destroem?"

– Que responderíamos, Críton, a essas e a outras acusações parecidas? Quantas coisas não poderiam ser ditas, mesmo por um retórico acerca da destruição desta lei que exige o cumprimento das sentenças ditadas? Diremos, por acaso, que a República foi injusta e nos julgou mal? É isso que responderemos?

Críton: – Sim, Sócrates, é o que lhes diremos!

Sócrates: – E a isso responderão as leis: "Não convencionamos, oh, Sócrates, que te submeterias ao juízo da República?"

E, se tal linguagem nos surpreendesse, talvez então nos dissessem:

– "Não te surpreendas, Sócrates, mas responda-nos, uma vez que estás habituado a discutir por perguntas e respostas. Diga-nos as queixas que tens contra a República e contra nós, para que ajas de molde a tudo fazer para nos destruir. Em primeiro lugar, deve-nos a vida, uma vez que nós casamos teu pai com aquela que te deu à luz. Que reparos tens a fazer nas leis que estabelecemos acerca do matrimônio?"

– "Nenhum", lhes responderei.

– "E quanto às que se referem à alimentação e educação dos filhos às quais deves tua educação? Não te parece justo que tenham ordenado a teu pai que te educasse em todos os exercícios da inteligência e do corpo?"

– "Com muita justiça", responderei.

– "E então, depois de dever-nos o nascimento, o sustento e a educação, terás o atrevimento de sustentar que não és nosso filho e servidor, da mesma forma que teus pais? E, sendo dessa forma, acreditas, por acaso, teres os mesmos direitos que nós, de modo que te seja lícito devolver tudo que te faremos sofrer? Esse direito que não podes ter relativamente a um pai, ou a um encarregado para devolver-me mal por mal, afronta por afronta e golpe por golpe, pensas tê-lo relativamente contra a tua pátria e contra suas leis? E se tratássemos de te fazer perder, acreditando ser justa a tua perda, em estando prevenido, trataria de perder-nos, bem como a tua pátria? Chamarias a isso justiça, tu que fazes profissão de praticar a virtude? Acaso tua sabedoria te deixa ignorar que a pátria é mais digna de respeito e veneração entre os deuses e os homens, que um pai, que uma mãe e que todos os parentes juntos? Que é preciso honrar a pátria, humilhar-se diante dela e obedecê-la, mais que a um pai irritado? Que se deve convencê-la por persuasão ou obedecer a seus mandatos e sofrer, sem murmurar, tudo aquilo que ela ordena? Se desejar que sejas açoitado com varas ou carregado de cadeias, se desejar que vás à guerra para ali verter todo o teu sangue, deves partir sem vacilações, porque esse é teu dever; não deves desobedecer, nem fugir, nem abandonar teu posto e no exército, e ante juízes e em todas as partes, obedecer a pátria, ou não houve espetáculo que te fizesse sair dela, exceto quando foste ao istmo de Corinto ver os jogos. Jamais saíste dela, a não ser para expedições militares e jamais empreendeste viagem alguma, como todos os cidadãos costumam fazê-lo, não tiveste curiosidade para ver outras cidades e conhecer outras leis, nos amavas tanto e tão resoluto estavas em viver ao nosso modo, que aqui tiveste teus filhos, testemunhos vivos de quanto isto te agradava, e até durante teu processo, poderias ter te condenado ao desterro se o quisesses, e

> então fazer com o assentimento de tua cidade, o que pensas fazer apesar dela. Tu, que te dizias indiferente ante a morte e que sustentavas que ela era preferível ao desterro, sem envergonhar-te dessa linguagem, sem nos respeitar, a nós, leis, te propões a destruir-nos, fazes o que faria o mais vil escravo e tratas de salvar-te infringindo o pacto que te obriga a viver como bom cidadão. Responde-nos, então, Sócrates: dizemos a verdade quando sustentamos que te submeteste a este tratado não por palavra, mas efetiva e incondicionalmente?"
> – Que diremos a isso, amigo Críton, e o que poderemos fazer, senão admiti-lo?...
> Críton: – Assim deveremos fazer, oh, Sócrates... (...)
> (Platão, in *Diálogos: apologia de Sócrates, Eutífron, Críton e Fédon/Críton ou Sobre o dever*, 1999, p. 11-13)

Devolutiva sugerida nº 5:
- Elabore uma dissertação estabelecida na subestrutura formal ortodoxa sobre o tema abordado por Jean Baudrillard, na dissertação da página 101. Seu texto deverá estar grafado em 3ª pessoa do singular, ser redigido em prosa, no limite de 30 linhas, fazer uso da norma culta da Língua Portuguesa, da subestrutura formal ortodoxa, e apresentar um título com epígrafe autoral.

Objetivos:
- Verificação da capacidade de interpretação de temas abstratos (no caso, o questionamento sobre a concepção de pureza) e da prática da persuasão pelo método assertivo;
- Familiarização com a subestrutura formal ortodoxa, em tríplice disposição: introdução/desenvolvimento/conclusão;
- Familiarização com a subestrutura dissertativa formal ortodoxa.

Devolutiva sugerida nº 6:
- Elabore um anúncio publicitário para o logurte Natural Danone, em livre formato, estabelecido na subestrutura dissertativa formal socrática. O texto deverá ter novo título e *slogan*, perfazer o total aproximado de 12 linhas e ser grafado em 3ª pessoa do singular.

Objetivos:
- Estímulo à prática de persuasão de públicos-alvo por meio do método dialético;
- Familiarização com a subestrutura dissertativa formal socrática, em tríplice disposição: antítese/tese/síntese.

Notas

11 Dados extraídos do *Dicionário Larousse Cultural*, São Paulo: Nova Cultural, 1992, p. 474.

12 Compreenda-se o termo objeto como a definição técnica de qualquer elemento pertencente tanto ao campo concreto como ao abstrato do entendimento humano.

13 Extraído da *Confluência* – Revista do Instituto de Língua Portuguesa, n° 32, 2° semestre de 2006. Rio de Janeiro: [Lucerna], 2007, p. 27-33.

14 *Modus vivendi* significa "modo de vida" ou "maneira de viver". Trata-se de é uma terminologia mantida em latim, aplicada para designar a maneira de viver natural ou circunstancial de um ser, seja ele um animal, uma pessoa, um personagem ou um grupo.

15 *Modus operandi* significa "modo de ação" ou "maneira de agir". Trata-se de uma terminologia mantida em latim, aplicada para designar o comportamento ou a maneira natural ou circunstancial de agir de um ser, seja ele uma pessoa, um personagem ou um grupo.

16 Disponível em: http://www.portaldapropaganda.com.br/portal/component/content/article/16-capa/15724-natura-traz-o-prazer-da-rotina-em-campanha-da-linha-tododia-verao.html

17 *Fast food* significa "refeição rápida" em tradução literal e sentido orientador denotativo. Em tradução não literal e sentido conotativo, a expressão assumiu caráter de contraindicação aos padrões nutricionais atualmente considerados corretos, sendo interpretada universalmente como forma inadequada de alimentação. A marca McDonald's precisou ajustar-se às exigências dos novos tempos, reformulando seu cardápio original.

18 *Hi-tech* é a abreviatura mundialmente empregada e reconhecida da expressão *high technology*, que significa tecnologia de ponta.

19 O texto de áudio dos citados: filme e *jingle* de McDonald's foi criado pela agência de Publicidade Taterka Comunicação, de São Paulo, responsável pela comunicação da marca no Brasil.

10 O *slogan*, bem como sua variante, são criações da agência de Publicidade Talent, de São Paulo, responsável pela marca Brastemp por 16 anos consecutivos. Em, 2008, essa conta encontra-se sob a responsabilidade da agência DM9-DDB, também de São Paulo.

11 ALENCAR, J. *Senhora*. São Paulo: Ediouro, 2001.

12 *Flash* significa "momento capturado em sua instantaneidade". Trata-se de uma terminologia utilizada de forma indistinta, sempre na sua versão em inglês, que designa um instante marcante, cristalizado na mente humana por alguma razão aparente, específica, ou por nenhuma razão.

13 Verossimilhança significa, em tese, a propriedade de se estabelecer sentido, ou de se manter nexo lógico com a realidade de um determinado contexto. Verossimilhança, portanto, não é sinonímia, e nem deve ser confundida conceitualmente com verdade. Antes, deve ser admitida como a verdade em dado contexto.

14 Nesse texto, escrito em 1858, extraído do livro *O Diabo e Outras Histórias*, de Cosac & Naify Edições, São Paulo, 2000 - p. 29, tradução de Beatriz Morabito e Beatriz P. Ricci, há um narrador incomum que conta a história de três mortes: de uma nobre senhora; de um cocheiro e de uma árvore. Disponível em: http://www.releituras.com/ltolstoi_menu.asp

15 Figura 4.1: criação da agência de Publicidade Lowe Lintas, de São Paulo. Disponível em: http://www.unilever.com.br/aboutus/historia_das_marcas/becel.

16 O conto A Cartomante foi originalmente publicado no jornal *Gazeta de Notícias* – Rio de Janeiro, em 1884. Posteriormente, foi incluído nos livros: *Várias Histórias* e *Contos: Uma Antologia*, São Paulo: Ed. Companhia das Letras, 1998, de onde foi extraído. Ele pode ser acessado na íntegra em: http://www.releituras. com/machadodeassis_cartomante.asp.

17 Figura 4.2: o personagem Bond Boca, protagonista da campanha publicitária de Cepacol/1983 é criação da agência de Publicidade Caio Domingues e Associados, de São Paulo. Acessado em 15/12/2008: http://aletp.com/2006/12/19/bondboca.

18 *Turning point* é uma expressão mantida em inglês, que significa "ponto de virada" ou "estágio limite" de um conflito, dentro do contexto narrativo, que corresponde ao aquecimento máximo da situação de conflito. Seria esse o momento crucial em que se instaura a narratividade, ou seja, a transformação da situação.

19 AZEVEDO, A. *O cortiço*. Rio de Janeiro: 2ª edição - Ediouro, 2004.

20 *Flashback* significa "recuo para o passado"/memórias. Trata-se de uma terminologia mantida em inglês, que é utilizada quando se deseja fazer um resgate de lembranças de tempos pretéritos para trazê-las ao presente. É uma tática de natureza temporal psicológica recorrente de narrativas com enredo alinear.

21 Prolepse é uma tática de manipulação temporal tão utilizada quanto a anterior citada, porém aplicável em direção oposta, ou seja, quando se prevê um ou vários "avanços para tempos futuros"/projeções. Esta é também uma recorrência de cunho temporal psicológico, própria de narrativas com enredo alinear.

22 BAUDRILLARD, J. *Tela total*. Porto Alegre: Edições Sulinas, 1997.

23 *Recall* é uma terminologia sempre mantida em inglês, que tem duplo significado no jargão publicitário: um refere-se a uma "chamada geral de um anunciante", via meios de comunicação de massa, a consumidores que eventualmente tenham adquirido um bem que apresente problemas, e providências quanto a isso devem ser tomadas pela empresa fabricante. Outro sentido atribuído ao termo

é a "capacidade de uma mensagem publicitária de evocar lembrança"/memorização em públicos-alvo.
24 Anvisa é a sigla para Agência Nacional de Vigilância Sanitária.
25 Acesso em 6/3/2009: http://www.meioemensagem.com.br/*Newsletter*.
26 Acesso em 3/2/2009: http://www.meioemensagem.com.br
27 Raciocínio apodítico, ou verdade inquestionável, é uma das três gradações de raciocínios discursivos codificadas pela Retórica, e analisadas por diversos autores em épocas diferentes, como: Umberto Eco, em *A obra aberta* (1972, p. 279), e posteriormente por Margarida Andrade e João Bosco Medeiros, no livro *Curso de Língua Portuguesa* (1997, p. 76-79), e Adilson Citelli, em *Linguagem e persuasão* (2000, p. 18-20). Os demais tipos de raciocínios discursivos categorizados são: o dialético, que busca quebrar a inflexibilidade característica do apodítico, objetivando a persuasão racional do interlocutor; e o retórico, que atua na esfera emocional do Receptor, não tentando apenas convencê-lo sobre algo, mas procurando também influenciar seu sistema psicológico. Os três são empregados indistintamente em Redação Publicitária.
28 Justa medida foi uma das expressões mais utilizadas por Sócrates para designar aquilo que ele preconizava ser a maior das virtudes humanas, aplicável em qualquer nível da existência: o senso de justiça.

Capítulo 5

Carta de opções

Os diversos recursos de estilo, contribuintes da elaboração verbal bem-sucedida, são o enfoque deste capítulo. Dentre os mais eficazes, aqui são citadas as figuras de linguagem semânticas, que, bem empregadas, funcionam como ferramentas de atração à leitura.

O estudo faz uma entrada no universo das principais figuras de linguagem e recomenda sua adoção mais intensa em Redação Publicitária, desde que tomadas as devidas precauções no tocante às possibilidades de interpretação das mensagens a serem veiculadas em massa.

São abertas aqui:

- *Metáfora;*
- *Hipérbole;*
- *Prosopopeia;*
- *Antítese;*
- *Metonímia;*
- *Reificação;*
- *Sinestesia;*

...cada uma em definição plena, e mediante exemplifcação específica, retirada de campos distintos, como a Literatura, o Cinema e a própria Publicidade. É disposto, também, seu agrupamento por critérios de base em três níveis: similaridade, contiguidade e oposição.

Igualmente explorada é a aplicação de estilizações:

- *Paráfrase;*
- *Paródia;*

...as quais podem atuar como esquemas muito bem indicados aos objetivos da Criação Publicitária em geral.

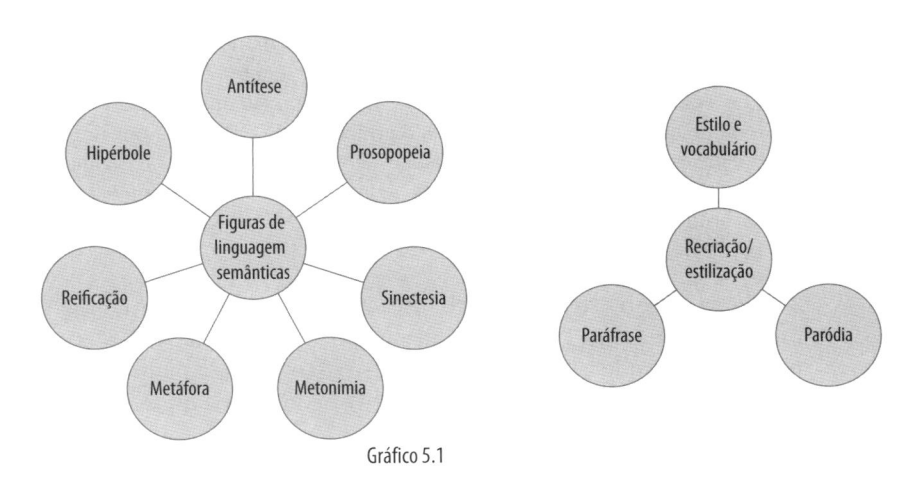

Gráfico 5.1

Figuras de linguagem semânticas em Redação Publicitária

Existem inúmeros recursos estilísticos em Língua Portuguesa com capacidade de valorizar sobremaneira o aspecto do discurso publicitário formulado para qualquer tipo de mídia, quando se refere tanto à forma como ao conteúdo, e à expressão dos planos verbal e visual. Revisar e reativar os conhecimentos sobre alguns deles, proposta deste livro, é uma maneira de se alargar o repertório e, se assim, atingir um desempenho criativo mais consistente.

Um desses recursos está representado nas figuras de linguagem semânticas, ou figuras de estilo, que resultam em oportuno auxílio nesse sentido, sendo utilizadas para expandir o significado das palavras. Aumentado expressivamente seu potencial polissêmico, é essa uma fonte enriquecedora das mensagens de textos verbais ou visuais de qualquer natureza. Lembradas como opção de refinamento para a Criação Publicitária, as figuras de linguagem semânticas são aqui estudadas individualmente, mediante definição e exemplificações feitas por meio de anúncios da atualidade, e alguns circunscritos às décadas de 1950 e 1960, em especial, quando o pós-guerra impulsionava um clima de euforia para o mundo e, por conseguinte, para todas as modalidades de expressão.

Nesse momento de retomada da vida, a industrialização crescia no Brasil, e produtos nunca antes imaginados eram lançados para atender a indistintos segmentos da sociedade e, mais acentuadamente, endereçavam-se às famílias para atuarem como auxiliares das donas de casa que agora ensaiavam sua entrada no mercado de trabalho. Os veículos de comunicação massiva, como rádio e televisão, integravam a rotina dos lares, e a Publicidade de então tratava de alinhar-se a essa atmosfera promissora.

Em apropriação recortada do parágrafo introdutório de artigo recentemente publicado, o qual, em certa medida, respalda esta abordagem, pode-se enxergar com mais clareza o compromisso da publicidade com a reiteração e ressignificação dos valores da sociedade, do tempo e do espaço em que se insere.

> A publicidade é uma expressão cultural privilegiada na sociedade contemporânea. [...] Por meio de sua análise, é possível conhecer os valores que estão em pauta em diferentes contextos e épocas. O privilégio reside ainda no fato de que a reticularidade, a polifonia e a multiplicidade de linguagens, tão próprias do mundo de hoje, sempre foram exploradas pela publicidade, e também porque a publicidade é a melhor expressão da conexão entre o mundo econômico e o universo simbólico. A história da publicidade é fundada por um crescente apelo a recursos estéticos e estilísticos, com o objetivo de atrair o olhar das pessoas e prender sua atenção, tarefa cada vez mais difícil em um espaço urbano saturado de estímulos comunicacionais. (SANDMANN, 2001, apud PEREZ; BAIRON, 2010, p. 85)[1]

Nessa fase, o uso sem precedentes de expressões construídas com base em exageros e tom grandiloquente nas peças publicitárias, tais como: "o melhor do mundo"; "o mais rápido que existe"; "deixa mais branco do que a neve"..., era uma estratégia constante e se impunha quase como uma regra para o convencimento dos públicos.

A figura hipérbole, que codifica a amplificação de uma ideia, era mais evidenciada do que qualquer outra, no afã de impressionar o potencial consumidor frente às pretensas qualidades dos produtos, e representava, naquele momento, uma ferramenta verbal chave na conquista desse objetivo. A aura de ineditismo dos novos lançamentos industrializados (entre eles: sabão em pó, pão de forma, máquina de lavar roupas, margarina, leite em pó, enlatados diversos, torradeira de pão, shampoo, liquidificador, caldo de carne e de galinha concentrado, extrato de tomates etc.) era proporcional à crença irrestrita que neles se depositava e favorecia o emprego quase irrestrito dessa figura.

Tudo o que a Publicidade comunicasse por meio de rasgadas hipérboles a respeito de qualquer produto tinha o peso de uma verdade.

A metáfora, que se formaliza, em tese, com uma comparação verossímil entre dois elementos, significava muito também nessa época, não obstante fosse aplicada de maneira sempre prosaica em anúncios de produtos femininos, por exemplo, ao associar a imagem da mulher à de uma flor; a de um bebê à de um anjo, entre outras óbvias combinações similares, justificáveis e adequadas ao período em que foram concebidas.

Nos anúncios da contemporaneidade, entretanto, mesmo após longo tempo transcorrido entre um espectro e outro, e com a evolução natural prevista do aspecto comportamental da sociedade, verifica-se muitas vezes a presença das figuras de linguagem, inscritas de forma tão pueril quanto se via no passado. Tal desempenho sugere que essa ferramenta tem tido baixa capitalização por parte dos profissionais dos dias de hoje, deixando, assim, de oferecer o resultado eficiente que poderia demonstrar na criação das peças.

Em 2001, o condicionador de cabelos Neutrox foi anunciado com base na aplicação concomitante das duas figuras agora citadas. Na peça, em formato página simples de revista, havia uma hipérbole em plano verbal, escrita no molde "Neutrox. O melhor que existe"; e uma metáfora em plano visual, concretizada pela comparação do produto a uma rosa desabrochada, colocada em seu frasco.

Sob o ponto de vista técnico, hipérboles e metáforas são recursos estilísticos bem indicados e devem continuar a ter uso corrente na Publicidade contemporânea, mas talvez não dessa maneira. Se for comparado, ainda que superficialmente, o investimento criativo nas figuras de linguagem semânticas no manifesto publicitário de ontem e no de hoje, há de se perceber apenas discreta, ou nenhuma, evolução em seu manuseio como instrumento de atração e de persuasão dos públicos a serem atingidos.

No contexto atual, virtualmente diferente dos idos 1950 e 1960, a recorrência a hipérboles e metáforas em Redação Publicitária é um estratagema subestimado, que nem sempre mostra originalidade, e passa longe da persuasão. Na verdade, muitas vezes revela até um flagrante desacordo com os princípios do comportamento social de agora, possivelmente por não ser bem avaliado quanto ao seu potencial semântico.

Uma peça elaborada e aprovada na concepção verbo-visual adotada na de Neutrox respalda essa tese de modo exemplar.

A abordagem verbal e a visual definidas com figuras de linguagem, para este caso em especial, evocariam maior pertinência se veiculadas nos anos 1950 e 1960. A ingênua combinação entre metáfora e hipérbole, conforme disposta, não foi capaz de tornar críveis os atributos do produto; e, em vez de atuar como adjuvante de reforço, banalizou a mensagem final, tornando-a quase engraçada, objetivo incompatível ao que se pressupõe para um anúncio de condicionador de cabelos.

Nas estruturas discursivas Descrição e Narração, ambas de natureza figurativa, itens que, como já dito, também mereceriam por parte de criadores ampla atenção e maior estudo de suas características formadoras, o emprego das figuras de linguagem é usual, por conta da possibilidade de, em ambas, trabalhar-se com a subjetividade. Porém, no Capítulo 4 deste livro, ponderou-se sobre a adequada aplicação de figuras de linguagem também na elaboração de textos firmados na estrutura discursiva dissertativa, de natureza objetiva.

Ela foi exemplificada com artigos escritos por Ernesto Sábato e Robert Kurz, autores que se valeram de antíteses, hipérboles e ironias eventuais, a fim de fortalecer sua argumentação em um plano totalmente racional de expressão e entendimento. Bem dimensionadas, outorgaram propriedade às opiniões dos escritores e as fundamentaram de forma não viciada.

As figuras de linguagem podem ser encaradas como ferramentas eficientes para a funcionalidade dos manifestos comunicacionais, quando o propósito for o de pluralizar sua carga de significações e dissociá-los da semântica própria de expressões previsíveis e desgastadas, evidentemente contraproducentes, no caso específico da Publicidade.

Em meio a tantas (existem, ao todo, dezessete figuras de linguagem, se forem somadas a elas as figuras de palavras, que, com alguma salvaguarda, cumprem o mesmo papel), as mais recomendadas para aplicação em Criação Publicitária seriam, em ordenamento aleatório: sinestesia, Hipérbole, prosopopeia, reificação, metáfora, metonímia e antítese, que se diferenciam mediante seus processos de formação, estabelecidos em três critérios, os de: similaridade, contiguidade e oposição ocorridas entre dois termos.

O enquadramento de cada uma delas nesses critérios de base assim se apresenta, respectivamente:

- Por similaridade/semelhança ➛ metáfora, hipérbole, reificação, prosopopeia
- Por contiguidade/adjacência/proximidade ➛ metonímia, sinestesia
- Por oposição/confronto ➛ antítese

Tipologia selecionada de figuras de linguagem semânticas: definição e ilustração em Redação Publicitária

Metáfora

Talvez seja essa a mais conhecida das figuras de linguagem, que pode ser entendida, por definição, como uma comparação entre dois elementos pela semelhança objetiva ou subjetiva existente entre eles, de modo que um substitua o outro, e se obtenha um só entendimento. Provém dela o adjetivo metafórico.

Assim, ao se dizer algo como: "Ela é uma princesa ...", entende-se rapidamente que essa comparação (ou substituição) refere-se a alguém, no caso, uma moça presumivelmente delicada, com aspecto refinado, modos elegantes, comportamento sóbrio, gestos contidos, traços próprios do estereótipo princesa, pelo menos, das de épocas longínquas. Ou seja: refere-se a alguém metaforicamente.

No entanto, a metáfora fica formalmente caracterizada apenas quando os termos constituintes dessa comparação, a exemplo de: "como", "tal qual", "feito", "igual", *não aparecem inscritos* no texto. Se aparecerem, a figura de linguagem que se instaurará é a símile, responsável por retratar uma comparação entre dois termos expressa de forma direta, com *utilização presencial* de qualquer uma das conjunções citadas.

A símile tem valorização bastante restrita em qualquer modalidade de expressão por conta de sua obviedade intrínseca e também pela facilidade com que se impõe em um texto verbal, deixando a desejar como ferramenta de captação de interesse e colocando em dúvida seu potencial de informatividade.

Literatura, Poesia, Cinema são modalidades de arte notadamente dependentes e promotoras do uso de metáforas, que, uma vez bem arquitetadas, têm a capacidade de desencadear emoções em receptores indistintos. Uma bela alusão ao termo se encontra nas palavras dos estudiosos Vestergaard e Schöeder:

> "Graças ao sentido metafórico, torna-se possível dizer alguma coisa que dificilmente se poderia expressar em linguagem formal. A ambiguidade é uma característica da função poética da linguagem". (VESTERGAARD; SCHÖEDER, 2004, p. 51)

Nas pregações de Jesus Cristo, talvez por conta de seu caráter essencialmente doutrinário, eram constantes as associações de elementos idealizadas na forma de metáfora, sendo uma das mais conhecidas: "Vós sois o sal da terra"[2], quando o Mestre se referiu aos seus seguidores.

O filme *O carteiro e o poeta*, adaptação do livro homônimo de Antonio Skármeta e baseado em um determinado período da vida do escritor sul-americano Pablo Neruda, celebrizou-se, entre outros méritos, pelas metáforas poéticas nele proferidas, que comoveram plateias do mundo todo. A maior delas deu-se de forma trágica e invadiu o circuito da vida real, emprestando ainda mais emoção a um filme considerado sensível do início ao fim: Massimo Troisi, intérprete do carteiro (personagem que, ao longo de toda a trama, é consumido por emoções que, de tão intensas, ameaçavam tirar-lhe a vida), morreu de um ataque cardíaco na noite de lançamento do filme, provável resultante da forte emoção pela qual o ator passava naquele momento.

Muitos reconheceram nesse fato uma insólita metáfora; outros o viram como uma grande ironia, ou antífrase, essa também uma figura de linguagem semântica, com uso discreto em Publicidade.

A Publicidade sempre manteve a ligação da figura metáfora com variados tipos de objeto, mas ela se vê manifesta mais enfaticamente em anúncios de produtos femininos, ao compará-los com traços do corpo da mulher ou de sua estrutura psíquica.

Metonímia

Costuma ser equivocadamente confundida com metáfora, que, como agora visto, é a figura que estabelece *relações de comparação* entre dois elementos. Mas, a metonímia, é uma figura de linguagem formada a partir de *relações de vizinhança, adjacência* ou *aproximação* entre dois elementos, e não a partir de *relações de semelhança,* como acontece com a Metáfora. Provém dela o adjetivo metonímico.

Para se evidenciar uma metonímia, os termos relacionados não precisam, necessariamente, apresentar traços comuns ou parecidos, mas devem, sim, estabelecer alguma proximidade, a fim de que possam substituir um ao outro sem provocar distorção no entendimento do Receptor. Olhando para um, deve-se ter *a lembrança* do outro e, assim, processa-se a metonímia.

Uma metonímia pode ser formada igualmente, quando se toma uma parte para significar todo um sistema, preservando-se o contexto em que este está alocado, como se observa na relação "chaminés" para significar "fábricas"; em "bronze" para significar "sino", "medalha" ou "bronzeado", dependendo da circunscrição da mensagem.

Em um dos exemplos utilizados para ilustrar o argumento de comparação aberta, componente opcional da estrutura discursiva dissertativa, inscrito no Capítulo 4, há um caso de metonímia bem aplicada em plano visual no anúncio da lanchonete Burger King. Ao enfocar pessoas em uma fila de espera, com os pés calçados, a imagem põe em evidência sapatos vermelhos, clássicos do vestuário de um palhaço (alusão *a uma parte* componente do palhaço Ronald), para fazer lembrar e identificar a sua concorrente McDonald's *na totalidade.*

No elenco a seguir, há uma boa exposição da multiplicidade de formas em que a metonímia pode se instaurar em um texto.

As relações objetivas, que conduzem ao emprego metonímico de uma palavra ou expressão, podem ser muitíssimo variadas, mas costumam ser mais lembradas as seguintes:

a) relação entre a parte e o todo. Ex.: "cabeça" em cem cabeças de gado;
b) entre a matéria e seu objeto. Ex.: "ouro" quando empregado como dinheiro;
c) entre um ser e o seu princípio ativo. Ex.: "alma" em cidade de cem mil almas;
d) entre o agente e o resultado. Ex.: "mão" como escrita em é sua mão!;
e) entre um ser e alguns de seus traços físicos. Ex.: "respeitemos as cãs", isto é, aos idosos;
f) entre a causa e o efeito ou entre o produtor e o objeto produzido. Ex.: "um Picasso", isto é, um quadro de Picasso;
g) entre o continente e seu conteúdo. Ex.: "beber um copo", isto é, o conteúdo de um copo;
h) entre o tempo ou o lugar e os seres que se acham no tempo ou lugar. Ex.: "a posteridade", isto é, as pessoas do futuro; a nação, isto é, os componentes de uma nação;
i) entre o abstrato e o concreto. Ex.: "o amor tudo vence", isto é, as pessoas que amam;
j) entre o signo e a coisa que ele significa. Ex.: "a coroa", isto é, o rei.
(Silvia Regina Pinto, "Metonímia", *E-dicionário de termos literários*)[3].

Figura 5.1:
Anúncio página simples impresso do Inseticida Baygon – Presença de metonímia: o braço estendido (parte) no chão significa o Homem-Aranha (todo) morto por Baygon. Título: "Novo Baygon mata todos os insetos"/2008[4].

Antítese

É a formalização de uma simples oposição entre dois elementos diferentes, contrastantes, contrários ou aparentemente incompatíveis entre si. Provém dela o adjetivo antitético.

Antíteses bem concebidas objetivam causar estranhamentos imediatos nos Receptores, captando-lhes o interesse e freando, por assim dizer, o ritmo em que se encontravam, para que prestem nelas total atenção.

Embora seja um expediente interessante para a Criação Publicitária, essa figura depende muito da recepção dos públicos-alvo para ter efetivada sua adesão a um bem anunciado. A fim de se evitar consequências indesejáveis, tanto para o Emissor quanto para o Receptor de mensagens dessa natureza, é necessário ter cuidado com a formulação de antíteses que possam evocar inadvertidamente conotações racistas, sexistas, religiosas ou tendenciosas, entre outras, avaliando-se previamente os contextos em que serão veiculadas.

Em geral, a antítese em anúncios publicitários funciona como estratégia de instigação (dentro de um limite) e, justamente por causa dessa prerrogativa, consegue parar o leitor enquanto ele folheia uma revista ao acaso ou mesmo quando está imerso na leitura de uma reportagem.

Trata-se de uma figura forte o suficiente, também, para conseguir fazê-lo aumentar o volume do rádio ou da televisão, a fim de melhor ouvir e ver mensagens paradoxais, pois seu interesse é despertado por elas em grau bem maior do que ocorre com as mensagens didáticas.

Exemplo de utilização de antítese no plano verbal em Publicidade:
Anunciante: Maionese Hellmann's/2009
Anúncio página dupla impresso, com antítese leve no título: "Economize nas calorias, exagere no sabor".

Exemplo de utilização de antítese no plano verbal em Publicidade:
Anúncio Datado
Anunciante: Pão de Açúcar/2008
Mais uma vez, a cidade que não dorme ficou de olhos bem abertos para ver um brasileiro vencer.
(Homenagem ao atleta Marilson Gomes dos Santos, vencedor da Maratona de Nova York pela segunda vez, *Folha de S.Paulo*, 3/11/2008, Caderno Esporte, p. D11)

Sinestesia

Figura que remete a um apelo aos cinco sentidos físicos, individual ou simultaneamente, valorizando as sensações deles advindas. A sinestesia objetiva, principalmente, a evocação de associações e memórias relativas ao paladar, ao tato, à visão, à audição e ao olfato. Provêm dela o adjetivo sinestésico e a expressão "apelo sinestésico".

A Publicidade sempre fez uso da sinestesia para divulgação de produtos e serviços de segmentos quaisquer, objetivando, por meio desse recurso, potencializar as sensações físicas no público-alvo, aguçando-lhe o desejo pelo consumo. Se mal usada, todavia, essa é uma figura propícia à impressão do "já visto", não recomendável à Criação Publicitária.

A sinestesia, como apelo ao sentido "paladar", é a figura preferida dos anunciantes de doces, massas e molhos de tomates, por exemplo, o que torna a Publicidade desses produtos assemelhada demais, podendo levar o consumidor a confundir as marcas. Essa possibilidade de alto risco não parece interferir no padrão criativo dos anúncios feitos para esses segmentos – inalterado ao longo do tempo –, e sugere ter sido a ideia de uma mesma pessoa sobre um mesmo produto.

É possível o uso da figura sinestesia de forma contrária à tradicional, em resolução bem mais sofisticada do que a invariável tática de exacerbação dos sentidos, para se provocar determinados desejos físicos em alguém.

Atingem-se resultados positivos com o seu emprego de formas distintas e menos previsíveis, como, por exemplo, em um anúncio de um molho de tomates: no lugar da imagem do indefectível prato de massa suculenta, a imagem de um insípido prato de sopa de pacote ou de um hambúrguer de aspecto envelhecido, frio – mais para indigesto do que para apetitoso – poderiam representar possibilidades criativas sinestésicas às avessas, com capacidade de surtir efeito mais forte no Receptor, a chamada reação de rebote.

Essa variação pode parecer arriscada a princípio, mas costuma funcionar de maneira mais eficiente do que a velha repetição de apelos sinestésicos previsíveis, que sempre foram a tônica em Publicidade.

Exemplos de utilização de sinestesia no plano visual em Publicidade:
Anunciantes: shampoo Seda/2008

Figura 5.2:
Teaser página simples impresso – Campanha shampoo Seda Chocolate/2008[5].

Uma ilustração oportuna e bem recente do emprego de valores sinestésicos trabalhados em abordagem literal encontra-se no enunciado verbo-visual da campanha institucional da empresa norte-americana Hershey's, veiculada a partir de julho de 2010.

No comercial de televisão, denominado "Felicidade", é apresentada a nova linha de chocolates da marca, nas versões: *Ao leite, Cookies 'n' Creme* e *Air*, associados ao conceito de felicidade. Nele, é explicitado à risca o sentido físico paladar, em cenas que mostram jovens deliciando-se com grandes barras de chocolate Hershey's[6].

Exemplo de utilização de sinestesia no plano verbo-visual em Publicidade:
Filme institucional – 30 segundos
Título: Felicidade
Anunciante: Hershey's
Agência de Publicidade: Euro RSCG Worldwide – SP
Loc. *off*: Hershey's apresenta Felicidade segundo Hershey's.
Legendas: Felicidade Chocolate ao Leite
　　　　　Felicidade Cookies "n" Creme
　　　　　Felicidade Air

Loc. *off*: Como você pode ver, existe Felicidade Hershey's para todos os gostos.
　　　　　Descubra a sua.
　　　　　Puro Chocolate. Puro Hershey's[7].

12/7/2010 – 14:51

Sedução de Hershey´s em barras vem se derretendo de felicidade, pela primeira vez em campanha institucional no Brasil
Gisele Centenaro/Fonte: FM e PS (FSB Comunicações)

> (...) A ideia central da campanha é celebrar as diferentes definições da palavra "Felicidade", defendendo que por trás de cada uma delas existe um delicioso sabor de chocolate Hershey's.
> "Cada um define felicidade à sua maneira e sua busca é uma jornada individual. Ela pode ser encontrada em coisas diferentes e celebrada de maneiras distintas também. Mas, apesar disso, existe uma fonte de felicidade que é comum a todos nós: uma deliciosa barra de chocolate. Queremos retratar a marca Hershey's como sendo este puro momento de felicidade", explica, com e dando água na boca, Renata Vieira, gerente de marketing da marca.[8]

Prosopopeia/personificação

Também informalmente chamada humanização, a personificação configura-se com a atribuição de traços humanos a elementos inanimados, a seres não humanos e a animais. Provém dela o adjetivo: personificado.

No Cinema, na Televisão e na Literatura, essa figura tem uso bastante diversificado e, na maioria das vezes, mostra-se capaz de intensificar emoções, de assustar e até de enternecer, quando, por exemplo, coisas e animais de quaisquer espécies falam, pensam e possuem habilidades não naturais ou sobrenaturais.

Na Literatura, a prosopopeia presta-se mais notadamente a concretizar mensagens poéticas, como no livro *Meu pé de laranja lima*, de José Mauro de Vasconcellos, sucesso da década de 1970, que narra a relação de amizade entre um garoto e uma árvore, marcada pela lealdade existente entre ambos.

George Orwell humanizou animais em *A revolução dos bichos*, conferindo a cada um deles traços positivos e negativos próprios da espécie humana, como autoritarismo, egoísmo, submissão, tendência à chantagem e à traição, entre outros, tornando esses personagens verossímeis dentro do universo ficcional onde se inseriam – a Granja do Solar.

Monteiro Lobato fez o mesmo em sua coletânea de obras infantis, com os inesquecíveis personagens que habitavam o Sítio do Pica-Pau Amarelo, a exemplo de Quindim, um manso rinoceronte; Visconde de Sabugosa, uma espiga de milho com qualidades morais notáveis, sabedoria e senso de justiça; e a célebre Emília, uma boneca de macela, que, como raros protagonistas conseguiram, alcançou a aceitação irrestrita de gerações inteiras de leitores, mesmo sendo dona de uma personalidade irascível, avessa à obediência, com traços de revolta e independência e, às vezes, hostil em seu *modus operandi*, mas definitivamente humana.

Em Criação Publicitária, a prosopopeia é mais comumente concebida sob as formas de animação e de ilustração, em anúncios impressos e eletrônicos destinados a crianças e adolescentes, e também a donas de casa, no caso de ser necessário atenuar as explicações sobre modo de ação, potência ou formulação química de certos produtos/serviços.

Igualmente justificada é sua aplicação, quando o propósito é tornar suportáveis ou até simpáticos alguns supostos inimigos do consumidor, como baratas, pernilongos, ratos, cupins, bactérias, pulgas, fungos etc., os quais, por conta de seu aspecto físico repugnante, se filmados na realidade, poderiam causar asco e concorrer para um eventual afastamento ou mesmo rejeição do público.

A prosopopeia é um recurso capaz de fazer humor com animais, vegetais, minerais, coisas e produtos que agem como humanos e participam do convívio social. Com isso, tanto a captação da atenção como a conquista dos públicos-alvo tornam-se mais fáceis, e a memorização das peças nela fundamentadas, bem mais provável.

Exemplo da utilização de prosopopeia nos planos verbal e visual em Publicidade:
Anunciantes: Comfort/Boneca de pano; Johnnie Walker/Androide; Galo/Qualy;

Figuras 5.3:
Prosopopeia utilizada por várias marcas anunciantes: animação atrativa para filmes de televisão.

Reificação/desumanização/animalização

A reificação é o exato contrário da prosopopeia, ou seja: é essa uma figura de linguagem que consiste na desumanização ou "coisificação" de pessoas por meio da iconofagia ou processo iconofágico, no qual seres humanos são rendidos, devorados, deformados ou transformados em coisas, perdendo totalmente suas características humanas. Provém dela o adjetivo: reificado.

A reificação pode se estabelecer, inclusive, em nível mais aprofundado de concepção, quando se "coisifica" um animal, retirando-lhe seus atributos físicos e psicológicos, descaracterizando-o ou alijando-o de sua condição natural.

Em se tratando de Literatura, a recorrência à reificação é um expediente de fundo que normalmente se constitui de forma gradativa e, muitas vezes, emocionante, capturando eficazmente a atenção do leitor em obras cujo enredo presume a degradação/deformação física ou emocional – repentina ou gradual – de algum personagem, a ponto de ele desumanizar-se, ser transformado em "coisa", nos muitos sentidos pejorativos que a palavra possui, quase todos com conotação disfórica nos contextos em que se encontra inserida.

De maneira antológica, Graciliano Ramos "comete" dois tipos diferentes de reificação em obras que se tornaram célebres na Literatura Brasileira. No livro *São Bernardo*, o escritor concebe o protagonista, Paulo Honório, como um herói reificado por causa de sua maldade: *com ações premeditadas, ele almeja subjugar o sistema à sua volta, e não mede esforços para isso.*

Já, em *Vidas secas*, sob outro ângulo, o fragilizado chefe de família Fabiano é também um homem reificado, em virtude de sua total impotência frente à miséria do desolado sertão nordestino: *por conta de sua fraqueza, é o sistema à sua volta que o subjuga.*

Essa figura tem utilização bem explorada em Criação Publicitária, e, como solução criativa, apresenta-se com regularidade quando a proposta do trabalho é, por exemplo, a transformação de seres humanos em elementos não humanos, como: alimento, gasolina, água, estátua, animal (...), estratagema esse quase sempre associado a mensagens baseadas em humor, as quais incorrem em abusos contra a verossimilhança. Mas todos são muito bem aceitos e absorvidos pelo público, não originando problemas de captação.

Exemplos da utilização de reificação no plano visual em Publicidade e Propaganda:

Anunciantes: Campanha contra animais em circos/foca/palhaço; Casal de adolescentes/árvores

Figuras 5.4 e 5.5:
Reificação/versões para: Publicidade, vendedor ambulante, Propaganda.

Hipérbole

Trata-se de uma figura de linguagem que se instaura com o enfoque verbal ou visual fundamentado na ultrapassagem de limites, no exagero quanto às reais condição, situação ou dimensão de um dado objeto, e que significa grandiloquente ou exagerado demais. Provém dela o adjetivo hiperbólico.

Conforme já observado no início deste capítulo, a hipérbole teve uso exacerbado na Publicidade incipiente de décadas passadas (1950, 1960, mais fortemente), espectro em que a industrialização, em franco processo de expansão, propiciava o lançamento de novos produtos, divulgados como detentores de poderes miraculosos para a sociedade da época, como foi o caso dos sabões em pó, chamados de "pó azul", "pó mágico", e não de sabão.

Nesse momento, eram padrão verbal expressões enfáticas e superlativas, com utilização profusa de advérbios e adjetivos, como também comparações metaforicamente infantilizadas, tais como: "... o melhor do Brasil";

"... não tem sabor igual no mundo"; "... faz o trabalho de um gigante"; "... rápido como um raio", entre algumas correlatas.

Na contramão de seu oposto – a figura de linguagem eufemismo, caracterizada pela suavização de termos e expressões –, e de aparição rara em Criação Publicitária, a hipérbole permanece em largo uso como expediente de persuasão nos anúncios contemporâneos, porém com menor recorrência ao insustentável, como anteriormente operava.

Ainda assim, vez por outra, surgem mensagens que surpreendem por conta de seus contornos nitidamente hiperbólicos para divulgação de produtos inesperados, como o enxaguante bucal Listerine, anunciado em 2009 por meio de uma nada modesta hipérbole:

Listerine. O mais avançado de todos os tempos[9].

O estudo mais detalhado das figuras de linguagem semânticas mostrará que existem desdobramentos de algumas delas, em variantes categorizadas, que também podem ter uso estendido à Redação Publicitária.

Seguem alguns deles:

◆ Na categoria em que se inclui a metáfora, enquadram-se:
- Símile, ou simples comparação entre dois termos, com registro verbal da conjunção "como". No Antigo Testamento bíblico há insistente emprego da símile: "Toda a carne é *como* a erva", extraído do livro de Isaías 40:6, é uma amostra dele.
- Catacrese, que pode ser definida como uma metáfora cristalizada, bem difundida em certo contexto social, e, por isso, com perda total de seu sentido figurado, como ocorre em muitas expressões consagradas pelo uso cotidiano em expressões, tais como: "asa da xícara"; "pé da cadeira"; "embarcou no avião"; "enterrou a faca no peito do frango".

◆ No patamar em que se inclui a metonímia, figura um tanto complexa, que possui vasta relação de tipos, a:
- Sinédoque, uma das mais utilizadas, formada quando tomamos uma parte para significar a totalidade de um elemento. Machado de Assis, em *Dom Casmurro*, adotou a sinédoque, quando elegeu uma parte (olhos) para significar um todo (uma mulher), na imortalizada descrição de Capitu: *"olhos de ressaca"*.

◆ Como variações de antítese, catalogam-se:
- Oxímoro, figura que se refere à oposição entre dois termos, desde que pertencentes a classes gramaticais diferentes. Configura-se oxímoro nessas formulações, por exemplo: "... Ela é *perigosamente ingênua*"; pois, aqui, opõem-se um advérbio de modo e um adjetivo.
- Paradoxo, relação que marca uma oposição entre dois termos a um só tempo: "É *cedo*, mas para mim, é *tarde*..."; "Cosméticos Lígia Kogos. Os *importados nacionais*".

Pode-se também incluir nessa faixa a antífrase ou ironia, figura de baixa incidência na Publicidade, porém, se bem empregada, tem bom potencial de atração para a mensagem por meio dela emitida. A antífrase atua de modo a subestimar, menosprezar, e, de certa forma, desvalorizar características de um objeto, no intuito de dizer o contrário sobre ele, indiretamente. Também pode operar ao avesso desse modelo, falando bem de algo, com a intenção de falar mal.

As figuras de linguagem são também constantemente utilizadas em simultaneidade, favorecendo, assim, o adensamento de seu potencial semântico em mensagens verbais e visuais de qualquer natureza.

Devolutiva sugerida nº 1:
- A partir do estudo das figuras de linguagem semânticas, aberto neste capítulo, crie um *teaser* e um anúncio (resposta ao *teaser*) em livre formato, para o produto sabão em pó Ypê Premium, anunciante Química Amparo, mediante uso isolado ou conjunto, como base criativa da peça.
- As especificações técnicas do produto informam que esse é o primeiro sabão em pó ecológico do mercado brasileiro, com poder de degradação rápida e capacidade de preservação da vida aquática, sendo que tal U.S.P. deve ser valorizado na criação.

Objetivos:
- Exercitar Criação Publicitária mediante recorrência a aparatos teóricos, no caso: as figuras de linguagem semânticas;
- Familiarização com o manuseio e correta aplicação das figuras de linguagem semânticas em Redação Publicitária.

Devolutiva sugerida nº 2:
- Faça uma busca de anúncios veiculados em revistas e jornais brasileiros, à sua escolha, e identifique neles a presença de uma ou mais figuras de linguagem instauradas no plano verbal ou no visual das mensagens. Em seguida, nomeie-as e defina-as com suas próprias palavras.
- Selecione duas peças que atendam a essa solicitação e recrie-as em novo formato e com a adoção de outras figuras de linguagem como base redacional.

Objetivos:
- Percepção de que o direcionamento das mensagens pode se alterar, dependendo da figura de linguagem que estiver em enfoque na peça;
- Familiarização com o manuseio e correta aplicação das figuras de linguagem semânticas em Redação Publicitária.

Recursos de vocabulário e estilo: paráfrase e paródia

A reciclagem dos conceitos referentes a outros valiosos recursos de vocabulário e estilo, como os que fundamentam a paráfrase e a paródia, apresenta-se como mais uma forma de contribuição entre as aqui estudadas no intuito de proporcionar a valorização dos aspectos verbal e visual da Criação Publicitária.

Diferenciar a operacionalização dos dois procedimentos é o compromisso desta breve revisão.

Paráfrase: manutenção do sentido e ampliação lexical

Recuperando-se a noção de que a palavra texto, significando tecido, pode ser aplicada a manifestos verbais e a visuais, quando se parafraseia uma música, – sua melodia e letra; um poema; uma obra de arte; uma produção artística ou comunicacional, em geral, não se está fazendo a *cópia* de um original, mas está-se tecendo a *recriação* de um original ou está-se dando corpo a um novo trabalho.

Na execução de uma paráfrase, está mantida a concepção literal de criação.

Como ocorre com intertextualidade e bricolagem, em outros níveis, a paráfrase pode ser compreendida como um discurso que dialogou com outro discurso e resultou em um *novo* discurso sem desconsiderar o propósito do original. Na criação de paráfrase, há um investimento mental do enunciador, não uma pilhagem consciente de produções alheias. A paráfrase, em definição plena, traduz-se pela reescritura ou reelaboração de um original por meio de vocabulário equivalente, no caso de textos verbais, e de instrumentais relacionados, no caso de textos visuais, extraídos do repertório pessoal do parafraseador, *sem que haja perda das características e traços formadores desse original*, tais como: tema, sentido, tamanho, estilo e gênero.

Na paráfrase, não pode haver desvios do sentido de um original.

Se o trabalho a ser parafraseado for verbal, um hino, por exemplo, a paráfrase dele será também um hino, mas escrito com outras palavras, sinônimas das empregadas no original, sendo preservados: o tema abordado, o sentido dado à letra, o número de estrofes e o ponto de vista definidos pelo autor. Haverá, então, a *reiteração* da mensagem, só que recriada ou parafraseada por meio de *vocabulário* equivalente.

Caso se trate de um trabalho visual, uma aquarela, um óleo sobre tela, por exemplo, a paráfrase/recriação deles será também uma aquarela, um óleo sobre tela, mas com alterações ocasionais de cores, suavização ou breve intensificação das formas, e leves intervenções eventuais, sem que haja descaracterização do aspecto natural da pintura.

A mensagem visual será respeitada, mas terá sido parafraseada/recriada por meio de instrumental distinto (cores mais ou menos fortes, disposição levemente alterada de elementos, tons escurecidos ou clareados etc.), como tem sido feito há muito tempo com o famoso quadro expressionista *O grito*, obra máxima do pintor norueguês Edvard Münch, datado de 1893, um quase recordista de versões.

Semelhante desdobramento se deu com o óleo sobre tela *O beijo*, pintado em 1907/8, pelo austríaco Gustave Klimt.

Em textos verbais, a paráfrase é um expediente promotor da expansão lexical e, ainda que não realizada com propósitos profissionais, configura-se em exercício indicado para aprimoramento redacional, visto que exige do enunciador várias competências, tais como: o uso de pertinente sinonímia; amplo arsenal vocabular; e a correta interpretação do trabalho a ser parafraseado, para que não haja deslocamento de sua tessitura fundadora.

A Criação Publicitária faz recorrências discretas à paráfrase, tanto no âmbito verbal como no visual. Esse fraco uso decorre, provavelmente, por não haver sido assimilado por parte dos criadores todo o seu efetivo poder de emprestar inventividade à comunicação. Enquanto recurso ativador da criatividade, ela é totalmente recomendada.

Paródia: inversão do sentido e distinção de pontos de vista

Diferentemente do que faz a paráfrase, a paródia – embora também preserve íntegras determinadas características de um original, como tema, gênero, estilo e volume de linhas –, é um expediente estilístico que se produz necessariamente com a *inversão de seu sentido e de seu enquadramento ideológico*.

Não é objetivo da paródia a ratificação de uma mensagem, mas sim sua *subversão*, que em geral se efetiva por meio de recursos-suporte, como: ironização, ridicularização e satirização, com inclinação ao humor. Para elaborar uma boa paródia, o enunciador deve ser possuidor de um dom especial, espírito crítico, contestatório, capaz de transformar um enunciado em seu contrário, ou em seu diferente, com manutenção da pertinência e da verossimilhança. A arquitetura formal do trabalho a ser parodiado é sustentada, mas o direcionamento de sua mensagem é visivelmente alterado.

Na paródia, é instaurado um claro *desvirtuamento de sentido*.

Recorrendo-se ao exemplo recém-utilizado na elucidação de paráfrase, em interpretação simples, na originalidade, o quadro *O grito* põe em discussão a fragilidade humana frente ao mundo e traduz essa impotência no grito de um homem que, postado sobre uma ponte, hesita entre permanecer vivo e se atirar no rio revolto.

Na Figura 5.7, vê-se a tela *O grito* parodiada sob novo ângulo de visão, derivado do universo das histórias em quadrinhos.

Uma análise mais detalhada pode explicar as intenções dos artistas e, para executá-la, serão feitas algumas alusões ao modelo proposto por Umberto Eco, no livro *A estrutura ausente* (1972, p. 156), o qual dá conta de dois registros, o verbal e o visual, investigados em separado; e isola os patamares denotativo/estrutura aparente e o conotativo/estrutura profunda das mensagens emitidas para chegar à sua total compreensão.

Figura 5.6 e 5.7:
Exemplos de paródia visual:
Original: *O grito*, Edvard Münch/1893 x
Paródia: *O grito do cão*, Dylan Dog
Quadrinhos/2008[10].

- Reprodução e interpretação dos elementos visuais da tela original
  No original, a imagem revela, em segundo plano, dois passantes trajados com cachecóis e pesados sobretudos, caminhando placidamente, em um fim de tarde outonal, sobre uma ponte que atravessa um rio.
  Ambos evocam afastamento em relação à cena insólita, protagonizada em primeiro plano por um homem desesperado, de cabeça raspada e aspecto doentio, vestido com um fino camisolão – que grita.
  O aspecto tortuoso e sombrio desse homem que grita quebra a isotopia do ambiente retratado, que é retilíneo, vibrante e belo.
  A proximidade desse homem, que vive um aparente pico de depressão, com a murada da ponte, o movimento do rio caudaloso e a indiferença alheia são elementos visuais que, em conjunção, sugerem uma tentativa de rendição ou suicídio iminente – *a desistência da vida*.

- Reprodução e interpretação dos elementos visuais da tela parodiada
  Na paródia, a imagem registra, também em segundo plano, dois transeuntes, neste caso assemelhados a *cowboys* de filmes americanos, caminhando em direção a um homem que, em primeiro plano, grita.
  Nesta versão parodiada, o homem que grita é jovem, revela boa aparência, encontra-se bem trajado e parece mais assustado do que atormentado interiormente, composição física que, inicialmente, mantém isotopia com o ambiente externo, mas que, repentinamente, é quebrada por algum sobressalto.
  A ameaçadora aproximação dos dois homens pode configurar o fator detonador desse sobressalto, não gerador, entretanto, do mesmo grau de angústia que se pode perceber no homem do quadro original.

Nesta paródia, os elementos visuais em conjunção sugerem uma tentativa de afastamento do perigo ou fuga iminente – *a luta pela vida*.

No primeiro, a histeria parece ter sido provocada por razões de natureza interna do homem *que grita*.

No segundo, o medo seria uma provável consequência de razões de natureza externa, vivenciadas pelo homem *que se assusta*.

Caracterizou-se, assim, uma deturpação do sentido do quadro original e deu-se vida a uma paródia visual, com outra mensagem: em *O grito*, Münch dramatiza a *crise existencial*; e em *O grito do cão*, a temática desenvolvida é a *violência urbana*.

Existe aqui outro tipo de comprometimento instituído subliminarmente: Edvard Münch era admirador inconteste da obra de Vincent Van Gogh, um dos maiores (para muitos, o maior) nomes do Expressionismo de todos os tempos; e as cores explosivas de seus quadros revelam clara inspiração nas pinceladas incandescentes das telas do atormentado pintor holandês, que tentou o suicídio por três vezes.

Ambos os artistas, coincidentemente, também tinham um espírito depressivo, eram pouco sociáveis e viveram amores frustrados, por conta dos quais desenvolveram forte tendência ao alcoolismo e ao isolamento. A tela *O grito* é vista por muitos estudiosos mais como expressão localizada do claudicante estado emocional de Münch do que propriamente do homem moderno.

Partindo do campo das imagens para o campo das letras, é possível localizar algum paralelo nas biografias de muitos escritores brasileiros, oriundos de diferentes fases e escolas literárias, com personalidade semelhante à dos pintores citados, que também tiveram várias de suas obras parodiadas sob conotações de sarcasmo, humor, ironia e ceticismo. Produções originalmente concebidas em tom melancólico, na maior parte das ocorrências.

Escrito no auge do Romantismo pelo jovem Gonçalves Dias, o poema "Canção do exílio" foi uma provável resposta verbal à nostalgia do poeta, enquanto estudante de Direito na fria Coimbra (Portugal), onde se sentia exilado, deprimido e longe da pátria Brasil, que definia como paradisíaca e idílica. Essa ótica, característica da Escola Romântica, à qual pertencia, e que contextualizava a realidade criadora de então, tornou-se campo fértil para as gerações sucessoras do poeta. Os versos açucarados de "Canção do exílio" converteram-se, talvez, nos mais parodiados da Literatura brasileira, sendo objeto de ironia para alguns, de escárnio para outros, e de sátira para muitos, dependendo das inclinações ideológicas de cada parodiador, bem como das orientações formais das escolas literárias às quais integravam.

Figuras 5.8 a 5.11:
Telas de Vincent Van Gogh: azul e amarelo em tons inimitáveis[11].

> Minha terra tem palmeiras
> Onde canta o Sabiá.
> As aves que aqui gorjeiam
> Não gorjeiam como lá.
> Nosso céu tem mais estrelas,
> Nossas várzeas têm mais flores,
> Nossos bosques têm mais vida,

Nossa vida mais amores.
Em cismar sozinho à noite,
Mais prazer encontro eu lá;
Minha terra tem palmeiras
Onde canta o Sabiá.
Minha terra tem primores,
Que tais não encontro eu cá.
Em cismar sozinho à noite,
Mais prazer encontro eu lá.
Minha terra tem palmeiras.
Onde canta o Sabiá.
Não permita Deus que eu morra,
Sem que eu volte para lá.
Sem que desfrute os primores
Que não encontro eu cá;
Sem qu'ainda aviste as palmeiras
Onde canta o Sabiá.
(Gonçalves Dias, in *Primeiros Cantos*, "Canção do exílio", 1843, p. 2).

Escritores renomados, como Oswald de Andrade, ícone da primeira fase do Modernismo, e, mais à frente, Murilo Mendes, um modernista tão arguto quanto reservado, oriundo da segunda fase, parodiaram a "Canção do exílio", com vistas a apresentar sua visão particular do Brasil, bastante diferente da de Gonçalves Dias. Opositores declarados do governo brasileiro, cada um à sua maneira fez uso desse poema invertendo seu sentido ufanista para um sentido crítico. Bairrista, no caso de Oswald de Andrade, que se referiu a São Paulo, especificamente, e não ao Brasil; e ácido, com Murilo Mendes, que fundamentou a paródia na aversão ao estrangeirismo, doença da qual o país padecia, em sua opinião.

Exemplo de paródia verbal:

Canção do Exílio

Se eu tenho de morrer na flor dos anos,
Meu Deus! Não seja já;
Eu quero ouvir na laranjeira, à tarde,
Cantar o sabiá!
Meu Deus, eu sinto e tu bem vês que eu morro
Respirando este ar;
Faz que eu viva, Senhor! dá-me de novo
Os gozos do meu lar!
O país estrangeiro mais belezas
Do que a pátria não tem;
E este mundo não vale um só dos beijos
Tão doces duma mãe!
Dá-me os sítios gentis onde eu brincava
Lá na quadra infantil;
Dá que eu veja uma vez o céu da pátria,
O céu do meu Brasil!
Se eu tenho de morrer na flor dos anos,
Meu Deus! Não seja já;
Eu quero ouvir na laranjeira, à tarde,
Cantar o sabiá!

> Quero ver esse céu da minha terra
> Tão lindo e tão azul!
> E a nuvem cor-de-rosa que passava
> Correndo lá do sul!
> Quero dormir à sombra dos coqueiros,
> As folhas por dossel;
> E ver se apanho a borboleta branca,
> Que voa no vergel!
> Quero sentar-me à beira do riacho
> Das tardes ao cair,
> E sozinho cismando no crepúsculo
> Os sonhos do porvir!
> Se eu tenho de morrer na flor dos anos,
> Meu Deus! Não seja já;
> Eu quero ouvir na laranjeira, à tarde,
> Cantar o sabiá!
> Quero morrer cercado dos perfumes
> Dum clima tropical,
> E sentir, expirando, as harmonias
> Do meu berço natal!
> Minha campa será entre as mangueiras,
> Banhada do luar,
> E eu contente dormirei tranquilo à sombra do meu lar!
> As cachoeiras chorarão sentidas
> Porque cedo morri,
> E eu sonho no sepulcro os meus amores
> Na terra onde nasci!
> Se eu tenho de morrer na flor dos anos,
> Meu Deus! Não seja já;
> Eu quero ouvir na laranjeira, à tarde, Cantar o sabiá!
> (Casimiro de Abreu, disponível em http://recantodaspalavras.com.br/2008/04/05/cancao-do-exilio-e-outras-versoes/#ixzz0wDSd4hyQ)

Seguindo outros parodiadores, como Casimiro de Abreu, Carlos Drummond de Andrade e José Paulo Paes, Jô Soares utilizou-se uso desse mesmo poema para ridicularizar e, indiretamente, denunciar a corrupção instaurada nos meandros do Governo Collor, na década de 1990. O humorista transformou a expressão "Minha terra" para "Casa da Dinda", uma alusão à residência particular do presidente da República na época, assim nomeada.

Bem mais frequente do que o de paráfrase, o uso de paródias em Publicidade quase sempre se consolida com recorrências ao humor em sua elaboração, o que acaba causando impressão favorável nos públicos receptores. Por causa de sua natureza contestadora e provocativa, o recurso tem capacidade de ativar positivamente nos consumidores a lembrança dos produtos e marcas assim anunciados.

Há de se salientar, entretanto, um pormenor importante, o qual, se não observado, pode provocar confusão em relação à presença de uma paráfrase e de uma paródia em determinadas mensagens. A mensagem parafraseada, como todas as outras, firma-se em estrutura aparente/sintaxe, e em estrutura profunda/semântica, que precisam ter seus percursos dimensionados individualmente para que não se perca de vista o significado do enunciado proposto.

Para melhor assimilação desse detalhe, aplica-se aqui um exemplo: "Peça pelo número", título de filme publicitário de McDonald's, que apresentava um funcionário solícito, com um caderno de anotações à mão, atendendo a uma fila de pessoas esperando para fazer seus pedidos na lanchonete. Seria essa uma síntese verbo-visual para deixar demonstrada a forma rápida de atendimento do anunciante.

Porém, a partir da veiculação dessa peça, sequenciaram-se outras, de anunciantes indistintos, todas baseadas nesse mesmo mote, e construídas sob um mesmo modelo: em forma de paráfrase na estrutura aparente; e paródia na estrutura profunda das mensagens.

Não foram poucos os anunciantes que se valeram do exato título de McDonald's, ou seja, que *parafrasearam* esse título, mas o associaram a imagens *diferentes*, cada qual com um recado específico e *divergente* do dado pelo anúncio original.

Todos mantiveram em suas peças a redação acima descrita na literalidade ou levemente alterada ➤ paráfrase; e apenas substituíram as imagens que as ancoravam, modificando, assim, seu sentido original para outros ➤ paródia.

Foi assim com ONGs, com vários tipos de produtos, com serviços diversos, o que demonstra a presença conjunta de paráfrase e paródia operando em níveis diferentes de uma mensagem, evocando novos sentidos a cada combinação.

Na nota abaixo reproduzida, comunica-se o lançamento da Linha Pro.Activ Becel, em campanha idealizada na forma agora exemplificada, uma criação da agência de Publicidade Borghierh Lowe, de São Paulo.

> A Becel irá apresentar nos meses de maio a agosto os recém-lançados Iogurte Becel Pro.Activ e Bebida Láctea Becel Pro.Activ, na campanha "Qual é o seu número", desenvolvida pela Borghierh Lowe. No planejamento estão contempladas ações para gerar a experimentação dos produtos pelos consumidores. Para isso a Becel promoverá nos estados de São Paulo, Rio de Janeiro, Rio Grande do Sul, Paraná e Santa Catarina, degustação em aproximadamente 320 pontos de venda nas principais redes de supermercados e hipermercados dessas cidades[12].

Ilustrações de paráfrases e paródias em Publicidade e Jornalismo

Publicidade para mídia impressa:

Bom Bril e presidente dos Estados Unidos Barack Obama Jr.

Figura 5.12:
Anúncio da palha de aço Bom Bril/2008, com base em paródia: "Se você também quer a Casa Branca, use Good Bril"[13].

Uma das propriedades mais marcantes do ator Carlos Moreno é a capacidade de transformação e de incorporação do gestual, de traços físicos e da aparência de personalidades diversas, em projeção nacional e internacional.

Foi essa versatilidade, precisamente, que o levou a ser o mais conhecido parodiador da Publicidade brasileira. Quase uma extensão da marca BomBril, Moreno já encarnou os ares de obras de arte, como Mona Liza, de presidentes influentes, como Barack Obama, de prêmios importantes, como a estatueta do Oscar, de esportistas, políticos e artistas, e mesmo de pessoas em evidência contextualizada ou momentânea, – com o brilho próprio dos bons intérpretes.

Mas, há de se fazer justiça ao sucesso dos anúncios de BomBril, conquistado, em grande parte também, pelo senso de oportunidade do aspecto verbal definido para as peças. Sempre calcados nos recursos humor e ironia, os títulos e textos das campanhas de BomBril primam pela originalidade e perspicácia, qualidades esperadas em uma Paródia.

Com base na compreensão de certos autores, entre eles, Bella Josef (1982, p. 65) ... 'a paródia nos dá a visão mais ampla e mais inventiva do real, ligada ao lúdico, instrumento de rebeldia e afirmação criadora, é lícito afirmar com alguma informalidade, que, a despeito de sua natureza subversiva, para que atinja bom resultado, recomendam-se como receita de boa Paródia os mesmos cuidados que se deve ter no preparo de uma salada: equilibrar o sal e não apimentar demais. Embora sábio, nem sempre tal conselho é seguido, e algumas vezes, o recurso, que em tese deveria abrilhantar um enunciado, pode pô-lo a perder.

Foi essa a situação que, em 2003, se abateu sobre a marca Diesel, celebrada mundialmente no segmento das confecções para jovens de classe A, posicionada como entidade contestadora de costumes, e alinhada a uma postura denunciadora de práticas consumistas e alienantes.

Sob o conceito *Diesel. Sponsoring emotions*; – ou em tradução livre, Diesel. Patrocinando emoções, a empresa se fez anunciar em uma campanha idealizada sob a forma de paródia frontal da cadeia de lanchonetes *fast food* Mc Donald's, representação estereotipada de tudo o que Diesel condenaria, enquanto posicionamento ideológico.

Ridicularizando abertamente o personagem símbolo da marca – o Palhaço Ronald –, a campanha se apresentou em três anúncios página dupla de revista, tendo como mote principal um palhaço de aspecto bizarro, algo sinistro, nomeado Donald Diesel. Robusto, de baixa estatura, e ostentando um permanente sorriso enigmático, Donald Diesel aparece interagindo com jovens modelos de aparência nórdica, esguios, trajados com roupas da Diesel, em ambientes oníricos estranhamente produzidos, insinuando uma floresta mágica, um parque, um mundo encantado.

Os textos dos anúncios, acompanhando o tom incongruente da concepção visual, ultrapassam em boa medida o limite da crítica, própria de enunciados parodísticos, e lançam as mensagens a um patamar próximo do *nonsense*, inviabilizando sua apreensão na integralidade. Em vez de atrair a atenção do público, os enunciados praticamente o afastam da intenção potencial da paródia, e não chegam a produzir o sentido almejado.

> **Anúncio pág. simples – revista1:**
> Satisfação é agora patrocinada por Diesel.
> Satisfação é uma refeição feita de gordos sonhos.
> Compre um milkshake para um estranho em troca de um sorriso.
> Ou vamos começar a comer animais, porque vegetais também tem sentimentos.
> Diesel.
> Patrocinando emoções.
>
> **Anúncio pág. simples – revista 2:**
> Diversão é agora patrocinada pela Diesel.
> Diversão é o sentimento que amigos trazem. Qual é a sua idéia de diversão?
> É o sol de verão sorrindo no céu? Ou provocar uma briga de bar com um palhaço?
> Deixe sua diversão sair para brincar hoje.
> Diesel.
> Patrocinando emoções.
>
> **Anúncio pág. simples – revista 3:**
> Liberdade é agora patrocinada pela Diesel.
> Liberdade é um sentimento que você celebra com o mundo. Vamos fazer bolos, não armas.
> Vamos visitar o cirurgião plástico e substituir nossos braços por asas.
> Isso pode custar muito dinheiro.
> Diesel.
> Patrocinando emoções.

Esse caso emblemático é rico em possibilidades de fornecer lições aos criadores, publicitários ou não, interessados em elaborar Paródias.

- A primeira dá conta de que existe uma ligação inequívoca entre Paródia e original parodiado: só seria possível ao público receptor decodificar os recados cáusticos da campanha de Diesel, se tivesse pleno conhecimento das campanhas de McDonald's, bem como da postura ideológica de Diesel, antagônica à de McDonald's.
- A segunda sublinha o fato de que Paródias devem lembrar imediatamente o original parodiado, para que fique caracterizada sua subversão: mesmo sendo objetivo da Paródia promover o desvio da rota do original no qual se baseia, trata-se de uma formulação verbal que transgride um sentido já conhecido pelo receptor, e o recria sob outra ótica, originando um novo trabalho, operação à qual, conforme já exposto no Capítulo 1 deste livro, se reconhece também como transcriação.
- A terceira aponta para a ambivalência da Paródia: ela é um enunciado autônomo em seu ponto-de-vista; e, ao mesmo tempo é dependente de um original para construir seu sentido.

Maria Lúcia P. de Aragão tenta elucidar essa bilateralidade, quando pondera que "parodiar é recusar e esvaziar, é dessacralizar sem descrer, pois só se discute e se leva em consideração aquilo em que se acredita", (1982, p. 19), afirmações que induzem à conclusão de que a Paródia, afinal, se não for muito bem elaborada, é um procedimento que reitera os significados primeiros de um original, mais do que os contradiz.

No caso da campanha de Diesel, se não for compreendida sua intenção demolidora, pode-se ter produzido publicidade às avessas, ou seja: pela esquisitice da criação, a campanha poderia fazer o público se lembrar positivamente de McDonald's, ao se defrontar com os anúncios de Diesel.

Existem algumas definições que correlacionam a Paródia a um objetivo/significado obrigatoriamente voltado ao humor e à satirização ou à ridicularização dos propósitos de um original. Esse, entretanto, não configura o objetivo único ou primordial da Paródia, assim erroneamente entendida.

Neste capítulo, foram apresentados alguns exemplos que confrontam esse redutor entendimento: a Paródia que o poeta romântico Casimiro de Abreu faz de *Canção do Exílio*, é uma incursão que remonta a experiências da infância do autor, e não se enquadra propriamente no molde de um texto humorístico. O mesmo se aplica às experiências de vários outros escritores, como os modernistas Oswald de Andrade, José Paulo Paes, Carlos Drummond de Andrade e Murilo Mendes, que, cada um em seu tempo, parodiaram o mesmo poema, tecendo, na realidade, críticas a problemas brasileiros, enviezando a ótica idílica de Gonçalves Dias para uma visão amargurada do país.

Consideram-se também como formas mais sofisticadas de Paródia, os textos que se baseiam na estrutura redacional de outros, e não em seu tema. A revista Piauí, agora com participação fixa no Jornal O Estado de São Paulo, em coluna/blog denominada The i-Piauí Herald, executa muito bem esse procedimento, e corroborando seu enquadramento editorial, satiriza vários tipos de notícia, sempre com fundo irônico e bem-humorado, traços que descrevem a postura desse veículo. Em alguns dos exemplos selecionadas abaixo, pode-se perceber a inclinação natural dos textos parodiados, com o estilo dos textos de articulistas especializados em determinados assuntos, como: Economia, Cultura, Tecnologia, Política, por exemplo, e nesses casos, a intenção era, sem dúvida, a de fazer humor.

Fernando Pessoa anuncia fusão de heterônimos

LISBOA – Em pronunciamento que pegou de surpresa o mercado editorial, o poeta e investidor Fernando Pessoa anunciou ontem a fusão dos seus heterônimos. Com o enxugamento, as marcas Álvaro de Campos, Ricardo Reis e Alberto Caeiro passam a fazer parte da holding Fernando Pessoa S.A. "É uma reengenharia", explicou o assessor e empresário Mario Sá Carneiro, acrescentando que "de uns tempos para cá ficou claro que era preciso fazer um *streamlining* na nossa operação se quiséssemos sobreviver num ambiente poético cada vez mais competitivo." Pessoa confessou que a decisão foi tomada "de coração pesado", mas o seu CFO não lhe deu alternativas. "Drummond sempre foi um só. A operação dele é enxutinha. Como competir?", indagou. O poeta chegou a pensar em terceirizar os heterônimos através de um call-center em Goa, mas questões de gramática e semântica acabaram inviabilizando as negociações. "Eles não usam mesóclise", explicou Pessoa. A notícia dividiu o mercado editorial. Luiz Schwarcz, editor da Companhia das Letras, disse que a eliminação dos heterônimos ajudará a diminuir os custos de marketing: "O brasileiro médio sabe quem é Fernando Pessoa. Mas as marcas Álvaro de Campos, Ricardo Reis e Alberto Caeiro nunca chegaram a se firmar." Já a Central Única dos Poetas, sindicato ligado à CUT, declarou, em nota, que a medida é "mais um exemplo da brutalidade do mercado", e confirmou para amanhã uma greve de 48 horas, na qual nenhum poeta fará rimas e Gilberto Gil dirá coisas compreensíveis. Mario Sá Carneiro declarou que, uma vez consolidada a fusão, a holding Fernando Pessoa S.A. pretende adquirir as marcas T. S. Eliot, Albert Camus, Jean Paul Sartre e Friedrich Nietzsche. "E claro, no futuro, se tivermos bala, toda a obra poética de José Sarney."

Disponível em: http://revistapiaui.estadao.com.br/herald/post_138/Fernando_Pessoa_anuncia_fusao_de_heteronimos.aspx

Penteado de Roberto Carlos é tombado como patrimônio nacional

WERNER'S CABELEIREIRO – Em mais uma ação comemorativa dos 50 anos de carreira de Roberto Carlos, o ministro da Cultura Juca Ferreira assinou um decreto pelo qual o corte de cabelo do Rei passa a ser considerado patrimônio nacional. "Há muito tempo que o Brasil esperava por isso", declarou o ministro. "A influência dos cabelos de Roberto Carlos na cultura brasileira é notável. Para dar um só exemplo, não teríamos essa beleza que são os penteados das duplas caipiras se não fosse por ele." Segundo Amadeu Pires Frajola, assessor de imagem de Roberto, nada aconteceu por acaso: "A franjinha milimetricamente picotada empresta ao rosto o ar inocente de um menino indefeso. Por sua vez, em notável contraponto, o descomprometido arrepio dos fios rebeldes no cocuruto tem como objetivo chocar a família brasileira. E nem me peçam para falar no *mullet*, cujo encanto me deixa sem palavras." Daqui por diante, Roberto Carlos só poderá marcar hora no barbeiro com a autorização do Instituto do Patrimônio Histórico e Artístico Nacional, IPHAN, que analisará a proposta de corte. "Não transigiremos", disse o presidente do órgão, Luiz Fernando de Almeida, "Roberto Carlos terá de nos apresentar um projeto detalhado de como pretende interferir no penteado." Segundo informações do MINC, se devidamente aprovado, o custo do corte + shampoo poderá ser financiado via Lei de Incentivo à Cultura.

Para comemorar o tombamento, vários artistas e intelectuais brasileiros já se comprometeram a adotar o corte de Roberto Carlos. É o caso de Roberto Justus e Silvio Santos, entre outros. O apresentador de televisão já pediu a seu cabeleireiro Jassa que faça um curso intensivo de franja e *mullet*, e aproveitou a ocasião para avisar que não o emprestará para Justus: "O Justus pediu, mas ele é bonito demais. Com o cabelo do Rei então, nem se fala. É injusto."

Pesquisadores da UNICAMP dizem estar próximos de produzir a primeira cantora de MPB heterosexual do país

Eu sei que parece impossível, mas acho que estamos quase lá." A declaração, dada ontem pelo cientista Paulo Takeshi, chefe do Laboratório de Pesquisa Genética da Unicamp, foi recebida com ceticismo pela imprensa especializada. Em palestra a pesquisadores do Brasil inteiro, Takeshi apresentou os mais recentes resultados do trabalho ao qual vem se dedicando nos últimos trinta anos: conceber, in vitro, a primeira cantora heterosexual da Música Popular Brasileira. Takeshi esclareceu que os avanços conseguidos nos últimos dois anos são caudatários do Projeto Genoma, que decodificou o mapa genético das cantoras brasileiras. "Descobrimos que 99,7% do código genético delas é igual ao do Alexandre Frota, do Fabio Junior e do Renato Gaúcho. Se conseguirmos diminuir em 49,7% esta porcentagem, teremos chances reais de produzir uma cantora heterosexual", exlicou o pesquisador. Pela primeira vez, o Laboratório de Pesquisa Genética trabalhou com uma equipe multidisciplinar.

Takeshi disse que o projeto deve muito à contribuição do antropólogo e historiador Lourenço Aguiar, autor do livro "Minoria Heterosexual na MPB Feminina". Aguiar tem deixado claro que a manipulação genética é parte da solução, mas há fatores sociais que também precisam ser levados em conta. "Veja bem, nos primórdios, havia grandes cantoras heterosexuais na musica brasileira. A Chiquinha Gonzaga gostava de homem, a Carmem Miranda gostava de homem, a Nara Leão era heterosexual." O historiador acredita que é preciso saber exatamente por que as cantoras lésbicas começaram a dominar a nossa música a partir da década de 80. "O que aconteceu naquele período? Qual o mistério?", perguntou à platéia silenciosa. Estudos publicados na universidade Berkeley, EUA, indicam que o fenômeno é concomitante à chegada de Nelson Motta na direção da gravadora Warner. "É uma hipótese interessante", especulou Aguiar, "Nelson Motta é heterosexual militante. Quem sabe as cantoras não sofreram uma mutação para protegê-las do charme irresistível dele? Vocês já viram aqueles óculos escuros? Como resistir? Pensem: elas eram cantoras. Era natural que quisessem ser reconhecidas pelo talento musical, e não por eventuais dotes secundários. Pode ter havido uma readaptação da espécie, algo como os anfíbios que mudam a cor da pele para fugir do predador." Takeshi e Aguiar batizaram esse comportamento sócio-genético-sexual de "darwinismo bossa nova".

Em notícia paralela, a Fundação Soros anunciou que suspenderá o financiamento do Laboratório de Genética da USP, que há mais de dez anos vem tentando sem sucesso desenvolver um Paulo Maluf sem contas no exterior.

Disponível em: http://revistapiaui.estadao.com.br/herald/post_55/Pesquisadores_da_Unicamp_dizem_estar_proximos_de_produzir_a_primeira_cantora_heterosexual_da_MPB.aspx

Reiteração de propósitos

Com esse estudo, encaminhado da forma que sugeriu maior funcionalidade ao aproveitamento efetivo de recursos da Língua Portuguesa em Redação Publicitária, finaliza-se a exposição dos tópicos abertos, subscrevendo-se o propósito inicial do livro, em si, firmado na revisão conceitual de alguns aparatos verbais como impulso para melhor desempenho escrito.

Entende-se que, uma vez claramente nomeados e, de algum modo, rememorados, todos possam fazer parte do repertório de quem estuda Comunicação Social e, especialmente, Publicidade e Propaganda; ou mesmo de quem já trabalha com Criação Publicitária, e, assim, colaborar para a valorização dos aspectos sintáticos e semânticos de anúncios veiculados em qualquer meio de comunicação. Em projeção mais ambiciosa, que possam talvez até devolver aos textos determinadas funções que eles não têm mais cumprido com regularidade, como as de atrair interesse, produzir sentido e evocar originalidade na comunicação publicitária.

Em consideração à expectativa sobre a conquista de tais objetivos, é adicionada agora uma intervenção do professor Whitaker Penteado, perfeitamente alinhada aos propósitos desta explanação: "A aquisição de conhecimentos sobre a linguagem é parte integrante da comunicação humana, porque linguagem é comunicação e porque os limites da Linguagem constituem os limites do conhecimento". (PENTEADO, 1982, p. 31)

Esta iniciativa pretende figurar como aprofundamento da proposição criativa, e espera-se que ela seja contributiva a esse universo, em alguma medida.

Tanto quanto se justifica tal intenção, recomenda-se a adoção de dicionários e gramáticas atualizados, como referenciais sistemáticos de apoio a estudantes e redatores profissionais, para expansão vocabular e reciclagem de conhecimentos em relação às normas.

Assim como os públicos receptores – heterogêneos e multifacetados –, a língua é um organismo vivo, simbiótico e em permanente estado de mudança, sendo o seu domínio condição fundamental para a aquisição de conhecimento e a viabilidade da boa comunicação.

Devolutiva sugerida nº 3:
- A partir do estudo dos recursos de estilo, aberto neste capítulo, elabore uma paráfrase para o áudio/locução de um filme publicitário em veiculação na atualidade, mantendo o anunciante original.
- Crie uma nova marca de rações para cachorros e elabore para ela um *slogan* parodiado de algum original verbal real; e um logotipo adequado aos seus propósitos mercadológicos.
- Elabore um novo *slogan* para a marca de rações Pedigree, promovendo a paráfrase do original: "Adotar é tudo de bom".

Objetivos:
- Familiarização com o manuseio dos recursos de estilo e ampliação lexical.

Devolutiva sugerida nº 4:
- Elabore uma paródia para cada uma das peças publicitárias abaixo selecionadas, respeitando as especificações técnicas desse recurso, neste capítulo estudadas. A primeira é um anúncio página dupla da maionese Miracel Whrip[14]; o segundo é um anúncio página simples do macarrão Adria Activitá; o terceiro é um selo do cartão de crédito MasterCard.

Objetivos:
- Treinamento em busca de criatividade mediante aparatos teóricos, no caso, os recursos de estilo.

Notas

1 Extraído da revista *Comunicação, Mídia e Consumo* – ESPM, São Paulo, v. 7, n. 18, de mar. 2010.
2 Essa referência encontra-se no Novo Testamento, Evangelho de Mateus 5:13.
3 Exemplificação de Metonímia. Acessado em 11/1/2009: http://www2.fsch.untl.pt/edt/verbetes/m/metonímia.htm.
4 Figura 5.1: Acessado em 20/10/2008: http://www.play.com.br/imagens/divertidas.
5 Figura 5.2: A campanha do shampoo Seda Chocolate é criação da agência de Publicidade J. W. Thompson de São Paulo.
6 Para melhor recuperação de algumas noções já consideradas neste livro, recomenda-se a revisão da abordagem feita no Capítulo 1.
7 Disponível em: https://mail.google.com/mail/?shva=1#trash/129ca10fa3453f6d.
8 Disponível em: http://www.portaldapropaganda.com/comunicacao/2010/07/0004.
9 A campanha de Listerine é criação da agência de Publicidade J. W. Thompson, de São Paulo.
10 Figuras 5.6 e 5.7: Dylan Dog é um investigador policial, personagem das histórias em quadrinhos, da Linha Bonelli Comics, da Sérgio Bonelli Editore/ Itália. Acessado em 14/11/2008: http://ecosdonada.blogspot.com.
11 Figura 5.8 a 5.11: As obras de Van Gogh. Disponível em: http://www.ask.com/pictures.
12 Disponível em: http://www.meioemensagem.com.br/novomm/br/ultimas/arquivo.jsp?ultima=1&i=25-05-2009&f=25-05-2009.
13 Figura 5.12: Acessado em 4/2/2009: http://www.meioemensagem.com.br/*Newsletter*.
14 Product: Miracle Whip; Title of ad: See-Saw; Client: Kraft Foods Deutschland GmbH; Creative Direction: Bill Biancoli, Katrin Flügel; Art Direction: Jula Böhm; Text: Martin Magnet; Account Managers: Andreas Ahlden, Isabel Padberg; Photographer: Stephan Försterling; Food-Styling: Thomas Lauterbach

Capítulo 6

Devolutivas finais sugeridas

A finalização deste estudo se dá com o oferecimento de mais dez atividades escritas, que preveem aplicação a alunos de Cursos de Comunicação Social.

Todos os exercícios recuperam conceitos abertos ao longo do desenvolvimento deste livro e propiciam resoluções verbais e verbo-visuais em Criação Publicitária.

Os pedidos de trabalho/jobs versam tanto sobre Publicidade como sobre Propaganda, sendo que, no último deles, o de número 10, a atividade encontra-se ancorada em um minibriefing idealizado para uma ONG fictícia, operante no Brasil, e aqui utilizada como cliente solicitante de uma minicampanha de Propaganda para divulgação de causa social grave.

Fase de conhecimento
Leitura atenta das bases teóricas apresentadas no livro + busca de referências sobre o tema

Fase de busca
Brainstorming + decisão sobre as estratégias a serem adotadas na execução do trabalho

Fase de execução
Criação + Produção das peças solicitadas com maior nível de fundamentação

Gráfico 6.1

Número 1:

- A partir do texto do filme "Rostos" da anunciante Natura, reproduzido na íntegra no capítulo 3, crie um anúncio de revista baseado no mesmo conceito, para que ele figure como variante constituinte dessa campanha.

Instruções:

- A peça deverá ser formulada no formato página dupla, 4 cores ou preto & branco, e deverá prever a inserção de Título, Texto, Imagem e Slogan para a marca.

Número 2:

- Elabore um spot ou um jingle de 30 segundos, para rádio, para divulgar um produto/serviço sob sua livre escolha, formulado com base em paródia – capítulo 5.

Instruções:

- O produto/serviço escolhido deverá ser real e comercializado no país, e o original a ser parodiado deverá ser de autor brasileiro.
- A peça deverá ter o nome do produto ou do anunciante verbalizado em seu desenvolvimento, além de ser finalizada com um slogan criado para a marca.

Número 3:

- Recuperando as noções regentes da Nomenclatura das partes componentes da Redação Publicitária – capítulo 3, e das Estruturas Formais Discursivas – capítulo 4, elabore um anúncio publicitário com veiculação prevista apenas para revistas femininas, em veiculação no país.

Instruções:

- O anunciante/marca e o produto/serviço farão parte do segmento alimentício, estarão em situação de lançamento e deverão ser criados.
- A concepção da peça deverá estar alinhada à estrutura descritiva e prever a inserção de Título, Texto, Imagem e *Slogan* para a marca.

Número 4:

- Com a máscara-modelo de *storyboard*, apresentada no capítulo 3, elabore um filme comercial de 30 segundos para o sabonete antibactericida Protex.

Instruções:

- Todos os fotogramas deverão ter os quadros/cenas desenhados ou fotografados, estilizados, ilustrados ou elaborados por meio de colagem; e ser preenchidos nas linhas, com áudio e vídeo, inscritos em texto digitado, em corpo 8.
- Na finalização/*Pack shot*, deverá entrar um *Slogan* a ser criado para o produto.

Número 5:

- Por meio da seleção de uma ou duas figuras de linguagem semânticas – capítulo 5, crie um anúncio de jornal e revista, e duas inclusões na web para o molho de tomate Pomarola – Cica.

Instruções:

- A peça deverá ser formulada no formato página simples, 4 cores ou preto & branco, e deverá prever a inserção de Título, Texto, Imagem e *Slogan* para a marca.

Número 6:

- Crie um anúncio de revista para a minivan Honda Fit – Honda, tendo como base um argumento de autoridade – capítulo 4; e a função de linguagem emotiva – capítulo 3.

Instruções:

- A autoridade escolhida poderá ser homem ou mulher, desde que brasileiros e de notoriedade reconhecida. A peça deverá ser formulada no formato página simples, 4 cores ou preto & branco, e deverá prever a inserção de Título, Texto, Imagem e *Slogan* para a marca.

Número 7:

- Com base nas referências sobre estruturas discursivas – capítulo 4, crie um anúncio de revista de natureza narrativa para um produto/serviço sob sua livre escolha.

Instruções:
- O produto/serviço deverá ser real e comercializado no país; o narrador da peça deverá ser de categoria onisciente – 3ª pessoa do singular; o enredo deverá ser alinear; e a peça deverá ser enquadrada no formato página dupla, 4 cores ou preto & branco, e prever a inserção de Título, Texto, Imagem e *Slogan* para a marca.

Número 8:
- Elabore um *spot* ou um *jingle* de 30 segundos, para rádio e dois anúncios para web, com previsão de veiculação em 2014, para o Spa Sete Voltas.

Instruções:
- A peça deverá ser endereçada ao público que não tem afinidade com futebol e prefere se afastar da agitação própria da Copa do Mundo, a ser realizada no Brasil. Na finalização da locução, deverá ser verbalizado um *slogan*, a ser criado para a marca.

Número 9:
- Elabore uma minicampanha de Propaganda, de cunho preventivo e veiculação em território nacional, para uma dentre as duas opções de causas sociais oferecidas: motoristas embriagados ou uso de drogas ilícitas.

Instruções:
- A finalidade de ambas as campanhas é instrucional, e o tom dos conceitos deverá ser motivacional. A quantidade e definição das peças a serem criadas são de livre escolha das miniagências, e o assinante será o Ministério Público Federal do Brasil – MPF, para o qual deverá ser criado um logotipo e um *slogan*, que aparecerão em todas as peças.

Número 10:
- Elabore uma minicampanha de Propaganda para uma causa social: o tráfico de animais silvestres e selvagens no Brasil para a anunciante ONG Planeta Animal (nome fantasia), com sede no Distrito Federal – DF.

Instruções:
- A partir do conhecimento do minibriefing abaixo, dê início aos procedimentos solicitados.

Minibriefing sobre causa social real: o tráfico de animais silvestres e selvagens do Brasil para o exterior.

Anunciante: ONG Planeta Animal (nome fantasia).

Breve histórico da ONG Planeta Animal

Fundada em 1999, a Planeta Animal é uma das maiores ONGs brasileiras a se dedicar ao Combate ao Tráfico de Animais Silvestres e Selvagens do Brasil para o Exterior, e é conhecida nacional e internacionalmente por sua seriedade frente à causa. Situa-se no Distrito Federal – DF, no centro de Brasília.

É uma ONG atuante e de boa reputação na esfera política do Brasil e que angariou a simpatia de diversos setores, visto que protagoniza ações ousadas, de grande significado e repercussão, em relação ao tráfico de animais no país. Com poucos recursos, já conseguiu, entre muitos outros feitos, impedir o tráfico de 10.000 aves silvestres de um só carregamento clandestino no Pantanal mato-grossense; recuperar a saúde de lobos-guarás e tamanduás-bandeiras atingidos por balas; além de obter a posse de micos-leões dourados e onças-pardas filhotes, capturados para abate.

Com essas ações exemplares, a Planeta Animal ganhou visibilidade, atraiu a atenção mundial e colocou a causa dos animais traficados na agenda de discussões do Governo Federal do Brasil. Notabilizou-se também por conta de outras iniciativas que tomou para contribuir com um dos mais graves desdobramentos da causa: a situação dos animais maltratados, aprisionados ou submetidos a condições de extrema crueldade, negligência e abandono.

Exemplo I de pilhagem da fauna brasileira:

Colibri e Periquito-Brasil (eles têm no corpo as cores da bandeira nacional) ➢ Aves brasileiras rastreadas por satélite.
Os pássaros são os mais maltratados dentre todos os animais traficados: filhotes recém-nascidos são retirados de ninhos e têm penas e bicos arrancados.

Em 2005, estabeleceu uma parceria com governos da região centro-oeste do país e Ministério da Justiça para que leis pudessem ser criadas, e mecanismos de ação eficientes fossem implementados, no intuito de conter, e mesmo de impedir, o tráfico de animais brasileiros em território nacional e fronteiras da América do Sul.

Mais recentemente, produziu uma programação didática para ser aplicada em escolas, empresas e universidades, a fim de tentar conscientizar a população brasileira sobre Ecologia e o trato de animais silvestres e selvagens, bem como sobre a dor que eles sentem, quando retirados da natureza, aprisionados e maltratados.

Exemplo II de pilhagem da fauna brasileira:

Onça-pintada ➢ Espécie nativa brasileira – felino predador de porte majestoso, confirmada como quase extinta no Brasil: campeã na busca dos traficantes.

Breve histórico da causa – tráfico de animais selvagens e silvestres do Brasil

O Brasil, país de proporções territoriais continentais, além de possuir solo rico, favorecimento climático e ausência de fenômenos destrutivos naturais, possui flora exuberante, ainda pouquíssimo explorada, e fauna única e megadiversa, traços formadores que sempre acenderam o interesse de países ricos e motivam incessantes pesquisas de organismos internacionais. Há uma estimativa de que existam 100.000 ONGs estrangeiras, não catalogadas, desenvolvendo livremente e sem fiscalização, pesquisas diversificadas em solo amazônico atualmente.

O tráfico interno e externo de animais silvestres e selvagens no Brasil é notório pela barbárie que pauta as ações a ele associadas e impressiona até mesmo os não-simpatizantes dos bichos, por conta de seus números portentosos: está em 3º lugar no *ranking* nacional, só perdendo para o tráfico de drogas e tráfico de armas, e movimenta milhões de dólares por vias oficiosas.

A maioria dos animais destinados a esse comércio ilegal é capturada de forma brutal, por meio de armadilhas toscas; sedativos pesados aplicados através de espingardas; ou simplesmente emboscados, quando possível, em tocaias. Quase a totalidade deles encontra-se completamente indefesa e corre risco de extinção enquanto espécie nativa.

Avaliados como espécimes de esplêndida beleza, todos manifestam comportamentos alterados, por verem, a cada dia, seu território/*habitat* ser invadido e perigosamente reduzido pela mão inescrupulosa do madeireiro, do pecuarista, do agricultor, do caçador e do desmatador.

> **Exemplo III de pilhagem da fauna brasileira:**
> Arara-azul, mico-leão dourado, papagaio-amarelo, onça-pintada ➤ Animais da fauna brasileira em perigo iminente de extinção. Espécies exóticas de impressionante beleza, catalogadas como as mais procuradas por traficantes.

Animais de aspecto exuberante são caçados e confinados em jaulas improvisadas, imundas, pequenas demais e, empilhados, aguardam sem água nem comida por um transporte precário que os levará a lugares incertos, para serem anestesiados, sedados e introduzidos dormentes em canudos de papelão – no caso de pássaros –; e acorrentados ou amordaçados através de outros artifícios – no caso de animais de maior porte. Aproximadamente 94% deles agonizam e morrem antes de chegarem a seu destino final, e os compradores asiáticos, europeus e americanos sabem perfeitamente como eles chegaram até seus países.

> **Portal da Propaganda – 17h40 – 6/10/2009**
> O Ibama e a Polícia Rodoviária Federal apreenderam na madrugada do último sábado, 3 de outubro, cerca de 600 canários-da-terra que estavam sendo transportados ilegalmente por um casal, desde Campo Grande - MS. O flagrante ocorreu no posto rodoviário na BR 060, próximo a Brasília. Os canários apreendidos estavam acondicionados em caixas pelos infratores (cada uma continha mais de 30 pássaros) e foram levados ao Centro de Triagem de Animais Silvestres (CETAS) do IBAMA, localizado na Floresta Nacional de Brasília. Esta é a segunda vez, em uma semana, que as duas instituições realizam grande apreensão de pássaros. O casal prestou depoimento na Delegacia de Polícia Civil de Recanto das Emas e acompanhou os fiscais até o CETAS/IBAMA, onde foi lavrado auto de infração e aplicada multa por transporte ilegal de animal silvestre. (EG)

Produzido e publicado pela ONG RENCTAS em 2001, a maior do país no segmento, o 1º Relatório Nacional sobre o Tráfico de Animais Silvestres é o mais completo estudo sobre o tema. Seu conteúdo, abaixo ilustrado sob a forma de arquivos para *download* na *web*, mostra as principais rotas do tráfico e traça uma análise completa sobre a ação dos traficantes no país.

Mapa	Título do mapa	Tamanho
Aeroportos	Principais aeroportos utilizados para o tráfico de animais silvestres	1,97 MB
Região Norte	Principais rotas terrestres utilizadas para o tráfico de animais silvestres	2,6 MB
Região Nordeste	Principais rotas terrestres utilizadas para o tráfico de animais silvestres	0,86 MB
Região Centro-Oeste	Principais rotas terrestres utilizadas para o tráfico de animais silvestres	0,73 MB
Região Sudeste	Principais rotas terrestres utilizadas para o tráfico de animais silvestres	0,71 MB
Região Sul	Principais rotas terrestres utilizadas para o tráfico de animais silvestres	0,66 MB

Tabela concedida pela ONG RENCTAS. Última atualização: 6/5/2009. Disponível em: http://www.renctas.org.br

Principais problemas detectados em relação ao tráfico de animais silvestres e selvagens do Brasil

- Está nas mãos de Organizações Não-governamentais – ONGs, novamente, a tentativa de controlar e fazer retroceder mais um problema nacional, para o qual o Governo Federal dá as costas.
- As autoridades brasileiras não investem seriamente nem contra os traficantes nem contra o tráfico de animais dentro e fora do país.
- Não há leis punitivas no Brasil eficazes o suficiente para coibir o comércio ilegal de animais, nem para detectá-lo.
- O Ibama é um órgão desaparelhado na suficiência para enfrentar o problema.
- A Polícia Federal Brasileira mantém discreto conhecimento do caso, mas sem interferências eficientes.
- A população brasileira reage com indiferença ao problema, parecendo desconhecê-lo.
- A população brasileira compra animais vendidos em feiras e beiras de estrada.

Exemplo IV de pilhagem da fauna brasileira:
Lagarto verde – Camaleão ➤ Espécie rara em vias de extinção, valorizada para comércio interno e tráfico externo.

Solicitação formal às miniagências de Publicidade

É esse panorama cruel e adverso que faz a ONG Planeta Animal – DF, por meio deste minibriefing, solicitar os serviços de sua Agência de Publicidade, na intenção primeira de sensibilizar a população brasileira para o caso em questão e torná-la consciente e aliada no combate ao tráfico de animais.

A expectativa é a de que ela reaja das seguintes formas:

- Denunciando formalmente o tráfico às autoridades.
- Recusando-se a comprar quaisquer espécies animais em feiras livres, comércio clandestino e beiras de estrada.
- Auxiliando no resgate de animais maltratados.
- Contribuindo de qualquer outra forma com a proibição do comércio-clandestino de animais.

Exemplo V de pilhagem da fauna brasileira:
Cobra d´Água ➤ Espécie nativa não-venenosa do Amazonas e Pantanal Mato-Grossense vendida a preço de ouro por traficantes.

Job

Aos senhores criadores, solicita-se que seja elaborado um miniplano de Criação sobre: O tráfico de animais silvestre e selvagens do Brasil, composto pelas peças publicitárias a seguir discriminadas:

1. Um logotipo para a ONG Planeta Animal.
2. Um filme de 30 segundos, descrito em *storyboard* (cerca de 12 fotogramas sequenciais), com locução obrigatória, aparato de áudio e vídeo, para veiculação em televisão.
3. Um anúncio de jornal de meia-página.
4. Um *folder* impresso, confeccionado em livre formato de dobras, para ser distribuído em: escolas, universidades, ginásios desportivos, portos, aeroportos, postos de pedágio, estações rodoviárias, estações ferroviárias operantes em território nacional e fronteiras do Brasil.

Objetivos precípuos da minicampanha

- Levantar a realidade do problema mencionado, trazendo-a a público.
- Motivar o engajamento livre da sociedade brasileira em relação ao combate ao tráfico de animais silvestres e selvagens.
- Solicitar qualquer colaboração em dinheiro ou trabalho voluntário para a ONG RENCTAS, ou outras ONGs que operem nesse âmbito.
- Estimular qualquer outro tipo de participação ativa que coopere com a causa.

Público-alvo

Geral e indistinto.

Importante:
Esta minicampanha, em primeira análise, não tenciona divulgar as ações ecológicas da ONG Planeta Animal, ou seja, não pretende ser uma mensagem institucional da ONG.

Objetiva, na verdade, promover a conscientização da população brasileira sobre o saque indiscriminado feito em sua fauna, sem que esse crime tenha a necessária catalogação e punição como tal. Destina-se a chamar a população para quaisquer tipos de ações, isoladas ou não, que sejam capazes de cooperar com a preservação dessa riqueza nacional.

Para finalizar a abordagem, reproduzimos a íntegra de três artigos publicados em jornais brasileiros e no site da ONG Planeta Animal, no intuito de que se instaure uma melhor compreensão sobre o tema.

Referencial bibliográfico

Fundamentação sobre Linguagem

ANDRADE, M. Margarida; MEDEIROS, João B. de. *Curso de língua portuguesa.* São Paulo: Atlas, 1997.

BLIKSTEIN, Izidoro. *Técnicas de comunicação escrita.* São Paulo: Ática, 1985.

BRANDÃO, Helena H. N. *Introdução à análise do discurso.* Campinas: Unicamp, 2004.

CARRASCOZA, João L. A. *A evolução do texto publicitário.* São Paulo: Futura, 1993.

CHARAUDEAU, Patrick. *Grammaire du sens et de l'expression.* Paris: Hachette, 1992.

CITELLI, Adilson. *Linguagem e persuasão.* São Paulo: Ática, 2000.

ECO, Umberto. *A estrutura ausente.* São Paulo: Perspectiva, 1971.

_____. *A obra aberta.* São Paulo: Ed. Perspectiva, 1978.

FERRARA, Lucrécia D. *Leitura sem palavras.* São Paulo: Ática, 2001.

JAKOBSON, Roman. *Linguística e comunicação.* São Paulo: Cultrix, 2002.

LUFT, Celso P. *Novo manual de português.* São Paulo: Globo, 1995.

MAINGUENAU, Dominique. *Análise de textos de comunicação.* São Paulo: Cortez, 2002.

PENTEADO, R. W. *A técnica da comunicação humana.* São Paulo: Pioneira, 1982.

PLATÃO, Francisco J. S.; FIORIN, José L. *Para entender o texto:* leitura e redação. São Paulo: Ática, 1992.

_____. *Lições de texto:* leitura e redação. São Paulo: Ática, 1996.

RABAÇA, Carlos A.; BARBOSA, Gustavo G. *Dicionário de comunicação.* Rio de Janeiro: Campus, 2002.

SANDMANN, Antonio. *A linguagem da propaganda.* São Paulo: Contexto, 2001.

SIQUEIRA, João H. S. de. *O texto:* movimentos de leitura, táticas de produção, critérios de avaliação. São Paulo: Selinunte, 1990.

VANOYE, Francis. *Usos da linguage:.* problemas teóricos na produção oral e escrita. São Paulo: Martins Fontes, 2003.

VESTERGAARD, Torben; SCHRÖDER, Kim. *Linguagem da propaganda*. São Paulo: Martins Fontes, 2004.

Fundamentação sobre Publicidade e Propaganda

BERTOMEU, João V. C. *Criação na propaganda impressa.* São Paulo: Cengage Learning, 2006.

_____. *Criação visual e multimídia*. São Paulo: Cengage Learning, 2010.

HOPKINS, Claude. *A ciência da propaganda*. São Paulo: Cultrix, 1993.

LINDENBERG, Ruy. *Tem gente achando que você é analfabeto e você nem desconfia*. São Paulo: W/Brasil, 2001.

MARCONDES, Pyr. *Uma história da propaganda brasileira*. Rio de Janeiro: Ediouro, 2001.

MARTINS, José. *A natureza emocional da marca*. São Paulo: Negócio, 1999.

McLUHAN, Marshall. *Os meios de comunicação como extensão do homem*. São Paulo: Cultrix, 1969.

PÉNINOU, Georges. *Semiótica de la publicidad.* Barcelona: Gustavo Gili, 1976. (Collectión Communicación Visual).

PEREZ, Clotilde. *Signos da marca:* expressividade e sensorialidade. São Paulo: Thomson/Cengage Learning, 2004.

PEREZ, Clotilde; & BARBOSA, Ivan S. (org.) *Hiperpublicidade*: fundamentos e interfaces.- v. I. São Paulo: Thomson/Cengage Learning, 2007.

_____. *Hiperpublicidade*: atividades e tendências. v. II. São Paulo: Thomson/Cengage Learning, 2007.

REBOUL, Olivier. *O slogan*. São Paulo: Cultrix, 1975.

STEEL, Jon. *Verdades, mentiras e propaganda*: a arte do planejamento. São Paulo: Negócio, 2001.

TORNERO, J. M. P. *Semiótica de la public*. Barcelona: Mitre, 1982.

TOSCANI, Oliviero. *A publicidade é um cadáver que nos sorri*. Rio de Janeiro: Ediouro, 1995.

Fundamentação sobre Processos de Criação

GIGLIO, G. Zula et al. (org.) *Da criatividade à inovação*. São Paulo: Papirus, 2010.

NACHMANOVITCH, S. *Ser criativo:* o poder da improvisação na vida e na arte. São Paulo: Summus, 1990.

OSTRÖWER, Fayga. *Criatividade e processos de criação*. Petrópolis: Vozes, 1977.

SALLES, Cecília de A. *Gesto inacabado.* São Paulo: Horizonte, 2004.

_____. *Redes de criação:* construção da obra de arte. São Paulo: Horizonte, 2006.

Fundamentação sobre Filosofia

ARISTÓTELES. *A ética.* São Paulo: Edipro, 1996.

PLATÃO. *Diálogos:* apologia de Sócrates, Eutífron, Críton e Fédon. São Paulo: Hemus, 2004.

Fundamentação sobre Sociologia

BARTHES, Roland. *Mitologias.* São Paulo: Difusão Européia do Livro, 1972.

BAUDRILLARD, Jean. *O sistema dos objetos*. São Paulo: Perspectiva, 1989.

_____. *A sociedade de consumo*. Lisboa: 70, 1991.

_____. *Simulacros e simulação*. Lisboa: Relógio d'Água, 1991.

BAUMAN, Zygmunt. *O mal-estar da pós-modernidade*. Rio de Janeiro: Jorge Zahar, 1998.

CALVINO, Italo. *Seis propostas para o próximo milênio*. São Paulo: Companhia das Letras, 1998.

CARRAHER, David W. *Senso crítico.* São Paulo: Pioneira, 1999.

DÉBORD, Guy. *A sociedade do espetáculo*. Lisboa: Mobilis in Mobile, 1991.

DUARTE JR., João F. *O sentido dos sentidos:* a educação do sensível. São Paulo: Criar, 2003.

ECO, Umberto. *Rápida utopia*. São Paulo: Perspectiva, 1987.

FEATHERSTONE, Michael.*Cultura de consumo e pós-modernismo*. São Paulo: Studio Nobel, 1995.

HAUG, Wolfgang F. *Crítica da estética da mercadoria.* São Paulo: Unesp, 1996.

LASCH, Christopher. *Cultura do narcisismo*. Rio de Janeiro: Imago, 1983.

_____. *O mínimo eu*. São Paulo: Brasiliense, 1986.

LIPOVETSKY, Gilles. *O império do efêmero:* a moda e seu destino nas sociedades modernas. São Paulo: Companhia das Letras, 1999.

ROCHA, Everardo P. G. *Magia e capitalismo:* um estudo antropológico sobre a publicidade. São Paulo: Brasiliense, 1995.

SÁBATO, Ernesto. *Antes do fim.* São Paulo: Companhia das Letras, 2000.

SEVCENKO, Nicolau. *A corrida para o século XXI:* no loop da montanha russa. São Paulo: Companhia das Letras, 2001.

Fundamentação sobre Literatura

ABREU, Casimiro de. *Poesias completas*. Rio de Janeiro: Tecnoprint, s.d.

ANDRADE, Carlos D. de. *Contos plausíveis*. Rio de Janeiro: José Olympio, 1985.

ANDRADE, Mário de. *Macunaíma*. In: CÂNDIDO, Antonio; CASTELO, Aderaldo. *Presença da literatura brasileira: modernismo*. Rio e Janeiro: Difel, 1977.

ASSIS, Machado de. Dom Casmurro. São Paulo: Ática, 1986.

_____. Memórias póstum*as de Brás Cubas*. Rio de Janeiro: Civilização Brasileira, 1975.

BANDEIRA, Manuel. *Estrela da vida inteira*. Rio de Janeiro: José Olympio, 1966.

CALVINO, Italo. *O cavaleiro inexistente*. São Paulo: Companhia das Letras, 1990.

CAMÕES, Luiz V. de. *Obra completa*. Rio de Janeiro: Aguilar, 1988.

CRUZ E SOUZA, J. In: VITOR, João *apud* MOISÉS, Massaud. *O simbolismo*. São Paulo: Cultrix, 1973.

CUNHA, Euclides da. *O sertões*. Rio de Janeiro: José Olympio, 1944.

DIAS, Antonio G. In: CÂNDIDO, Antonio. *Formação da literatura brasileira:* momentos decisivos. v. II. São Paulo: Martins, 1964.

DOSTOIÉVSKY, Fiódor M. *Crime e castigo*. In: Clássicos da literatura universal. São Paulo: Círculo do Livro, 1973.

HERMANN, Kai; HORST, Rieck. *(Depoimentos recolhidos) Eu, Christiane F., 13 anos, drogada, prostituída...* Rio de Janeiro: Beltrand Brasil, 2001.

MEIRELES, Cecília. *Obra poética*. Rio de Janeiro: Aguilar, 1983.

MELO NETO, João C. de. *Obra completa*. Rio de Janeiro: Nova Aguilar, 1994.

NERUDA, Pablo. *Confesso que vivi*. São Paulo: Círculo do livro, 1975.

ORWELL, George. *1984*. São Paulo: Companhia Editora Nacional, 1984.

PAIVA, G. de. *Os agricultores arrancam paralelepípedos*. São Paulo: Ática, 1977.

PESSOA, Fernando. *Obra poética*. Rio de Janeiro: Aguilar, 1981.

REBELO, Marques. *Despedida da academia a Machado de Assis:* Casa de Ruy Barbosa. In: *Antologia escolar brasileira*. Rio de Janeiro: Fename, 1975.

TREVISAN, Dalton. *II:o*s mistérios de Curitiba. *I*n: O*s desastres do amor: a*pelo. *R*io de Janeiro: Civilização Brasiliense, 1968.

VARELLA, Drauzio. E*stação Carandiru. S*ão Paulo: Companhia das Letras, 2001.

VERÍSSIMO, Érico. U*m certo Capitão Rodrigo*. Porto Alegre: Globo, 1980. (Série Paradidática).

Outros referenciais

NEGRI, Marina A. E. *O verbal e o visual na publicidade*: um estudo sobre a funcionalidade da palavra em anúncios de revista. 2002. Dissertação (Mestrado em Comunicação Social) – Faculdade de Comunicação Social Fundação Cásper Líbero, São Paulo, 2002.

Impressão e Acabamento
Bartira
Gráfica
(011) 4393-2911